中国式现代化理论与实践研究丛书

上海市哲学社会科学规划办公室
上海市习近平新时代中国特色社会主义思想研究中心
—— 编 ——

汇聚精神力量

社会主义文化
繁荣发展论

曾军 等
—— 著 ——

上海人民出版社

出版前言

中国式现代化是中国共产党领导全国各族人民在长期探索和实践中历经千辛万苦、付出巨大代价取得的重大成果。习近平总书记在党的二十大报告中指出，中国式现代化，是中国共产党领导的社会主义现代化，既有各国现代化的共同特征，更有基于自己国情的中国特色。中国式现代化是人口规模巨大的现代化，是全体人民共同富裕的现代化，是物质文明和精神文明相协调的现代化，是人与自然和谐共生的现代化，是走和平发展道路的现代化。这一崭新的现代化道路，深深植根于中华优秀传统文化，体现科学社会主义的先进本质，借鉴吸收一切人类优秀文明成果，代表人类文明进步的发展方向，展现了不同于西方现代化模式的新图景，是一种全新的人类文明形态。实践证明，中国式现代化走得通、行得稳，是强国建设、民族复兴的唯一正确道路。

为深入学习贯彻习近平总书记关于中国式现代化的重要论述，深入研究阐释中国式现代化的历史逻辑、理论逻辑、实践逻辑，在中共上海市委宣传部指导下，上海市哲学社会科学规划办公室以委托课题方式，与上海市习近平新时代中国特色社会主义思想研究中心、上海市中国特色社会主义理论体系研究中心联合组织了"中国式现代化理论与实践研究丛书"（12 种）（以下简称"丛书"）的研究和撰写。参加丛书研究撰写的是本市哲学社会科学相关领域的著名专家学者。丛书由上海人民出版社编辑出版。

丛书围绕新时代推进中国式现代化的重大理论和实践问题开展研究阐释，分领域涉及当代中国马克思主义新贡献，新时代坚持党的全面领导，中国式现代化的文明贡献，高质量发展，社会主义民主政治，中国式法治现代化，社会主义文化繁荣发展，当代中国治理创新，新时代实现共同富裕，新时代中国生态文明建设，新时代党史观理论创新，浦东打造社会主义现代化建设引领区等内容，涵盖马克思主义理论创新、党的领导和党的建设、经济建设、政治建设、文化建设、社会建设、生态文明建设等方面，阐释论述系统而具有说服力。

丛书的问世，离不开中共上海市委常委、宣传部部长、上海市习近平新时代中国特色社会主义思想研究中心主任、上海市中国特色社会主义理论体系研究中心主任赵嘉鸣的关心和支持，离不开市委宣传部副部长、上海市习近平新时代中国特色社会主义思想研究中心常务副主任、上海市中国特色社会主义理论体系研究中心常务副主任潘敏的具体指导。上海市哲学社会科学规划领导小组办公室李安方、吴谆和徐逸伦，市委宣传部理论处和讲团办陈殷华、薛建华、俞厚未、姚东，上海市习近平新时代中国特色社会主义思想研究中心叶柏荣等具体策划、组织；上海人民出版社的同志为丛书出版付出了辛苦的劳动。

"从现在起，中国共产党的中心任务就是团结带领全国各族人民全面建成社会主义现代化强国、实现第二个百年奋斗目标，以中国式现代化全面推进中华民族伟大复兴。"新征程是充满光荣和梦想的远征。希望丛书问世，能够使广大读者对中国式现代化的中国特色、本质要求和重大原则，对在各个领域的重点要求与战略任务，对为人类现代化理论与实践创新作出的重大原创性贡献的认识更加深入、领悟更加准确，为以更加自信自强、奋发有为的精神状态朝着全面建设社会主义现代化国家的目标勇毅前行，起到激励和鼓舞作用。

目　录

绪　论
推进文化自信自强，铸就社会主义文化新辉煌

2022 年 10 月 16 日，习近平总书记在中国共产党第二十次全国代表大会上作《高举中国特色社会主义伟大旗帜　为全面建设社会主义现代化国家而团结奋斗》的报告。在这份纲领性文件中，"文化"成为高频词之一，一共出现 58 次之多，显示文化建设在新时代中国特色社会主义建设中的重要地位。报告的第八部分以"推进文化自信自强，铸就社会主义文化新辉煌"为题，勾画了中国特色社会主义文化发展的道路、文化强国建设的目标，并从"建设具有强大凝聚力和引领力的社会主义意识形态""广泛践行社会主义核心价值观""提高全社会文明程度""繁荣发展文化事业和文化产业"和"增强中华文明传播力影响力"五个方面阐释了中国特色社会主义文化建设的主要内容。①

一、中国共产党社会主义文化建设的历史演进

中国共产党从其诞生之初开始，即对文化建设予以了高度重视；新中国成

---

① 习近平：《高举中国特色社会主义伟大旗帜　为全面建设社会主义现代化国家而团结奋斗——在中国共产党第二十次全国代表大会上的报告》，《人民日报》2022 年 10 月 26 日。

立之后，更是将"文化"作为与"政治""经济""社会""生态文明"并举的重点建设领域持续推进。党的十八大以来，以习近平同志为核心的党中央将社会主义文化建设上升到了新的高度，将之作为中华民族伟大复兴的精神力量，作为国家治理能力现代化的重要组成部分，在构建人类命运共同体的高度上，不断强化文化自觉、自信和自强，推动中国特色社会主义文化的繁荣发展。

中国共产党的早期创立者陈独秀和李大钊等人即是五四新文化运动的主将。他们在对马克思主义的接受和传播过程中，也特别重视其文化维度。陈独秀早在1915年《青年杂志》创刊号上发表《法兰西与近世文明》一文，将"社会主义"视为与"人权说""生物进化论"并列的近世文明"使人心社会划然一新者"的三件大事，其中"欲去此不平等与压制，继政治革命而谋社会革命者，社会主义是也"。[①] 李大钊在《阶级竞争与互助》一文中，明确介绍马克思主义文化理论的基本原理："人类的生产方式随着生产力的变化而变化，人类的精神文化更随着人类社会关系的变化而变化。"[②] 在《我的马克思主义观》中，称之为"关于人类文化的经验的说明"。[③]1925年，中共四大议定颁布《对于宣传工作之议决案》，明确提出"无产阶级的文化"问题，认为中国共产党在知识分子群体中由于"很少注意于共产主义理论的宣传和引导，致使无产阶级的文化在他们中间尚很少发生影响"，因此"在智识界中以马克思列宁主义的见地传布无产阶级的文化是很重要的一件工作"。[④] 这是中国共产党的文件中首次明确提出思想文化建设的政策主张。

---

① 任建树、张统模、吴信忠编：《陈独秀著作选编》第1卷，上海人民出版社2009年版，第164页。

② 李大钊：《阶级竞争与互助》，载《李大钊全集》第3卷，河北教育出版社1999年版，第286页。

③ 李大钊：《我的马克思主义观》，载《李大钊全集》第3卷，河北教育出版社1999年版，第242页。

④ 《对于宣传工作之议决案》，载《中共中央文件选集》第1册，中共中央党校出版社1989年版，第374—378页。

　　从瞿秋白到毛泽东，中国共产党领导人凭借自身深厚的文化素养及其对中国革命的深刻理解，对中国共产党如何建设和发展文化也展开了深入的思考。1931 年，瞿秋白在其为中共中央文化工作委员会起草的《苏维埃的文化革命》一文中明确指出，一切革命的文化团体必须"为着文化运动的无产阶级的领导权而斗争"。① 毛泽东不仅高度重视"笔杆子"和"枪杆子"这两支革命队伍的建设，而且还形成了非常自觉的马克思主义中国化的文化理论及其主张。在 1940 年撰写的《新民主主义论》中，毛泽东明确提出"我们要建立一个新中国""我们要建立中华民族的新文化"的主张，并将之界定为在"中国无产阶级文化思想的领导"下的"人民大众反帝反封建的新民主主义文化"。② 新中国成立之后，毛泽东便着手推进文化建设，认为"中国人被人认为不文明的时代已经过去了，我们将以一个具有高度文化的民族出现于世界"。③ 在 1960 年召开的全国文学艺术工作者第三次代表大会上，将"为人民服务、为社会主义服务"确定为文化建设的"二为"方向；在随后的最高国务会议第七次会议上，将"百花齐放"和"百家争鸣"确定为发展科学文化事业的"双百"方针。

　　进入改革开放新时期之后，文化作为中国特色社会主义建设的重要方面成为历届党的代表大会的重要议题，并不断推进、发展、完善。

　　邓小平在重新强调"二为"方向和"双百"方针的基础上，进一步提出"面向现代化、面向世界、面向未来"的"三个面向"的主张，显示出中国特色社会主义的文化建设中解放思想、开放包容、锐意进取的气度。江泽民

---

① 瞿秋白：《苏维埃的文化革命》，载《瞿秋白文集（政治理论编）》第 7 卷，人民出版社 2013 年版，第 228 页。

② 毛泽东：《新民主主义论》，载《毛泽东选集》第 2 卷，人民出版社 1991 年版，第 705 页。

③ 毛泽东：《中国人民站起来了》，载《毛泽东文集》第 5 卷，人民出版社 1996 年版，第 345 页。

在推进中国特色社会主义文化建设过程中发展出"先进文化"的理论，认为"在当代中国，发展先进文化，就是发展面向现代化、面向世界、面向未来的，民族的科学的大众的社会主义文化，以不断丰富人们的精神世界，增强人们的精神力量"。① "我们党要始终代表中国先进文化的前进方向。"② 胡锦涛在党的十七大报告中提出"文化软实力"，这是"文化软实力"首次被写进党的政治报告，报告明确提出"提高国家文化软实力"的战略目标。2011年，党的十七届六中全会首次系统阐述了"中国特色社会主义文化发展道路"的命题，③ 提出"社会主义文化强国"的建设目标。④

　　党的十八大以来，中国特色社会主义进入新时代，以习近平同志为核心的党中央坚持和完善繁荣发展中国特色社会主义文化制度，坚守中华文化立场，立足当代中国现实，结合当今时代条件，坚持为人民服务、为社会主义服务，坚持百花齐放、百家争鸣，坚持创造性转化、创新性发展，发展"三个面向"的先进文化，激发全民族文化创造活力，更好构筑中国精神、中国价值、中国力量。习近平在进一步丰富、发展、充实、完善社会主义文化的建设思想的基础上，将文化放在更为重要、更为中心性的地位予以强调。在社会主义核心价值观作用的认识方面，习近平认为，它的作用在于通过整合社会意识而成为社会发展"最持久、最深层的力量"。⑤ 社会主义核心价值观

---

① 江泽民：《全面建设小康社会　开创中国特色社会主义事业新局面——在中国共产党第十六次全国代表大会上的报告》，《求是》2002年第22期。
② 江泽民：《在庆祝中国共产党成立八十周年大会上的讲话》，载《江泽民文选》第3卷，人民出版社2006年版，第276页。
③ 胡锦涛：《坚定不移走中国特色社会主义文化发展道路》，载《胡锦涛文选》第3卷，人民出版社2016年版，第563页。
④ 胡锦涛：《坚定不移沿着中国特色社会主义道路前进，为全面建成小康社会而奋斗》，载《胡锦涛文选》第3卷，人民出版社2016年版，第637页。
⑤ 习近平：《青年要自觉践行社会主义核心价值观》，载《习近平谈治国理政》第2卷，外文出版社2017年版，第168页。

广采博取，"既体现了社会主义本质要求，继承了中华优秀传统文化，也吸收了世界文明有益成果，体现了时代精神"。① 继党的十八大报告首次提出"道路自信、理论自信、制度自信"之后，习近平将"文化自信"也纳入其中，认为在坚定"三个自信"之外，"最根本的还要加一个文化自信"。② 随后，习近平又多次强调这一观点。2016 年，在主持中共中央政治局第十三次集体学习时，习近平首次把"文化自信"与"道路自信、理论自信、制度自信"并列提出，③ 紧接着他在中国共产党成立 95 周年大会的讲话中指出："文化自信，是更基础、更广泛、更深厚的自信。"④ 在对中国特色社会主义文化的认识方面，习近平在党的十九大报告中赋予其更加丰富的理论内涵："中国特色社会主义文化，源自于中华民族五千多年文明历史所孕育的中华优秀传统文化，熔铸于党领导人民在革命、建设、改革中创造的革命文化和社会主义先进文化，植根于中国特色社会主义伟大实践。"⑤ 由此"中华优秀传统文化""革命文化"和"社会主义先进文化"成为中国特色社会主义文化的有机组成部分被确立了下来。在党的十九届四中全会上，"坚持并完善中国特色社会主义制度、推进国家治理体系和治理能力现代化"成为会议的主题，提出要坚持和完善繁荣发展社会主义先进文化的制度，巩固全体人民团结奋斗的共同思想基础，以文化建设的制度化来促成文化治理的现代化。党

---

① 习近平：《青年要自觉践行社会主义核心价值观》，载《习近平谈治国理政》第 2 卷，外文出版社 2017 年版，第 169 页。

② 李斌、霍小光：《"改革的集结号已经吹响"——习近平总书记同人大代表、政协委员共商国是纪实》，《市场观察》2014 年第 3 期。

③ 习近平：《培育和弘扬社会主义核心价值观》，载《习近平谈治国理政》第 2 卷，外文出版社 2017 年版，第 106 页。

④ 习近平：《坚持和巩固党对意识形态工作的领导》，载《习近平谈治国理政》第 2 卷，外文出版社 2017 年版，第 36 页。

⑤ 习近平：《决胜全面建成小康社会　夺取新时代中国特色社会主义伟大胜利——在中国共产党第十九次全国代表大会上的报告》，人民出版社 2017 年版，第 41 页。

的十九届六中全会也指出，改革开放以后，党坚持物质文明和精神文明两手抓、两手硬，推动社会主义文化繁荣发展，振奋了民族精神，凝聚了民族力量。发展社会主义先进文化、广泛凝聚人民精神力量，是国家治理体系和治理能力现代化的深厚支撑。繁荣发展社会主义先进文化，增强文化自信，既是国家治理体系和治理能力现代化的支撑条件，也是国家治理现代化的重要目标。

在党的二十大报告中，社会主义文化得到更为全面系统的阐述：

> 全面建设社会主义现代化国家，必须坚持中国特色社会主义文化发展道路，增强文化自信，围绕举旗帜、聚民心、育新人、兴文化、展形象建设社会主义文化强国，发展面向现代化、面向世界、面向未来的，民族的科学的大众的社会主义文化，激发全民族文化创新创造活力，增强实现中华民族伟大复兴的精神力量。[①]

二、新时代中国特色社会主义文化的鲜明特色

文化是一个国家、一个民族的灵魂，文化兴国运兴，文化强民族强。中国特色社会主义文化繁荣发展之"文化"既包含古今中外"文化"的普遍涵义，也有其作为国家制度、体制、政策的特殊所指。从前者来看，中国古代之"文化"强调的是"人文化成"的"文化"。"文"者，"纹"也。《易传·系辞下》中的"物相杂，故曰文"，《说文解字》中的"文，错画也，象交叉"，即此。后引申出"文字""文辞""文学""文章"之义。"化"则包含"变易""转化""生成"之义，《易传·系辞下》中的"男女媾精，万物化生"，

---

① 习近平：《高举中国特色社会主义伟大旗帜　为全面建设社会主义现代化国家而团结奋斗——在中国共产党第二十次全国代表大会上的报告》，《人民日报》2022年10月26日。

《黄帝内经·素问》中的"化不可代，时不可违"即此。"文"与"化"之组合则进一步区分了"天文"和"人文"，即《易传·贲·象辞》："观乎天文，以察时变；观乎人文，以化成天下。"这里的"天文"指的是天道自然，而"人文"则强调的是社会伦常。相较而言，西方的"文化"（Culture）的拉丁文本意指的是对土地的"耕作"，直到西塞罗之后，才开始赋予其对人的"教育""培养"之义。直到19世纪文化学兴起，泰勒将"文化"与"文明"并举，使其含义变得又极为宽泛了："文化或文明，就其广泛的民族的意义来说，乃是包括知识、信仰、艺术、道德、法律、习俗和任何人作为一名社会成员而获得的能力和习惯在内的复杂整体。"[①]而作为中国共产党推进社会主义革命和建设的"文化"，则是从国家制度建设、体制完善、政策制定的角度，根据"政治""经济""社会""文化""生态文明"相区分来确立的。其中也经历了从"政治、经济、文化"的三分到"政治、经济、社会、文化、生态文明"的五分的变化。就其作为话语表达方式而言，也存在从新中国成立前的"无产阶级的文化""新民主主义文化"到改革开放政策实施之后的"社会主义精神文明""中国特色社会主义文化""社会主义先进文化""社会主义文化"等不同时期的差异。

因此，本书所探讨的"社会主义文化繁荣发展"问题，特指中国共产党在社会主义革命和建设的伟大实践中所形成的文化观念、文化制度、文化宣传及文化发展的理论创新和实践经验的总和，从而具有了其兼有但又不止于一般的作为个体的"文化"（如能"读书识字"的文化教养）、作为民族的"文化"（如汉文化、少数民族文化）、作为区域的"文化"（如非洲文化、东亚文化）以及作为国家的"文化"（如美国文化、法国文化）的特色。

---

① ［英］爱德华·泰勒：《原始文化》，蔡江浓译，浙江人民出版社1988年版，第1页。

（一）社会主义文化是由中国共产党领导的，以马克思主义为指导思想的文化，具有鲜明的意识形态属性

中国共产党高度重视其对文化建设的领导权和在无产阶级革命、社会主义建设中的"文化领导权"，强调马克思主义是指导思想。如习近平所说的，"在举什么旗、走什么路的问题上，全党一定要保持清醒头脑"，[①] 举的就是"马克思主义"的旗，走的就是"中国特色社会主义"的路。"不坚持以马克思主义为指导，哲学社会科学就会失去灵魂、迷失方向"，[②] 而意识形态工作、思想政治工作则是其具体抓手。在习近平看来，"意识形态工作是党的一项极端重要的工作。是为国家立心、为民族立魂的工作"。[③] 尤其是在改革开放进程中和全球化浪潮的冲击下，不同的价值观、文化立场、意识形态冲突层出不穷，马克思主义思想立场和观念方法也曾一度面临着被"边缘化、空泛化、标签化"以至于"失语""失踪""失声"的问题。[④] 因此，在党的二十大报告中，习近平强调："意识形态工作是为国家立心、为民族立魂的工作。牢牢掌握党对意识形态工作领导权，全面落实意识形态工作责任制，巩固壮大奋进新时代的主流思想舆论。"[⑤]

（二）社会主义文化是以人民为中心，为人民所创造、为人民所分享、凝聚人心、汇聚民力的文化，具有鲜明的人民至上特点

在新中国成立前，革命文化主要表现为"民族的、大众的"的新民主主

---

① 习近平：《坚持和巩固党对意识形态工作的领导》，载《习近平谈治国理政》第 2 卷，外文出版社 2017 年版，第 326 页。

② 习近平：《在哲学社会科学工作座谈会上的讲话》，《人民日报》2016 年 5 月 19 日。

③ 习近平：《把宣传思想工作做得更好》，载《习近平谈治国理政》第 2 卷，外文出版社 2017 年版，第 153 页。

④ 习近平：《坚持和巩固党对意识形态工作的领导》，载《习近平谈治国理政》第 2 卷，外文出版社 2017 年版，第 329 页。

⑤ 习近平：《高举中国特色社会主义伟大旗帜　为全面建设社会主义现代化国家而团结奋斗——在中国共产党第二十次全国代表大会上的报告》，《人民日报》2022 年 10 月 26 日。

义文化观、延安文艺工作座谈会之后确立的"为群众"的"文艺的工农兵方向"。这些具有鲜明特色的"新的人民的文艺"成为新中国成立之后文艺政策、文化政策的重要基础。① 邓小平以"我是中国人民的儿子，我深情地爱着我的祖国和人民"②的情怀，将人民幸福、人民的共同富裕作为其最终目标，将充分保障人民群众利益和充分调动人民群众的积极性作为基本原则和工作方法。习近平也特别指出："人民不是抽象的符号，而是一个一个具体的人，有血有肉，有情感，有爱恨，有梦想，也有内心的冲突和挣扎。"③ 中国共产党一切以人民为中心的思想也直接表现在文化政策的制定上。如党的十七届六中全会就明确中国特色社会主义文化发展道路需要"发挥人民群众在文化建设中的主体作用，坚持文化发展为了人民、文化发展依靠人民、文化发展成果由人民共享"。④ 党的二十大报告也指出："江山就是人民，人民就是江山。中国共产党领导人民打江山、守江山，守的是人民的心。"因此，中国共产党的使命就是"聚民心、育新人"；而"社会主义核心价值观是凝聚人心、汇聚民力的强大力量"。⑤

（三）社会主义文化代表先进文化方向，强调古为今用、洋为中用，坚持"三个面向"的文化，高度重视文化的传承创新

社会主义文化的繁荣发展离不开"古今中西"文化的传承、借鉴、创新和发展。从"古今"维度来说，中国的社会主义文化离不开"古为今用"，

---

① 周扬：《新的人民的文艺——在中华全国文艺工作者代表大会上关于解放区文艺运动的报告》，载《中华全国文艺工作者代表大会纪念文集》，中华全国文学艺术工作者代表大会宣传处 1950 年编印，第 69—78 页。

② 中共中央文献研究室编：《邓小平思想年谱》，中央文献出版社 1998 年版，第 182 页。

③ 习近平：《在文艺工作座谈会上的讲话》，《人民日报》2014 年 10 月 15 日。

④ 《中共中央关于深化文化体制改革　推动社会主义文化大发展大繁荣若干重大问题的决定》，《人民日报》2011 年 10 月 26 日。

⑤ 习近平：《高举中国特色社会主义伟大旗帜　为全面建设社会主义现代化国家而团结奋斗——在中国共产党第二十次全国代表大会上的报告》，《人民日报》2022 年 10 月 26 日。

充分传承中华优秀传统文化的中国智慧和革命文化的红色基因，使之为中国特色社会主义文化建设提供有益的资源；从"中西"维度来说，中国的社会主义文化也离不开"洋为中用""文明互鉴"，既充分借鉴西方现代文明中有益于推进中国文化现代化进程的资源，也积极参与全球治理，为人类命运共同体的建构提供中国方案。因此，社会主义文化建设非常强调的就是古为今用、洋为中用，坚持"三个面向"，重视文化的传承和创新。

在这"古今中西"维度之间，最为重要的是"今中"（即"当代中国"）。它既是社会主义文化的实践场域，也是传承、借鉴的立场方法。因此，作为立场和方法的"社会主义文化"，便具有了其鲜明的价值属性——"先进文化"。"社会主义文化"的完整表述也即"中国特色社会主义先进文化"。当代中国社会主义文化之所以能够成为立场和方法，正因为其能够，而且应该能够代表先进文化的方向，才能有传承、借鉴的能力，才能有创新、发展的可能。

从历史上看，中国共产党在领导无产阶级革命和社会主义建设过程中，也高度重视"先进文化方向"的确立。如毛泽东就认为，"十月革命一声炮响，给我们送来了马克思列宁主义。十月革命帮助了全世界的也帮助了中国的先进分子，用无产阶级的宇宙观作为观察国家命运的工具，重新考虑自己的问题"。[①] 这里的"先进分子"即是由马克思列宁主义作为指导思想武装的知识分子和工农群众；邓小平也指出："我们国家要赶上世界先进水平，从何着手呢？我想，要从科学和教育着手。"[②] 由此提出"三个面向"的文化发展战略。江泽民明确依据文化的先进性进行了类型区分，主张"大力发展先

---

① 毛泽东：《论人民民主专政——纪念中国共产党二十八周年》，载《毛泽东选集》第 4 卷，人民出版社 1991 年版，第 1471 页。

② 邓小平：《关于科学和教育工作的几点意见》，载《邓小平文选》第 2 卷，人民出版社 1994 年版，第 48 页。

进文化，支持健康有益文化，努力改造落后文化，坚决抵制腐朽文化"。[①] 习近平对哲学社会科学提出的期望是："立时代之潮头、通古今之变化、发思想之先声。"[②] 具体来说，习近平认为：哲学社会科学的根本任务是"着力构建中国特色哲学社会科学"，[③] 宣传思想工作也必须胜任"举旗帜、聚民心、育新人、兴文化、展形象"[④] 的光荣使命。目前我国在话语体系建设上尚存在诸多不足，如理论向话语转化不充分、话语体系不健全、话语缺失等问题，导致在中外学术论坛上"失声"和"有理说不出、说了传不开"[⑤] 等现象的出现。所以习近平明确提出要努力打造"新概念、新范畴、新表述"。[⑥]

综观中国共产党推进社会主义文化建设的百年历程，尤其是党的十八大以来所确立的中国特色社会主义文化繁荣发展的战略思想，体现出三个显著的特点：其一是"百年未有之大变局"的"大历史观"。习近平的基本判断是，当今世界面临"百年未有之大变局"，具有"新机遇新挑战层出不穷""国际体系和国际秩序深度调整""国际力量对比深刻变化并朝着有利于和平与发展方向变化"三个主要特征。[⑦] 它与晚清"三千年未有之大变局"有所呼应，构成了我们在"古今中西"巨大的时空尺度上思考社会主义文化建设的思想背景。其二是"中华民族伟大复兴"的"大文化观"。中华民

[①] 江泽民：《全面建设小康社会　开创中国特色社会主义事业新局面——在中国共产党第十六次全国代表大会上的报告》，人民出版社 2002 年版，第 49 页。

[②] 习近平：《在哲学社会科学工作座谈会上的讲话》，人民出版社 2016 年版，第 8 页。

[③] 习近平：《加快构建中国特色哲学社会科学》，载《习近平谈治国理政》第 2 卷，外文出版社 2017 年版，第 338 页。

[④] 习近平：《论党的宣传思想工作》，中央文献出版社 2020 年版，第 339 页。

[⑤] 习近平：《加快构建中国特色哲学社会科学》，载《习近平谈治国理政》第 2 卷，外文出版社 2017 年版，第 346 页。

[⑥] 习近平：《加快构建中国特色哲学社会科学》，载《习近平谈治国理政》第 2 卷，外文出版社 2017 年版，第 346 页。

[⑦] 习近平：《中国必须有自己特色的大国外交》，载《习近平谈治国理政》第 2 卷，外文出版社 2017 年版，第 442 页。

族伟大复兴的中国梦是党的十八大以来明确提出并不懈努力的目标和方向。从坚决的"反腐败"斗争到克服疫情影响的脱贫攻坚总决战，再到明确开启"共同富裕"的新征程；从大力推进中华优秀文化的传承到深化革命文化"红色基因"的赓续，再到当代中国文化的海外传播，所有这一切都在从不同方位为中华民族伟大复兴奠定坚实的基础。其三是"构建人类命运共同体"的"大世界观"。新时代的社会主义文化建设最重要的品质就是"文化自觉、文化自信和文化自强"。"文化"的地位和价值被提升到前所未有的高度。如我们通常表述的，中国人民已经和正在经历的是从"站起来"到"富起来"到"强起来"、从"挨打"到"挨饿"到"挨骂"的阶段，因此社会主义文化繁荣发展成为推进中国特色社会主义现代化建设中最为重要的组成部分之一。也正因为如此，党的二十大报告更是在构建人类命运共同体的高度强调中国特色社会主义先进文化在中西文明互鉴中的文化传播力和影响力："深化文明交流互鉴，推动中华文化更好走向世界。""坚持交流互鉴，推动建设一个开放包容的世界"；"以文明交流超越文明隔阂、文明互鉴超越文明冲突、文明共存超越文明优越，共同应对各种全球性挑战"。[①] 由此可见，社会主义文化也是文化自觉、文化自信和文化自强的文化，高度重视文化的凝聚力、引领力、传播力和影响力的软实力建设。

三、本书的研究思路及其主要内容

围绕"社会主义文化""社会主义先进文化""社会主义文化繁荣发展"等主题的研究不可胜数。通观学者们的研究，大致可以得出以下几点结论：

其一，有关新时代中国特色社会主义文化繁荣发展的意义研究，参与

---

① 习近平：《高举中国特色社会主义伟大旗帜　为全面建设社会主义现代化国家而团结奋斗——在中国共产党第二十次全国代表大会上的报告》，《人民日报》2022 年 10 月 26 日。

学者较多。无论是传统文化、革命文化、先进文化，还是社会主义核心价值观、理想信念和思想道德建设，抑或是文化自信、中外文化交流互鉴，乃至于习近平关于文艺、宗教、网络文化等方面的重要论述，都有大量的著述和论文产生。其中，核心价值观和文化自信尤其构成了持续数年的理论研究热点；关于理想信念、制度文化的理论争鸣，近一两年来有生成新热点的趋势。这些都为本书研究提供了丰富资源和深厚基础。

其二，有关新时代中国特色社会主义文化繁荣发展的理论研究，讨论非常热烈。比如关于传统文化的"双创"、理想信念、社会主义核心价值观、文艺、文化自信、中外文化交往等议题，学者们从概念界定、理论基础、内容结构、特点特征、价值意义、原则方针、方法路径等方面都分别提出了卓有创意的意见和建议；再比如我们轻易就能找出数十种关于文化自信的定义、数十上百种关于建立文化自信的方法路径，等等，大大开阔了文化研究的视野、拓展了文化思考的路径。这些都为本书研究提供了极为丰富的基础材料、重要的思考路径和谋篇布局的结构启发。

其三，有关新时代中国特色社会主义文化繁荣发展的对策研究，视野非常开阔。比如作者们在讨论文化自信时，往往会直接涉及核心价值观，直接涉及中华优秀传统文化、革命文化和社会主义先进文化，直接涉及国家文化软实力；间接涉及文艺、文化体制机制改革等。在论及文艺时，又往往直接涉及意识形态主导性、"以人民为中心"、中外文化交流；间接涉及宗教文化、思想道德建设等。这些研究中对新时代中国特色社会主义文化建设理论不同议题之间重大关联的阐述，都为本书研究提供了思考方向和组织线索的重大启示。

大力推进新时代社会主义文化繁荣是习近平新时代中国特色社会主义思想的重要组成部分。本书从社会主义文化内涵、社会主义文化制度、社会主义文化宣传和社会主义文化发展4个维度合计12个方面展开对繁荣发展新时代社会主义先进文化的重要意义、重要思想、重要举措以及显著成效的论述，运用理论与实践相结合、历史与现实相呼应、问题与对策相对应的方式来展开研究，将对党的二十大报告的阐释放在建党百年的辉煌历史，尤其是党的十八大以来的文化建设成功实践的总结基础之上，分别从历史到现实、从问题到对策多个维度进行全面梳理，既总结新时代社会主义文化繁荣发展取得的成就，也分析进一步高质量发展中面临的问题与挑战。本研究坚持马克思主义在意识形态领域指导地位的根本制度，坚持以社会主义核心价值观引领文化建设制度，健全人民文化权益保障制度，完善坚持正确导向的舆论引导工作机制，建立健全把社会效益放在首位、社会效益和经济效益相统一的文化创作生产体制机制，坚守中华文化立场，立足当代中国现实，结合当今时代条件，为更好构筑中国精神、中国价值、中国力量添砖加瓦。本书分为4章12节。具体的研究思路概述如下：

第一章"社会主义文化内涵：中华民族复兴的精神力量"分为"增强文化自觉，坚定文化自信，推进文化繁荣""接续古典文化，弘扬革命文化，创造社会主义新文化"和"以人民为中心，人民文化权益的制度建设"三部分。在文明演进变局中强化文化自觉、在对文化虚无主义批判中砥砺文化自信和在提升新时代"软实力"中发展文化繁荣，构成了文化自觉、文化自信和文化自强的理论逻辑。从文明论视角可以发现，"文质再复"这一历史哲学可以观察新时代社会主义文化在中国历史上所处的位置。它一方面显示了中国自身思想的活力，另一方面，能够将新时代社会主义文化与既往的文化积淀关联到一个更加有机的脉络之中。其中，"以人民为中心"构成了社会主义文化的思想核心。人民文化权益保障制度是社会主义文化实践和理论相结合的创新成果，它是党和政府在维护人民群众的文化权利和利益的历史过程中形成的重要文化政策，最大限度保证了改革开放和社会主义建设伟大成果民创民享的执政宗旨。

第二章"社会主义文化制度：凝聚力和引领力的保障"由"坚持马克思主义在意识形态领域指导地位的根本制度""坚持以社会主义核心价值观引领文化建设制度"和"健全文化创作生产体制机制"三部分组成。发挥制度的牵引性和操作性，以制度的力量推进意识形态工作标准化、常态化、严格化、责任化，为新时代繁荣和发展中国特色社会主义文化提供根本制度保证。它既是国际共产主义运动的经验总结，也是社会主义建设中面临问题与挑战的现实需要。坚持以社会主义核心价值观引领文化建设的制度是社会主义文化的发展方向，要着力在构建社会主义核心价值观引领文化建设的制度设计上下功夫，着力在推动社会主义核心价值观融入文化事业上下功夫，着力在推动社会主义核心价值观融入文化产业发展上下功夫。健全我国文化生产机制体制的基本原则是坚持以文化生产的社会效益为首，社会效益与经济效益相统一；战略选择是坚持文化事业与文化产业共发展双轮驱动。

第三章"社会主义文化宣传：主流文化建设的体系格局"由"新形势下宣传思想工作的基本特点""新时代党的新闻舆论工作的主要内容"和"完善和坚持正确导向的舆论引导机制"三部分组成。文化和宣传互为条件，难分彼此，文化是宣传思想工作的重要对象，宣传思想工作又是文化建设必不可少的手段与方法，承担着繁荣发展文化的使命。因此，文化宣传要有大局意识，要坚持党性原则，要有建立跨部门宣传联动的大格局，以媒体融合创新宣传方式。新时代，党的新闻舆论工作面临从新闻宣传向新闻舆论的理论转向，我国新闻舆论工作再上新台阶：党管媒体原则贯彻新媒体领域；新闻报道坚持以人民为中心；媒体融合纵深发展，主流舆论阵地不断巩固壮大；新闻舆论的传播力、引导力、影响力和公信力全面提升。社会媒介化特征日趋显著，传媒融合监管体系脱颖而出。在此历史大变局，可持续地繁荣社会主义文化关系到中国特色社会主义精神引领，而坚持并完善正确导向的舆论引导则是新时代社会主义文化繁荣的重要保障。

　　第四章"社会主义文化发展：话语权与文化软实力的提升"由"发展党的文化创新理论""加快推进中国特色哲社话语体系建设"和"加快推进国际传播能力建设"三部分组成。理论的创新与不断创新，是当代中国不断取得进步与发展，不断取得文化建设新成果的原因之一。在党的领导之下，当代中国的马克思主义在文化实践中不断发展，也不断进行创新，而且创新之路在于：反映时代愿望、体现时代精神、回答时代课题、积极推进理论创新、引领时代潮流。党的文化理论创新有其历史进程，以建党百年的历史经验为基础；人民性是党的文化创新理论的支撑；实事求是与应答时代是党的文化创新理论的根源；文化自信、时代脉搏，人民中心、创作精品，以明德引领风尚，这是新时代中国特色马克思主义文化创新理论的核心。在中西文论互鉴中破解不对等对话问题、克服弱者心态问题、做好"主动性中学西传"问题成为重中之重。因此，我们需要借鉴"化"的中国智慧，通过"在世界中"的对话来克服中西文论互鉴"之间"的难题。面对新时代国际传播的新境况和新问题，要加强中国国际传播能力的系统建设。各地区、各部门发挥各自特色和优势开展工作，加快打造融媒体矩阵，推动更为适应新时代需求的国际传播方式转型。

第一章
社会主义文化内涵：中华民族复兴的精神力量

一、增强文化自觉，坚定文化自信，推进文化繁荣

我们正在经历并创造一个文化大繁荣、大发展的新时代，国家昌盛、人民幸福，几代人曾经梦寐以求的美好生活正在一步步实现，文化艺术生产集中展现出自信的大国气象和高扬的时代精神。以北京举办的奥运会为例，有学者细心地对 2008 年夏季奥运会和 2022 年冬季奥运会的开幕式演出作了一番比较，"相隔 14 年，由张艺谋在同一场馆导演的两组开闭幕仪式，审美取向和精神气质却有很大不同：饱满充实之美与急迫兴奋之情，一变而为雍容淡雅之美与从容大度气质"，①2022 年北京冬奥会开幕式浓郁的民族风和东方美，融合生态、奇幻、凝聚包容等主题元素，彰显了新时代文艺的勃勃生机，也体现了文艺工作者面向世界、对优秀传统文化的创造性诠释能力。在国际传播语境下的中国故事和中国形象展现了一种不同于硬指标的文化软实力，它既承托了新时代的中国作风、中国气派，也蕴含着丰富而具体的现实生活内容；它不仅是艺术形式的呈现，而且也是价值引领性和观念包容性的

---

① 姚中秋：《从垄断压制转向共同发展：双奥十四年的世界体系之变》，《文化纵横》2022年第 2 期。

综合体现。文化繁荣是国家综合实力的反映，当然与人民经济生活水平的提升密不可分，但文化创造和物质基础之间也存在着复杂的互动关系，经济和社会活力的释放也经常需要通过文化领域的变革来启动，或者说，经济和社会活动本身也属于广义的文化发展过程。党的二十大报告提出："全面建设社会主义现代化国家，必须坚持中国特色社会主义文化发展道路，增强文化自信，围绕举旗帜、聚民心、育新人、兴文化、展形象建设社会主义文化强国，发展面向现代化、面向世界、面向未来的，民族的科学的大众的社会主义文化，激发全民族文化创新创造活力，增强实现中华民族伟大复兴的精神力量。"在强国之路上，文化承担着塑造时代精神、凝聚民族力量、引领社会发展的重要功能，推进文化自信自强、发展社会主义先进文化、深化文明交流互鉴，是新征程上社会科学工作者和文艺工作者的重大使命。

在文艺创作领域，我们已经看到基于历史意识和文明意识的文化自觉和不断提升的文化自信在当下的艺术生产中获得了较为充分的展现，但学界对于何为文化自觉与文化自信，二者关系以及实践路径的讨论尚不充分，本部分拟从心态史的视角对这一问题进行尝试性探讨。如果将文化自信和文化自觉进行简单的区分，文化自信体现的是本位性的信念和意志，是对民族文化价值的自主确认，它是对自身历史和现实的综合判断，体现了对未来的确定性信心。文化自信必须建立在强大的行动能力和历史作为的基础之上，在这个过程中，文化自觉构成了民族精神的创造性源泉和实践动力；文化自觉体现的是主体化的能动意识和实践欲求，自觉首先是主体意识，离开主体意识便没有自觉，但文化自觉往往指的是民族性或集体性的反思力、判断力和行动力，即这一民族或族群具有明确的历史意识和文明意识，不会轻易在文明进程中迷失方向、陷入文化困境。我们对文化自觉和文化自信的讨论不仅仅局限于知识分子的思想主张，更注重的是社会生活中集体观念、意识的发生发展，这里可以参考葛兆光所谓"一般知识、思想与信仰"的历史观察视角，按照葛兆光的定义，"一般知识、思想与信仰"是指"最普遍的、也能被有一定知识的人所接受、掌握和使用的对宇宙间现象与事物的解释"，"作为一种普遍认可的知识与思想，这些知识和思想通过最基本的教育构成人们的文化底色"。① 但相对于"思想史"的描述方式，聚焦文化的集体性、表征性和作为心态、情势的观念中介性，考察特定历史条件下观念、意识的发生与社会生产生活之间的关系，更适合的方式是借助心态史的视角。所谓心态史的视角，是强调文化自觉与文化自信不惟思想家的思想建构，而是将社会群体的道德判断、情感反应、心理倾向也纳入文化范畴之中，在社会意识—心态—行为的功能结构中，它具有一定的集体性和能动性，极易转化为社会行动。

（一）文化背景：在文明演进变局中强化文化自觉

20 世纪之初，中国迫切需要解决民族独立与生存的危机，这种危机既源自中国内部社会文化的崩坏，也是全球竞争的一种结果，因此急切地师法欧西，强国保种成为一种自然的选择，在文化领域中弥漫着竞争进化论支配的文明史观，那些尚未充分熟知资本主义发展逻辑的知识分子很难意识到资本主义和殖民主义的深刻危机，直到"一战"为反思这种文明史观提供了历史契机，起源于欧洲内部的大战争使得中国知识分子一方面在世界危机与国家危机之间建立贯通性的思考，另一方面通过俄国革命来反思"西方"并确立中国未来的发展道路，从而能够在世界性与民族性的张力中形成更具有文明反思深度的文化自觉，对古今中西有了更加辩证的思考和判断，在人类文明的整体发展演进中清醒地确立了民族文化的位置和方向，因此可以说，在"三千年未有之大变局"的危机性认知中形成的文化自觉既是文化特殊性的自觉，也是"胸怀天下"的自觉，是将自身的解放、发展融通新世界构想的

---

① 葛兆光：《中国思想史》（导论：思想史的写法），复旦大学出版社 2001 年版，第 14 页。

自觉。换句话来讲，广义的新文化运动中所蕴含的文化自觉不惟是民族主义的主体性自觉，而且也是将那种已经内在于自身的狭隘世界意识进行革命性荡涤的自觉，也恰恰是在这个基础上，中国历史性地选择了马克思主义，将中国人民的民族解放与世界无产阶级革命紧密地结合在了一起。

在马克思主义中国化的过程中，文艺的群众路线始终占据重要位置，20世纪30年代的文艺大众化倡导、战争年代的文艺通俗化运动以及新中国成立以来以人民为中心的文化建设，将民族解放的主体和革命历史的主体创造性结合，深刻回答了"依靠谁""为了谁"的问题。中国共产党是马克思主义的坚定信仰者和实践者，也是中华优秀传统的传承者和弘扬者，植根于深厚文明传统的文化主体性既是历史运动的结果，也是现实主义的动力，"民本""民生""和合""小康""大同"，彰显了中国特色社会主义的深厚文化底蕴，返本开新、守正创新、来自现实生活、为群众喜闻乐见的丰富文化创造凝聚成中国作风和中国气派。大众文艺对中国作风、中国气派的呼唤最初来自革命战争时期毛泽东对马克思主义中国化的思考，这个命题一直接通新时代的文化建设。党的十八大以来，在习近平新时代中国特色社会主义思想指引下，全国人民砥砺奋进，牢牢掌握发展主动权，面对外部环境不确定性和经济发展方式调整，克服一个又一个前进道路上的困难，深刻把握人民日益增长的美好生活需要与不平衡不充分的发展之间的矛盾，提出"全面建成小康社会"的总体性目标。"民亦劳止，汔可小康"（《诗经》），"小康"首先体现的是"民生"思想，生生而为道，"小康"理想不仅指物质生活的丰裕，还包括一整套的人间伦理和礼仪秩序，凝聚成生生不息的合族认同，是人民共同体的必然要求。党的十九大对新时代全面建成小康社会作出进一步战略部署，提出要在经济建设、政治建设、文化建设、社会建设、生态文明建设"五位一体"总体布局下全面建成"小康社会"，到2035年基本实现社会主义现代化；到2050年，实现社会主义中国从"富国"走向"强国"。在这个新的伟大征程中，文化建设承担着凝心聚力、从小康奔大同的新时代使命。

无论是文化自觉还是文化自信都是国家建设、社会发展的必然要求，在实践的意义上，既不存在抽离于行动和客观对象的纯粹理念自觉，也不存在仅作为一种"后果"的文化自信，文化根本上是如何不断在实践的复杂性和难题性中理论地回答和现实地行动的问题。我们今天所置身的世界正面临激烈复杂的转折：一方面疫情加剧了逆全球化和新保守主义的危机，新的国际政治经济秩序加速重组；另一方面，发展的不确定性和日益凸显的全球挑战迫切呼唤凝结共同价值的人类命运共同体团结应对。经过 40 多年的改革发展，我国已经进入了中国特色社会主义新时代，中国在经济高速发展和社会稳定两个方面都取得了举世瞩目的伟大成就，脱贫攻坚取得全面胜利，综合国力不断提升，特别是在全面建成小康社会之后又开启了全面建成社会主义现代化强国的新征程，在国际舞台上发挥着越来越重要的作用，中国思想与中国文化更加深度卷入了人类命运共同体的倡导与构建，亟待回应世界文明发展演进的新难题。

福山名噪一时的"历史的终结"曾经断言历史即将终结于西方的自由民主制。福山自诩为一名黑格尔主义者，认为自己的观念从黑格尔那里都可以找到理论的根据。[1] 但是在经验的意义上，黑格尔并不是一个真正的终结论者，黑格尔历史的逻辑从属于精神的逻辑，而不是现实的逻辑，所以福山是在僵化地模仿黑格尔。"历史的终结"之所以引起激烈的回应，从现实层面来看，主要是因为 20 世纪 90 年代世界历史的挫折，它与霍布斯鲍姆的"短促的 20 世纪（the short 20th century）"在断代的意义上有些相似，霍布斯鲍姆"短促的 20 世纪"以"一战"为起点，以苏联和东欧剧变为终点。但

---

① 黑格尔在《历史哲学》中提到，世界历史从东方走向西方，因为欧洲根本就是世界历史的终结，亚洲则是开端。

是霍布斯鲍姆得出了和福山不一样的结论，他是在批判的意义上提出了遍布世界——包括号称自由民主的欧洲和美国——的重重危机，"自由民主制度的展望，却不能与资本主义制度相提并论，凡处于 90 年代初期的严肃观察人士，都不会对它抱同样的乐观态度"，"民主的困境，现今却变得更加尖锐"，"我们薪传自人类过去的遗产，已遭融蚀；社会的结构本身，甚至包括资本主义经济的部分社会基石，正因此处在重大的毁灭转折点上"。[①] 霍布斯鲍姆如果看到今天围绕乌克兰所爆发的战争，可能会有更加悲观的看法，因为这场战争标志着人类文明的状态不仅没有丝毫的进步，反而倒退回了冷战时代甚至是 19 世纪的意识形态——这次也不再是所谓民主政治对抗社会主义阵营的战争，而是在重复"一战"之前欧洲民族主义和资本主义叠加危机的爆发形式，不断复述着所谓"文明战争"的谎言。斯宾格勒的"文化形态学"代表了"一战"后反思欧洲普遍主义文明观的思想潮流，在克服欧洲中心主义的意义上这种思想无疑具有历史进步性，并且也在中国获得了一些保守主义知识分子的积极响应，成为新文化运动中一种文化自觉的形式，但究其本质，斯宾格勒还是一位披着世界历史外衣的文化相对论者，我们不可能在他这里找到真正的历史意识和文化自觉，只有马克思主义意义上的世界历史才"扬弃并克服了绝对主义与相对主义之间的对立，在全部的人类历史中恰当把握中国道路的全部实质"。[②] 中华文明的长河，历经跌宕曲折，延绵不绝。"我国今天的国家治理体系，是在我国历史传承、文化传统、经济社会发展的基础上长期发展、渐进改进、内生性演化的结果"；[③] "只有坚持从历史走向未来，从延续民族文化血脉中开拓前进，我们才能做好今天的事

---

① ［英］艾瑞克·霍布斯鲍姆：《极端的年代：1914—1991》，郑明萱译，中信出版社 2014 年版，第 705—716 页。

② 参见何中华：《世界历史·亚细亚现象·中国道路——从马克思唯物史观的角度看》，《文史哲》2022 年第 1 期。

③ 《习近平谈治国理政》，外文出版社 2014 年版，第 105 页。

业"；① "没有文明的继承和发展，没有文化的弘扬和繁荣，就没有中国梦的实现"。② 基于以上的梳理，需要着重把握好文化创新与传承、文化的特殊性与普遍性、文化的人民性与民族性这三重辩证关系。

（二）现实挑战：在对文化虚无主义批判中砥砺文化自信

如果说文化自觉是行动的自觉，是主体能动性的反映，那么文化自信则来自塑造和建构主体的文明性基础，在传统的维度上，文化甚至先在于族群个体，它通过典籍、习俗等各种形式教化个体、塑造族群；但是在现实的维度上，文化又是一种活生生的生活样态，因此文化自信既建基于悠久、优秀的文明传统，又必须具有强大而旺盛的现实行动力保证。我们也看到，在近代以来的某些阶段，中国的精英知识分子曾经深陷危机性文明认知的漩涡而决绝地告别传统、迷失方向，但也正是由于中国文明自身坚实的根基和强大的修复、再生能力，使得我们不断地超克危机、涅槃崛起。习近平总书记指出，"文明特别是思想文化是一个国家、一个民族的灵魂。无论哪一个国家、哪一个民族，如果不珍惜自己的思想文化，丢掉了思想文化这个灵魂，这个国家、这个民族是立不起来的"，③ "坚定文化自信，是事关国运兴衰、事关文化安全、事关民族精神独立性的大问题"。④ "中国有坚定的道路自信、理论自信、制度自信，其本质是建立在 5000 多年文明传承基础上的文化自信。"⑤文化自信不是盲目自大，文化自信是对优秀文化传统的自信，更是对我们的发展道路、文明成就以及实现人民美好生活的坚定信心。

---

① 习近平：《论党的宣传思想工作》，中央文献出版社 2020 年版，第 83 页。

② 中共中央宣传部编：《习近平总书记系列重要讲话读本》，学习出版社、人民出版社 2014 年版，第 92 页。

③ 习近平：《在纪念孔子诞辰 2565 周年国际学术研讨会上的讲话》，《人民日报》2014 年 9 月 25 日。

④ 中共中央文献研究室编：《习近平关于社会主义文化建设论述摘编》，中央文献出版社 2017 年版，第 16 页。

⑤ 《习近平谈文化自信》，《人民日报（海外版）》2016 年 7 月 13 日。

文化自信的对立面是文化虚无主义，作为普遍心态的文化虚无主义具有观念弥散性和集体传染性，当遇到特定的社会危机和突发事件，这种心态极易迅速发酵，通过否定和怀疑一切，瓦解社会信心、产生重大破坏力，应该引起足够重视。文化虚无主义不仅是巨变时代才会产生的精神现象，其实也是现代性的文化产物，是开放与发展过程中的伴生性问题，在现代化的过程中，不可避免会出现各种各样的主体降解和文化迷失问题。在西方个体主义的脉络上，"自 19 世纪下半叶以后，当'个体'完全自主，自己完全托付给自己之后，随之而来的是现代虚无主义、存在主义式感叹，是荒谬感与虚无感，相对主义大行其道。现代个体有一种从内部'坍塌'的趋势。这正是现代个体主义的局限所在，也是它的危机所在"，[①] 在中国现代化的过程中，尤其是在不平衡的文化关系中，也会出现类似西方的"现代个体"的危机，针对这一普遍状况，孙向晨认为可以借助中国文化传统进行调适和制衡。除了哲学意义上的"现代个体"的普遍危机之外，中国当代文化领域出现的虚无主义主要表现为碎片化和即时性的文化消费和信奉丛林法则、泛功利化、解构历史、信仰迷失等，可以说，文化虚无主义也是当代条件下所出现的特定精神症候。随着中国日益融入全球市场分工体系，晚期资本主义的意识形态更强烈地渗透进中国人的生活领域，它以后殖民、亚文化和先锋文化的样态占据着文化生产的前台，对于塑造青年人的世界观和价值观产生了重要影响。

有学者将文化虚无主义的发端推进到新文化运动时期的疑古思潮、反传统和全盘西化，对于这种看法，五四相关研究已进行了诸多澄清，只有全面还原新文化运动中"百家争鸣"的张力，才能整体性、辩证地理解和解释

---

① 孙向晨：《在现代世界中拯救"家"——关于"家"哲学讨论的回应》，《探索与争鸣》2021 年第 10 期。

新文化运动推动中国思想文化生生不息的内在动力及其文明史意义，即如杜威所说"中国人富有的是生活的共同体，是一种文明统一体的感觉，那种自古以来一直延续着的习俗和理想的感觉。他们从未离弃用他们生存的全部材料织成的整幅图样"，[①] 新文化运动对于"文化"的高度关注从隐形的层面上恰恰体现了中国"士人传统"和"民族心灵的转换"，我们不能将古今之变简单地视作外来思想影响的结果，因此那种"截断源流"式的五四认知和历史解构在某种意义上其实也是一种文化虚无主义的表现。当代文化虚无主义更直接的思想基础是由 20 世纪 80 年代的自由化和 90 年代的市场化浪潮所构筑的。80 年代十分具有代表性的文化事件是电视系列片《河殇》的热播，《河殇》现象典型地传达了 80 年代知识分子弃绝所谓农业文明（以黄河为象征）、拥抱和融入西方文明（以海洋为象征）的狂热。这种思想模式将近代以来中国所遭受的屈辱和失败简单归因于农耕文明的"劣根性"，否定全部的历史；将西方工业 / 商业文明视为"蔚蓝色甘泉"，赋予其民主与自由的本质，惟有借此才能浇灌和拯救古老衰败的黄色文明。问题或许不在于反思传统，因为反思传统不是"西化自由派"的专利，它本就是中国士人精英一直持守的思想传统，问题在于这种非优即劣的文明二分法及其受到的广泛追捧，回头来看，当时很多知识分子的知识、观念和话语不过是在复刻西方中心主义、殖民主义所制造的历史无意识和政治无意识，以文明反思面目出现的文化热实际上掉进了等级式文明论的圈套，如果与新文化运动中复杂的文明论辩证作一比较，我们会看到 80 年代文明论话语的浅薄和仓促。90 年代社会主义市场经济的确立在改革开放进程中具有里程碑意义，但是社会上也一度出现了离开社会主义的本质规定片面强调市场决定的倾向，在文化领域

---

① ［美］约翰·杜威：《中国的国民情感》，载顾红亮编：《中国心灵的转化——杜威论中国》，华东师范大学出版社 2017 年版，第 268 页。

也弥散着唯利是图、个人至上和"反崇高"、享乐化的"时尚"潮流。实际上商品交换原则支配下的个人主义往往导向的是社会达尔文主义，而不是个体真正的解放，资本主义条件下的自由主义无法逃避异化的宿命。21世纪以来的状况更趋复杂，这20多年也是数字技术快速发展的时期，在这一背景下，新的社会形态、媒介形态复杂重组，社交媒体、人工智能、元宇宙等数字生态不断推陈出新，极大地改变了人们的生存、交往方式。一方面智能社会极大地方便了生活、促进生产力快速提升；另一方面，信息爆炸和数字鸿沟等又带来一系列伦理难题，网络条件下不良信息渗透性更强，网络意识形态在社会文化领域越来越呈现出强大的支配性，交织着社会多元化、急剧城市化、阶层的断裂与分化的网络舆论治理，也是网络安全、网络文明、社会文明所面临的巨大挑战。

文化虚无主义的根源在于历史虚无和价值虚无，它既与激进现代化造成的传统断裂有关，也与快速发展阶段所带来的失衡、失序有关，有的学者将这种发展阶段的混杂性也描述为类似一种后现代（post-modernity）状况，因此对文化虚无主义的反思与批判，需要对现代化作出根本的清理和中国化的普遍阐释。所谓现代化，往往被认为是一种革命性的、不可逆的、全球性的、系统的、阶段性逐渐同质化的"进步"过程（H-U. Wehler），在这个过程中资本主义、工业革命、世俗化、理性化以欧洲为中心不断向全球扩散，在普遍主义的塑造下，现代化构成了自身的神话，人类世界被一个逐级进化链条编织在一起，西方在进化链的顶端意味着文明的最高级形式，现代化成了改造"野蛮"世界的合法化工具。马克思主义者对此提出了激烈的批判：资本逻辑推动的现代化取得了巨大成就，但也产生和积累了它自身难以克服的危机，中国的现代化道路既是一个主动融入全球秩序的过程，也是一个改造不合理的旧世界的过程，中国的革命经验和后发式的发展道路包含了对资本主义危机以及殖民体系的抵抗与克服，通过成功的社会转型和生产关系、生产力革新取得了举世瞩目的伟大成就，这是对人类文明的重大贡献。就像黄宗智所分析的那样，中国这样的后发国家不可能像西方那样凭借"资本主义工业化＋市场经济＋现代科层制国家＋自由民主体系"来进行"现代国家建设"，因为那些条件在后发国家明显缺乏历史基础，现实条件与现代西方相隔距离实在太远；中国有着深厚历史传统，这又塑造了其发展中的"路径依赖"——一种深深扎根于社会和革命历史的国力建设路径，这也决定了中国后来不会像苏联和东欧大部分国家在"转型"过程中那样简单接纳"休克治疗"的方案而全盘采纳西方的模式。① 回顾中国式的现代化道路，其秘诀在于马克思主义中国化，在于马克思主义的普遍原理同中国的具体实践相结合、与优秀的传统文化相结合，因此克服了现代化理论关于传统与现代的简单对立，实现了发展与稳定的动态平衡。正本清源，守正创新，坚持一切从中国实际出发，通过马克思主义中国化的不断飞跃，在中国特色社会主义道路上，推进"中国式的现代化"，使中国道路、中国经验、中国智慧统一于不竭的历史创造动力，实现道路自信、理论自信、制度自信和文化自信的有机统一。习近平指出，"中国有坚定的道路自信、理论自信、制度自信，其本质是建立在 5000 多年文明传承基础上的文化自信"，② 文化自信是更深层次的价值观基础，是中国道路行稳致远的根本所在，"文化自信，是更基础、更广泛、更深厚的自信。在 5000 多年文明发展中孕育的中华优秀传统文化，在党和人民伟大斗争中孕育的革命文化和社会主义先进文化，积淀着中华民族最深层的精神追求，代表着中华民族独特的精神标识"。③ "求木之长者，必固其根本；欲流之远者，必浚其泉源"，具有悠久传统，凝聚包容、生生

---

① 参见黄宗智：《国家—市场—社会：中西国力现代化路径的不同》，《探索与争鸣》2019 年第 11 期。

② 《习近平谈文化自信》，《人民日报（海外版）》2016 年 7 月 13 日。

③ 习近平：《在庆祝中国共产党成立 95 周年大会上的讲话》，《求是》2021 年第 8 期。

不息的中华文明，是我们全部自信的深厚根基所在。

（三）建设路径：在提升新时代软实力中发展文化繁荣

中国共产党领导全国各族人民创造了从站起来到富起来的举世瞩目的历史成就，正在迈向强起来的新的伟大征程，在社会主义强国建设之路上，必须推进和保持物质文明、精神文明相协调，着力提升高质量文化创造和供给水平，解决不平衡不充分发展的问题。习近平在中国文联第十一次全国代表大会、中国作协第十次全国代表大会开幕式上向广大文艺工作者发出号召："广大文艺工作者要增强文化自觉、坚定文化自信，以强烈的历史主动精神，积极投身社会主义文化强国建设，坚持为人民服务、为社会主义服务方向，坚持百花齐放、百家争鸣方针，坚持创造性转化、创新性发展，聚焦举旗帜、聚民心、育新人、兴文化、展形象的使命任务，在培根铸魂上展现新担当，在守正创新上实现新作为，在明德修身上焕发新风貌，用自强不息、厚德载物的文化创造，展示中国文艺新气象，铸就中华文化新辉煌，为实现第二个百年奋斗目标、实现中华民族伟大复兴的中国梦提供强大的价值引导力、文化凝聚力、精神推动力。"[①]价值引导力、文化凝聚力、精神推动力都属于软实力的范畴，援引心态史的视角，文化之所以能成为"力"，在于其能沟通人心、凝聚社会、驱动变革，这是不同于硬约束的软实力。毫无疑问，新时代文艺工作者是软实力建设的主力军，"文化是民族的精神命脉，文艺是时代的号角"，"新时代新征程是当代中国文艺的历史方位"，"人民是文艺之母"，广大文艺工作者要树立大历史观、大时代观，投身于波澜壮阔的现实生活，做文化绵延传承、创新发展的书写者和歌唱者，创作出新时代的人民史诗。

---

① 习近平：《增强文化自觉坚定文化自信 展示中国文艺新气象铸就中华文化新辉煌》，载新华社，http://www.qstheory.cn/yaowen/2021-12/14/c_1128163654.htm，2021年12月14日。

对于软实力，学界一般援引约瑟夫·奈的相关理论进行定义和阐释。约瑟夫·奈将综合国力分为硬实力（hard power）与软实力（soft power）两种形态，相比较硬实力（支配性能力／权力），软实力主要涵盖无形的文化吸引力、政治价值观辐射力，以及塑造国际规则、政治议题的能力。约瑟夫·奈的软实力理论是后冷战时期国际政治交往形态的一种反映，power 经常也被翻译为大国、权力，所以 soft power 作为一种权力形式很容易沦为文化帝国主义和霸权政治的合法化工具。中文语境中的软实力是与中国的政治传统、历史传统和文化传统相统一的，它与约瑟夫·奈软实力范式的首要区别在于人民主体而非单纯强调国家实力，与其将软实力定义为一种 power，不如看成 strength，即一种将人们连接在一起的纽带和力量，软实力实现的不仅是认同（对内）和吸引（对外），而且还有人民共同体的普遍感觉。"增强做中国人的骨气和底气"，是一种软实力，但这里应该强调的是以人为本，坚持人民至上、生命至上，自信自强，"人人都是软实力"，人人都是社会主义文化的参与者和创造者，是我们文化发展不竭的精神动力；同时，中国人民历来具有深厚的天下情怀，我们不输出意识形态，倡导开放包容、文明互鉴，各美其美、美美与共，通过对外讲好中国故事，分享中国发展的经验和成果，携手共建人类命运共同体，这是更能体现博大胸襟的软实力。因此，以软实力提升为旨归的文化繁荣从根本上来说是民族精神和世界意识的具体体现，是新时代中国作风、中国气派的丰富演绎。

从实践的角度，文化软实力可以具体化为吸引力、凝聚力、传播力，三个"力"相辅相成、互为支撑，构成了文化软实力的关键，也是新时代文化繁荣发展的重要着力点。吸引力来自创造性和文化活力，文化不是抽象的东西，文化是我们的生活方式，是必需的精神食粮，营造吸引力需要强化文化生产的供给侧变革，以高质量的文化产品满足人民群众日益增长的文化需求。在巩固主流文化阵地的前提下，还要加强数字社会的文化生产创新。青年是网络虚拟空间最活跃的人群，青年群体既是文化消费主体，也是文化生产主体，网络空间的交互性打破了生产和消费的边界，使得文化再生产形态更趋复杂，意义生成更加不确定，在这种情况下，网络文明建设的重要性愈益凸显，一方面要高度重视新时代语境下主流文化思想和文化价值的引领，加快推进各类文化经典的数字化工程，用好用足各类红色文化、传统文化的宝贵资源，探索"互联网＋演艺"模式，鼓励原创，注重科技性、时尚性，强化品牌塑造，推动传统舞台艺术"云"上见，通过高质量的文化传承和艺术创新，传递社会主义的文化精神和价值观；另一方面，也要引导通过新鲜活泼的青年文化抓住年轻群体的兴趣，青年是构建网络文明的主体，优质的青年文化是抵御虚无主义的有效载体，在这方面，可以依托"数字新基建"，善用大数据，细分文化消费人群，制作嵌入式电竞场景等群众喜闻乐见的创作形式，准确串联文化故事，提升文化产品的内涵和品质。

凝聚力是文化建构功能的体现，文化就其本意而言包含着栽种、培育，以文化人、化风成俗的涵义。所谓道不远人，针对前文提到的历史虚无和价值虚无等（后）现代症候，应当充分发挥新时代社会主义文化引发共情、凝聚人心、塑造认同、引导公序良俗的积极意义，克服个人主义的迷失和商品拜物教所导致的异化等问题。在媒介形态、社会形态快速变革的条件下，文化生产的场域已不局限于艺术舞台和电视屏幕，自媒体创作和各类"圈层"的重组使文化生产、消费和体验的方式极大地改变，如何将这种看起来像无数"噪点"的自媒体文化纳入公共性轨道，是文化凝聚力面临的真正挑战。无论如何，凝聚力的实现必须建立在文化主体自觉参与的基础之上，在这方面可以借鉴社区柔性治理的经验，引导和鼓励文化创造与社区发展同频共振，打造一批有生机、有特色和公共价值的网络文化品牌，这里成功的例子是"李子柒"的田园美食短视频，其影响力远超一般性的美食展示，而且在劳动、家庭、乡土等观念层面不断发酵，对于塑造青年价值观和生活态度产生了不可估量的影响，这对于我们思考传统文化如何才能更好地走进日常生活，甚至用来化解今天的精神"难题"，都颇具启发性。要引导、用活哔哩哔哩视频网站、抖音、喜马拉雅等大流量新媒体平台，实现优质文化产品的集聚效应，让青年群体透过网络文化产品理解时代发展与民族文化，不断提升文化自信与文化认同。

传播力主要指的是如何对外讲好中国故事，让世界理解中国发展道路、中国文明成果也是对人类的重大贡献，这是一种全球叙事能力。在跨文化传播领域曾经长期存在着明显的不平衡现象，迪士尼、麦当劳和好莱坞占据了不少青少年成长的经历，近一段时间以来孔子学院也在一些国家受到抵制和排斥，中国的发展道路受到西方的刻意歪曲和误读，在一些人眼里，中国似乎越来越具有威胁性。要改变这样的局面，不能简单地关起门来，或者横眉冷对，而必须从共同价值、人民立场、创新发展等多维度不断增强我们的全球叙事能力。即如前文所言，新时代的文化自觉既是包含了民族文化独特性的自觉，也是具有天下情怀的世界意识的自觉，要弥补跨文化传播中的"逆差"，首先必须解决文化心态的"落差"，具体来说，一方面要尽快摆脱历史悲情和弱国心态，深刻理解世界百年未有之大变局与中华民族伟大复兴这两个大局，向世界展现笃定自信、开放包容的大国格局，另一方面，要始终坚持人类命运共同体的价值理念，以"求和平，促发展"为根本目的，防止滑入西方设置的"国强必霸""中国威胁"的话语陷阱，塑造有温度、有活力、创新发展的中国形象。除了话语层面的价值构造，文化传播力的实现需要高水平的国际平台、传播渠道和形式载体，在这些层面可以通过举办国际文化赛事，打造一批引领性、权威性、重量级的国际传播平台，开展精品出版外译工程、国际人文交流项目，争取叙事主动权，既主场发声，又积极走出去，形成文化有效辐射和深度交往。在跨文化传播过程中，最关键的还是人的因素，国家之间的交往其实往往还是通过具体的个体来展开，民心相通才是最大的软实力，因此要充分重视民间人文交往和社会叙事力量，丰富叙事渠道和交流维度，做实做大中国人的朋友圈。

上海正全面推进城市软实力建设，着眼全面完成党中央赋予上海的重大使命任务，更加自觉地弘扬城市精神品格，筑牢人民城市的根基，不断提升城市活力和影响力，加快打造具有世界影响力的社会主义现代化国际大都市。毋庸置疑，城市软实力的核心在于文化和精神的品质，它浓缩在"海纳百川、追求卓越、开明睿智、大气谦和"这 16 个字里面，但是活力之源首先还是在于人民城市的性质，"人民城市人民建、人民城市为人民"，所以我们的文化自觉必须是以人民为主体的自觉，从城市"人"的属性、基于"人民"立场的公共性、开放性、参与性，到空间活力、主体创造力和未来性、引领性，都必须建立在追求人的全面发展与人民认同的基础之上；再者，软实力也是一种文明性范畴，即城市发展具有高度的文明内涵，这个文明既有城市自身的生活传统，也能够体现人类文明的普遍尺度，为什么要强调这一点呢？是因为在现代化的过程中也出现了城市中心主义的取向，很多国家将城市发展建立在对乡村剥夺的基础上，在文化上逐渐强化等级性和排斥性，产生了城乡分隔、分化的严重问题，社会主义现代化国际大都市的文明性必须充分体现共建、共享、共治的开放治理理念，坚持城乡统筹，包容外来人口，优化公共文化服务体系，我们讲述的故事不能只关心自己的"小传统"和市民的生活品质，还应该有整个世界和远方的所有的人。"源于人民、为了人民、属于人民，是社会主义文艺的根本立场，也是社会主义文艺繁荣发展的动力所在。"① 新时代呼唤引领和塑造时代精神的人民文艺，人民文艺既要接地气、深入现实生活、为群众喜闻乐见，不作无根之浮萍；也要胸怀高

---

① 《习近平念兹在兹的人民文艺》，载人民网，http://politics.people.com.cn/n1/2021/1219/c1001-32311732.html，2021 年 12 月 19 日。

远、眼中有光、心有温情，书写出新时代"生生不息的人民史诗"，在国际舞台上讲好上海故事、中国故事。

二、接续古典文化，弘扬革命文化，创造社会主义新文化

（一）文明视角：社会主义文化的历史方位与文明内涵

党的十九大报告将当下中国所处的历史方位命名为"新时代"。这一命名不仅构成我们国家政治、经济、文化、社会、生态等各方面具体建设的基本历史条件，也具有深远的文明内涵。"新时代"之所以为"新"，在于它意味着一个整体性的新文明的开创。所谓新文明，从根本上说，即是"新时代中国特色社会主义"意图在人与人、人与社会、人与自然、国家与国家等方面整体性地提出新的关系模式，并为这种新的关系模式赋予新的阐释理念。新时代的文明内涵是在当前时代逐渐彰显出来的，而其之所以能彰显出来，是有深厚的历史渊源的，是中华民族的文明史、中国人民的斗争史、中国共产党的奋斗史、中华人民共和国的发展史交汇、凝聚的结果。在这种历史洪流的交汇中，"中国"是作为洪流之河床而存在的基础性架构，也是我们把握"新时代"之文明内涵的源头。可以说，正是"中国"这个概念所涵盖的悠久历史特别是历史中所积淀的对于根柢性的人道、天道以及人道与天道之关系的思考，基源性地赋予了"新时代"以文明意味。晚清龚自珍所说的"入乎史，出乎道，欲知大道，必先为史"[①]将"史"与"大道"关联，对于我们从历史渊源的角度来把握"新时代"的文明内涵有直接的提示作用。"大道"以"史"为前提，对"新时代"之文明内涵的理解也需要从深厚的中国历史当中来着手。

从中国自身历史脉动特别是近代以来中华民族从磨难中抵抗、奋起的

[①] 龚自珍：《尊史》，载《龚自珍全集》，上海古籍出版社1975年版，第81页。

历史中所把握到的"新时代"的文明内涵，凝聚在"中华民族伟大复兴"这一提法当中。这是从内部将自身构建为一个完整的文明体的努力，是将时间链条上的过去、现在、未来关联在一个连续的系统当中，将以往在不同历史阶段所曾有过的保守的、革命的、启蒙的等彼此冲突的价值倾向统合起来的努力。就此说，科学社会主义也不是外在的教条，而是中华民族在中国共产党的领导下在抵抗、奋起的历史中所作出的理论总结，是尤其与中国近代以来的历史脉动深层契合的。这是就中国自身所可以把握的"新时代"的文明内涵，但"新时代"的意义同时也需要在世界史的层面上得到理解。黑格尔曾写出到他的时代为止的涵盖人类文明的"历史哲学"，那是所谓"世界精神"在不同民族中完成自身的过程。这个过程是按照世界的幼年时代、青年时代、成年时代、老年时代这样由不成熟到成熟、低级到高级的等级排列下来的，黑格尔自身所从出的日耳曼世界尤其是奠定了普鲁士强权地位的弗里德里希二世的日耳曼世界就是这一过程的顶峰，在这里，实现了"普遍精神的自由"。①黑格尔的这套历史哲学构成了西方国家近代以来持续扩张的隐秘基础。也因此会有人在冷战以后宣称"历史终结"的命题。中国是在长期承受了西方发达国家所惯性依赖的资本扩张、军事扩张而导致的历史重负的情况下来谋求自己的现代，以抵抗的方式来探索自己的发展道路的。在当前时代，则以构建人类命运共同体的意识深刻反思了西方现代性的限度。从中国自身的历史来看，这种意识也承接了"弱小国家民族""亚非拉""第三世界"等历史命题。因此，在新时代的我们也应该写出自己的"历史哲学"，但那一定不是将不同民族和国家等级化，进而将这种等级合理化的历史哲学，而是基于全人类，尤其是人类中被霸权逻辑所排斥和损害的那个部

---

① ［德］黑格尔：《世界史哲学讲演录》，刘立群、沈真、张东辉、姚燕译，商务印书馆2014年版，第447—448页。

分而构想的历史哲学。这也是"新时代"的"新文明"之所以为"新"的要义。

晚清时期的梁启超曾将黄帝以迄秦的历史划定为"中国之中国"的上世史，将秦一统到清代乾隆末年的历史划定为"亚洲之中国"的中世史，将自乾隆末年至于清末的历史划定为"世界之中国"的近世史。[①] 这一论述显示了梁启超开阔的世界文明的眼光，但其着重的中国与世界列强的交涉竞争，是中国的专制政体如何承接西方强国所谓国民立宪政体的问题。与之相对，"新时代"从"人类命运共同体"角度论述中国与世界之关系，则是立足于自身的发展道路，着眼于"发展中国家"，着眼于"希望加快发展又希望保持自身独立性的国家和民族"，在人类的尺度上构想和共同开创新文明。这与梁启超的思想相比，不仅存在主客关系的颠倒，即从列强为主转向以中国为主，而且存在文野关系的颠倒，即从立足强者来理解文明转向立足弱者来理解文明。这后面一点，对于认识"新时代中国特色社会主义"之开创新文明的意义尤其重要。

"新时代"具有创造新文明的意义，"新时代社会主义文化"也就同样具有创造新文明的意义。新时代社会主义文化就是对新时代当中人与人、人与社会、人与自然等种种关系类型的反思性表述，是对新文明之物质形态和具体实践的话语阐释和象征体系的建立。它具体地对应着文学、艺术、历史、哲学等门类，但在根本上指向这诸多门类背后的理念和价值导向。"新时代"的文明内涵需要从历史的角度来认识，要把握新时代社会主义文化的文明内涵也需要具有长时段的历史视野。具体而言，这就是党的十九大报告所提出的中华优秀传统文化、革命文化和社会主义先进文化三者所连缀而成的历史。在以往的历史阶段中，这三者曾存在紧张的冲突关系。而新时代社会主

---

① 梁启超：《中国史叙论》，载《饮冰室合集》第1卷，中华书局1989年版，第11—12页。

义文化则要求将三者统合乃至化合为一个整体。那么，究竟这三者将如何统合呢？本部分将引入由孔子发端、在后世尤其是西汉的董仲舒那里系统论述的"文"与"质"的关系框架，在"文质再复"的历史解释方式中尝试统合中华优秀传统文化、革命文化和社会主义先进文化，从而为新时代社会主义文化建立一个更有机的历史渊源，使"新时代社会主义文化与传统文化的关系"这一类的说法获得更加内在的说明。

（二）文质彬彬：古典文化的内在逻辑及其在明清之际的突进

在对举关系中组成的"文质"是解释中国历史与思想的关键概念。它被广泛运用于礼制、政制、社会风俗、文学风格、学术风气等不同领域，在从先秦到明清的历代典籍中有连绵不断的分布，它的具体含义在不同领域也多有变动。这里不去追索"文质"概念本身在历史典籍中的迁变，而是试图运用这组概念去实际地进行历史解释。换言之，本部分是在阐释历史脉动之特质的意义上来把握"文质"概念的。而这一定位是由孔子和董仲舒的论述所导引的，所以首先要对孔子和董仲舒的论述进行简要分析。关于"文质"，最为人所熟知的表述或许就是《论语·雍也》中所讲的"质胜文则野，文胜质则史。文质彬彬，然后君子"。这也是"文"与"质"并举的开端性论述。从字面上看，文和质在此是从君子循礼修身的角度所提出的概念。刘宝楠通过阐释"君"即"群"，从而"君子"乃特指卿大夫、士即所谓"有位者"，把修身的意义拓展到政治领域，他认为："君子必用中于民。若文质偏胜，无以示民，民无所效法，而何以为称其位哉？"[1]孔子的论述是开端性的、奠基性的，但无论是修身还是理群，"文质"在此主要是一种静态的、原理性的说明，承接孔子的脉络又把这种静态的意味转换为动态的，并用于历史脉动之规律的阐释，其代表性的人物是董仲舒。董仲舒在《春秋繁露》特别是

---

[1] 刘宝楠：《论语正义》，中华书局 1990 年版，第 233 页。

其中的《三代改制质文》^①一篇中将"质"和"文"用于说明古代政治制度之迁变的内在逻辑并从而提出改制的依据。具体说，"质"的含义是"尊尊"，"文"的含义是"亲亲"，这分别代表着古代王者之制的不同类型。董仲舒还引入了"商"和"夏"两个概念，与"文"和"质"一起组成一个内部循环的结构，即"王者以制，一商一夏，一质一文"。"商"和"夏"的用法有对历史上的商代和夏代的比附，但更主要的是作为一个理论概念来使用的，是对"文"和"质"的辅助性说明。这可以从其具体阐释中得知，即"主天法商而王，其道佚阳，亲亲而多仁朴""主地法夏而王，其道进阴，尊尊而多节义""主天法质而王，其道佚阳，亲亲而多质爱""主地法文而王，其道进阴，尊尊而多礼文"。^②在董仲舒看来，这四种制度模式构成循环往复的结构，这就是所谓"四法如四时然，终而复始，穷则返本"。这种循环，如果"商""夏""质""文"都算上，就是"四而复者"，如果就其实质而言，则主要是文质相复，即是"再而复者"。本部分就是从这里总结出"文质再复"的提法。这也是此后为历代论者所主要沿用的解释模式，如《史记·平准书》中的"一质一文，终始之变"、《白虎通·爵篇》中的"王者受命，改文从质"、《汉书·严安传》中的"政教文质者，所以云救也"等皆是。孔子以"质"为野、以"文"为史，董仲舒以"质"为仁朴、质爱，以"文"为节义、礼文，概括引申来说，"文"代表的是超越性的一面，"质"代表的是现实性的一面。超越性，就其积极的意义，是郁郁乎文哉的盛况，就消极的意义，是浮夸而掩实的状况；现实性，就其积极的意义，是实事求是，就消极的意义，是粗野鄙陋。本部分所使用的"文质相复"即是在超越性与现实性

---

① 学界有关于《三代改制质文》是否全出于董仲舒之手的争论，这一问题容当专门研究。但就本文的立意来说，若此文有后儒改篡，更能说明"文质再复"论的影响力。且《春秋繁露》中如《王道篇》中同样有关于文质的论述。

② 董仲舒：《春秋繁露》，中华书局1992年版，第183—213页。

的往复交替中来说明历史变迁的内在逻辑。

本部分的目的在于阐释新时代社会主义文化与既往文化积淀之间的关系，意不在于也无力对全部历史作出说明，只想就与 20 世纪更接近的明清等时代的文化历史之特征作出轮廓性的勾勒，而这种勾勒也必然是挂一漏万的。关于如何用"文质相复"的框架来解释中国历史，康有为曾有过一个概括："天下之道，文质尽之。然人智日开，日趋于文。三代之前，据乱而作质也，《春秋》改制，文也。故《春秋》始义法文王，则《春秋》实文统也。但文之中有质，质之中有文，其道迁嬗耳。汉文而晋质，唐文而宋质，明文而国朝质。然皆升平世质家也，至太平世，乃大文耳。"① 康有为是从今文经学的角度，将文质论与三世说糅合在一起来立论的，故有唐文宋质的说法。但若从"文"即超越性的定义来看，从思想文化的发展着眼，则恐不能说宋朝是"质"。如陈寅恪所说："华夏民族之文化，历数千载之演进，而造极于赵宋之世。"② 宋朝不仅不是"质"，而且是以往"文"的历史发展的一个高峰。而且明代思想也正是对宋代思想的深化。宋和明的文化走向共同体现了超越性的"文"的特点。

宋代在中国历史上具有转折性的意义。这一点史学界围绕"唐宋转型说""宋代近世说"等有较为充分的研究。③ 从本部分的脉络来说，宋代的意义特别表现在从宋到明这近 700 年的时间里，中国思想文化超越性的一面得到突出的发扬，也就是"文"的一面得到了特别的发展。子贡在夫子那里"不可得而闻"的"性与天道"，在宋代理学则是寻常事，"穷理尽性以至

---

① 康有为：《春秋董氏学》，中华书局 1990 年版，第 121—122 页。

② 陈寅恪：《邓广铭〈宋史职官志考证〉序》，载《金明馆丛稿二编》，上海古籍出版社 1982 年版，第 245 页。

③ 如日本内藤湖南的《概括的唐宋时代观》和日本宫崎市定的《东洋的近世》等，均收入《日本学者研究中国史论著选译》第 1 卷，中华书局 1992 年版。

于命"是宋代理学展开的基本路径，张载所谓"万物皆有理，若不知穷理，如梦过一生"，① 程颐所谓"学莫大于知本末终始。致知格物，所谓本也，始也；治天下国家，所谓末也，终也"，② 朱熹编《近思录》以"道体"为首卷而以"为学大要"继之都可以见出。这些说法在宋代思想中具有奠基性的作用，也是宋代学术之所以为"理学"的最重要原因。在孔子那里认为"则吾岂敢"的"圣与仁"，在宋代理学家看来则是为学之最大宗旨，周濂溪所说"圣希天，贤希圣，士希贤"为宋明理学家之共同蕲向，宋代理学亦可谓是希圣希贤之学。张载昌言"为天地立心，为生民立命，为往圣继绝学，为万世开太平"，陆九渊赋诗"仰首攀南斗，翻身依北辰，举头天外望，无我这般人"，这些脍炙人口的话尤其能见出其气魄之大。以穷理尽性立学，以希圣希贤立人，施之于历史与现实情势之判断，则必以"天理之正"为准绳，依"三代"而贬汉唐，认为"千五百年之间，正坐如此，所以只是架漏牵补过了时日。其间虽或不无小康，而尧舜三王周公孔子所传之道，未尝一日得行于天地之间也"。③ 朱熹等关于汉唐功业的辩论，依照本部分的论述框架，也可以说就是超越性与现实性即"文"与"质"之关系的辩论。

关于宋代思想和明代思想的关系，钱穆有一个说法，即宋代思想着重在提出问题，而明代思想则着重在解答问题。④ 正是在这种问答的接续中，宋明思想构成了一个连贯且递进的脉络。宋代理学中这种"激昂向上，求圣人用心处"⑤ 的趋势到了明代的吴康斋、胡敬斋、娄一斋、陈白沙等学者那里得到继续发扬，到了王阳明更达到高峰。所谓高峰，不仅指阳明对"良知"

---

① 《张载集》，中华书局 1978 年版，第 321 页。

② 程颐：《伊川先生语十一》，载《二程集》，中华书局 1981 年版，第 316 页。

③ 朱熹：《寄陈同甫书》(六)，载《陈亮集》，中华书局 1974 年版，第 301 页。

④ 钱穆：《阳明学述要》，九州出版社 2010 年版，第 1 页。

⑤ 朱熹：《朱子语类》卷 113，中华书局 1986 年版，第 2748 页。

之学的精深发挥，而尤其见之于阳明将"闻性与天道"和"希圣希贤"的可能性赋予士大夫群体之外的"愚夫愚妇"，从而指示了"满街尧舜"的图景。这里面包含了一个把宋代理学中的命题平铺于全社会的趋势。如黄宗羲所说："自姚江'指点出良知人人现在，一反观而自得'，使人人有个做圣之路。故无姚江，则古来之学脉绝矣。"① 焦循也说："紫阳之学，所以教天下之君子；阳明之学，所以教天下之小人。"② 而阳明之所以能推动宋明理学进入一个新境地，在于他以"成色"而非"分两"来论"圣人"：以才力而论，人人或有差等，但以成色而论，则人人无有不同。就如有学者所指出的，阳明哲学试图"将每一单独之个体，诠释为一切义理抉择所从出之主体，并期待此一自我决定其命运之意志之承载者，同时亦成为社会之理想成员"。③ 哲学上的成色论通向对一个理想社会的期待。阳明对宋明理学的推进不单是个人义理与工夫精进的表现，更有丰富的社会内容。从社会史的角度来考察，阳明心学是为回应明代社会新的变动即"庶民社会"的出现而形成的。王阳明也曾论述过"四民异业而同道"的问题。在社会结构的变动中，同步出现了社会风气的奢靡化与功利化、个体道德感的沉沦与愈发趋于明显的欲望化问题。而阳明学就是针对这种"庶民社会"所带来的秩序崩塌而试图将欲望化的个体重新编入既定的伦理秩序当中，重新赋予其道德可能性的一种努力。在这个意义上，阳明学，尤其是"良知"的发现作为"礼教再编成"的表现，成为一个具有"文明史意义的事件"，是"中国文明突破了某种历史和精神困境的结果"。④ 一面是秩序崩解的庶民社会的形成，一面却是迎头而

---

① 黄宗羲：《明儒学案》卷10，中华书局1985年版，第178页。
② 焦循：《雕菰集》卷8，中华书局1985年版，第123页。
③ 戴景贤：《明清学术思想史论集》上编，香港中文大学出版社2012年版，第43页。
④ 张志强：《"良知"的发现是具有文明史意义的事件——"晚明"时代、中国的"近代"与阳明学的文化理想》，《文化纵横》2017年第4期。

上的对普遍成圣之道路的指示，这二者看似相反，实则相成，在这种相反相成的扭结中，更能见出阳明学空前的意义。

但是，同样无法忽视的是，阳明学包括泰州学派的讲学并没有真正挽救庶民社会到来导致的秩序崩解，不仅如此，阳明学本身也逐渐成为危机的一部分。这一点，随着其再传弟子的"狂禅"之行以及明朝的灭亡而更加被确认了。阳明学是宋明理学这"激昂向上"学脉的高峰，但同时也显示了其极限。这种极限性在明末清初陈确、顾炎武、傅山、王夫之、颜元、李恕谷等人的思考中有充分的表现。清初诸大儒的新颖性在于对"现实"更加重视，更加清晰地采取眼光向下的态度来趋近"现实"，并尝试立足乃至内在于"现实"来展开思考。这是一个超越性不断收缩而现实性不断凸显的过程。依据上文的框架，这即是一种由"文"而"质"的趋势。

这种趋势可以从多个方面进行解析：首先是哲学的方面，即把"质"、把"现实"从哲学上规范为一种本体。王夫之关于理气、理事、理势、道器、能所等的论述是这方面的显例。在哲学史上，这也常被归于唯物论的一脉。但这里的"物"不是物体或者经济基础之类，而是一个动态性的现实，即王夫之特别加以论列的"势"。其次是部分地承接了明代思想的脉络而出现的对"人欲"的肯定性论述，但此时的人欲论不是要置于希圣希贤的逻辑中，而是将人欲从其与天理的对应中解脱出来，并且赋予人欲以社会性的意味。陈确所说"天理从人欲中见"是这一脉络的清晰表达。最后是哲学上的动向在政治和社会层面的表现，即从哲学上对"现实"的肯定顺理成章转向对作为具体现实的"当代之务"的重视。用当代语言来说，这里包含着一种从心性儒学到广义的政治儒学的转变。

上述趋势在清代中后期以后，虽受到考据学风气的掩映，但仍不绝如缕。而且乾嘉考据学对训诂、文字、音韵、版本等问题的重视，本身也是在学术上求实的表现，相比于心性之学而言，是学术上的"以质救文"。对现实性的重视，在考据学内部又有新的表现。如果按照时间的先后顺序，大致可分三条线索来略加梳理。首先，是考据学阵营内部出来的戴震及其影响。其次，是对清代汉学宋学同下针砭的章学诚及其影响。最后，是常州学派开辟的今文经学潮流及其影响。但是，就其在历史上真正发挥作用而言，这三条线索并不是顺次而下的。戴震自认最重要的著作《孟子字义疏证》是去世前才完成的，章学诚在自己的时代更加默默无闻。这两位的影响需要在晚清及以后的历史中来把握。而如果依照其在"由文而质"的趋势中所具有的潜能而言，则可能后出的而且通常被认为是发挥了巨大历史作用的今文经学，其思想潜能尚在以考据学名世的戴震之后。这具体地可以作如下解析：今文经学脉络是经学内部的革新，其所注目的主要是统治阶层的变革，从庄存与的以"大一统"来强化中央权力到龚自珍的"自改革"再到康有为的协助光绪帝变法等皆是。经学是其表，政治是其里，在政治的危急时刻，则经学甚至可以不论。但是，以变革为指向的今文经学所注目是在现实的上层，即统治者阶层；章学诚的脉络是经学和史学之关系的革新，其所关心的是学术界的风气与走向，而与政治关系颇远。章学诚的"学术岂易言哉"①的叹息可见出"学术"在其心中之分量。即使对政治有所关心，这一关心也必以坚实的学术为基。就学者所处的承上启下位置而言，这个脉络也可以说注目于社会的中间阶层。戴震的脉络是理学的革新，常被归为"反理学"的潮流。但其反理学不只是理学内部的革新而已，更是从理学乃至学术向外迈出一步，注目于现实生活，而尤其是现实生活中的民众，尤其是民众的"卑者、幼者、贱者"。②他对欲、情、道等的再解释可谓是为这些"卑者、幼者、贱者"社会地位的确立奠定理论基础。

---

① 章学诚：《与孙渊如观察论学十规》，载《章学诚遗书》，文物出版社 1985 年版，第 640 页。
② 戴震：《孟子字义疏证》，中华书局 1961 年版，第 10 页。

以上三条线索在近代以来的政治变革中均有其对应和回响。具体说，今文经学导引、对应着戊戌变法，而章学诚所属的浙东史学导引、对应着辛亥革命。相比之下，戴震的脉络更具有辛亥革命也不能消化的能量，这也是为什么刘师培会在思想最激进的 1907 年在《天义》上撰文介绍戴震，关注的是戴震对中国社会中君、父、夫和臣、子、妻之间的不平等结构，[①] 而章太炎评价戴震，尤其注重其"具知民生隐曲""专务平恕，为臣民愬上天"。[②] 可以说，戴震从哲学上论证"卑者、幼者、贱者"的社会地位，在逻辑上通向 20 世纪中国革命中对于被压迫阶级主体地位的确认，远不是"理学—反理学"的框架所能容纳。这一点到了现代思想史上，曾在侯外庐的戴震论中略有触及，但并不显豁，因为这一讨论主要被包裹在梁启超和胡适的戴震论内部。

因此，从宋明到清代的思想发展历史，概括来说，就是一个从"文"到"质"的过程。这一历史脉络中的后来者，是抱着"以质救文"的想法来开拓自己的学术路向的。从"文"到"质"，也就是思想越来越注重现实、越来越及物的一种表现。反过来看，这也同时就是中国文明、中国既有的超越性的"文"承受了越来越大压力的一种反映。这一点，在近代以来的历史逻辑中可以看得更清楚。

（三）向下超越：近代以来思想文化的脉动与旨归

宋代是承五代之乱而复起的朝代。如欧阳修所说，五代是"干戈乱贼之世也，礼乐崩坏，三纲五常之道绝，而先王之制度文章扫地而尽于是矣"，[③] 宋代要吸取五代的教训，就要重新崇儒修文，复兴礼乐。因此，宋代注重

---

① 参见去非（刘师培）：《戴东原先生学说》，载万仕国、刘禾校注：《天义·衡报》，中国人民大学出版社 2016 年版，第 230—231 页。

② 章太炎：《释戴》，载《太炎文录初编》，上海人民出版社 2014 年版，第 122 页。

③ 欧阳修：《晋家人传第五》，载《旧五代史》，中华书局 1974 年版，第 188 页。

"文"也自有其内在的历史要求。清代是承接明代而建立的，而明代中后期则是自宋以来的"文"发展至烂熟的一种状况，清代的学术文化也基于此而调整其方向。如顾炎武所说："不习六艺之文，不考百王之典，不综当代之务，举夫子论学论政之大端一切不问，而曰'一贯'，曰'无言'。以明心见性之空言，代修己治人之实学。股肱惰而万事荒，爪牙亡而四国乱，神州荡覆，宗社丘墟。"① 这不仅是批评了明代的学风，亦且将明代的灭亡归于明代的心学。由此开辟的"实学"之风也即以现实性为内核的"质"的要求贯穿了整个清代。但需要指出的是，在清代，"三纲五常之道""先王之制度文章"的大体还延续着，这也就是宋明以来那个"文"的大框架还延续着。因为如陈寅恪所指出的，"中国文化之定义，具于《白虎通》三纲六纪之说，其意义为抽象理想最高之境，犹希腊柏拉图之所谓 Eidos 者。若以君臣之纲言之，君为李煜亦期之以刘秀；以朋友之纪言之，友为郦寄亦待之以鲍叔"。② 也就是说，三纲、五常、六纪等在原理上均有其超越性，均是"抽象理想"，也从而都具有"文"的特质。有学者亦将清代以来历史时段的意义系统命名为"事势之理"，以区别于先秦思想之"文理"、魏晋玄学之"玄理"、隋唐佛学之"空理"、宋明理学之"性理"。③ 所谓"事势"正是对应着"质"。如上文所说，王夫之即是对"事势"阐发最有代表性的学者。但此时的"事势"尚且是作为"理"而存在的。即"质"还在"文"中。"质"突破"文"的框架，与"文"对峙，继而对"文"构成压倒性的优势，是在清末即一般所说近代那种内忧外患交攻的状况里面发生的，而且以此为起点，现实性的

---

① 顾炎武：《夫子之言性与天道》，载《日知录》，上海古籍出版社 2006 年版，第 402 页。
② 陈寅恪：《王观堂先生挽词并序》，载《陈寅恪集·诗集》，生活·读书·新知三联书店 2015 年版，第 12 页。
③ 参见唐君毅：《中国哲学原论·导论篇》，中国社会科学出版社 2005 年版，第 3 页；唐君毅：《中国哲学原论·原教篇》，中国社会科学出版社 2006 年版，第 454 页。

"质"的动能伴随着 20 世纪中国历史的展开表现出一种愈来愈强、愈来愈快的加速度的样态。且其间包含了若干的断裂和跳跃。这与进入近代以后，中国社会面临的内外危机愈发严重有直接关系。危机愈重，则愈要关注到现实之"事势"，从而在"文质"两造之间，愈加表现为轻文重质。在这种愈趋于激进的"事势"之中，作为"质"的"现实"从作为被思考的对象而愈加变成思想的立脚点和内在视角，又从作为思想的立脚点愈加变成实践的立脚点。这是"现实"本身的理念化逐渐脱落，而"现实"的行动性逐渐凸显的过程，也是"现实"撑破任何"理"的框架，自身以一种原理性的形式呈现出来的过程。这也就是"质"胜过"文"，并进而突破文质互动的架构，而"质"自身活动起来，并试图在"质"内部再造"文"的过程。

近代以来"文质"变动的状况，首先可以从同时代思想家的论述中见出。1898 年，廖平在《蜀学报》上刊出的《改文从质说》，就显示了"质"在危局时代成为思想焦点的状况。廖平发挥春秋公羊学改文从质的说法，鼓吹变革，而变革的方向即是从理论上肯定"质"的地位。而"质"在当时即对应着"泰西诸国"，改文从质也就是向西方学习的意思。廖平此时受张之洞中体西用思想影响，因此他对西方之"质"的肯定尚包裹在"互相师法"的结构之中。他这样说："中国文弊已深，不能不改，又不能自创，而仰给于外人；亦如西人灾患已平，饱暖已极，自新无术，而内向中国。中取其形下之器，西取我形上之道。"[①]1904 年，刘师培在《警钟日报》发表《质文篇》，从字面上看，他是直接反对廖平的改文从质，认为"中国之学术，有最与进化公理相背者，则舍文从质之说也"。但如进一步考察他笔下"文质"的具体所指，则会发现其与廖平相去不远。刘师培的所谓"质"，是中国"尚朴、尚俭之陋俗"，而中国之所以有此陋俗，是由"富者拥财于上，以剥

---

① 廖平：《改文从质说》，载《廖平全集》第 11 卷，上海古籍出版社 2015 年版，第 524 页。

削平民，百物不兴，致通国之民，无财贿流通之一日"；他所谓的"文"，是西方国家"事物之理，莫不由简趋繁，故政治日即乎新，即物质文明，亦日有进步"的状况。① 由此，他反对改文从质。但是，他这里所批评的"质"毋宁说正是一种平民被排斥在现实之外的状况，即"非现实"的状况；而"文"则是平民积极参与到现实之中的状况，是"现实"的状况。从本部分的脉络和定义来说，这仍然是一种改文从质。他最终落脚到对西方文明的鼓吹上，也正与上文廖平从"质"的角度来肯定"泰西诸国"合拍。廖平和刘师培用"文质"来解释同时代的中西之争，反映了"文质"概念对传统读书人的深刻影响及其思想活力，而两人对于现实不约而同地重视，又具体而微地呈现了"由文而质"的时代特征。

近代以来"由文而质"的变动状况，更体现于具体的历史脉动之中。廖平与刘师培关于文质的讨论都归宗于向西方学习，认为西方就是解决现实危局的答案。但是，就如毛泽东曾说过的那样，"中国人向西方学得很不少，但是行不通，理想总是不能实现。多次奋斗，包括辛亥革命那样全国规模的运动，都失败了"。② 在毛泽东的行文脉络中，他是要通过中国人向西方学习走不通来引出十月革命的意义，即"十月革命一声炮响，给我们送来了马克思列宁主义。十月革命帮助了全世界的也帮助了中国的先进分子，用无产阶级的宇宙观作为观察国家命运的工具，重新考虑自己的问题"。③ 这是确凿无疑的。正是"一战"后期的十月革命扭转了帝国主义战争的逻辑，战争促成了革命，革命结束了战争。"民主""民众""庶民"等概念及其所指涉

---

① 刘师培：《质文篇》，载万仕国辑校：《刘申叔遗书补遗》，广陵书社 2008 年版，第 194—196 页。

② 毛泽东：《论人民民主专政》，载《毛泽东选集》第 4 卷，人民出版社 1991 年版，第 1470 页。

③ 毛泽东：《论人民民主专政》，载《毛泽东选集》第 4 卷，人民出版社 1991 年版，第 1471 页。

的政治力量在历史舞台上显身，在中国的语境里，威尔逊主义的逻辑由十月革命的影响而激进化。李大钊为此雀跃不已，接连撰写了《庶民的胜利》《Bolshevism 的胜利》等名篇。俄国革命的胜利，以及随后对于中国所发布的《加拉罕宣言》，给中国人以极大的信心。中国的确从这时开始模仿和追随苏联的道路，并最终促成 1924 年国民党第一次全国代表大会的召开。从向西方学习转向注重具体的政党政治，从思想鼓动转向政治动员，这是"由文而质"之脉络的深化。

但是，仅此尚不足以理解"一战"以后中国思想更深层的变动。在十月革命的影响之下，还有一个更深隐的趋势，就是对中国之社会现实的重视。而这个现实是民众的现实，尤其是民众经济生活的现实。这就是为什么在五四后期，以及在随后的 19 世纪 20 年代初期，"劳动者""民众""庶民"等概念密集出现，《劳动者》《劳动界》《劳动音》等杂志纷纷创刊。《新青年》《新社会》等杂志开辟了"社会调查"的专栏。注重研究中国现实尤其是经济现实成为 20 年代的潮流。中国共产党的成立、国民党的改组、北伐的开展与五卅运动的爆发等事件都深化了这股潮流。"唯物论"在 20 年代中后期成为一种时髦的理论，甚至影响到商业出版的选题。所有这些，都是上述"由文而质"这一趋势的延续。但是，到大革命为止的向着现实、向着民众的趋近，就整体上说，还是侧重在知识界和城市的范围当中。就当时中国的社会结构即广大的农村和农业人口的存在而言，这种"由文而质"的趋势也可以说还只是触到中国社会的表层。

"质"的进一步下沉，即中国人真正把握住"现实"、走自己的道路，需要一个超越知识界同时也是超越城市运动经验的过程。但这里的超越不是向上超越，而是向下超越。所谓"向下超越"，是指眼光向下、向内、向着自身以克服危机、开辟新的生路的尝试。对于 20 世纪的中国而言，"向下超越"具体来说就是对中国的农村和农民的重视与理解。这里之所以取用"向下超越"这样一个看似矛盾的概念，是因为所谓对农村和农民的重视和理解不仅是对处于赤贫中的农民加以同情和解放的意思，更是要依靠农民、把农民锻造为革命主体从而使整个中华民族获得解放。就农民在政治、经济、文化等各方面被剥夺至赤贫的状况而言，农民接近于哲学意义上的"无"，而就农民之作为革命的主体，并且在主体性的革命实践中显示了"做人的真诚，素朴，坚忍，谦冲，勇敢，一切健康而协和的性质"，[①] 则农民接近于哲学上完全意义的"有"。化"无"为"有"，即是以充分向下的方式来实现一个极致性的向上的高扬，即是以"向下"的方式来实现"超越"，这也就是中国革命的内部逻辑。要说辩证法，这就是 20 世纪中国历史最大的辩证法。而直面和把握了中国的农村、农民、内地、边地，即是 20 世纪中国最基础性的唯物论。自明末开始展露、经清代的不断突围、至近代以来逐渐加速的"由文而质"的趋向，正是以落脚于对中国农民的"向下超越"这一辩证的理解而达到其极致的。此后的中国革命和建设实际上也都是以农民为首。如毛泽东所说，"中国的革命实质上是农民革命"，[②] 同时，"没有农业社会化，就没有全部的巩固的社会主义"。[③] 限于篇幅，这里无法详论"向下超越"在 20 世纪中国历史中的全部经纬，仅简要论及这当中两次界碑性的"向下超越"，[④] 以窥其一斑。

第一次是 1927 年大革命失败之后，中国共产党一方面放弃对于代表上

---

① 郭沫若：《向人民大众学习》，《文哨》1945 年第 1 期。

② 毛泽东：《新民主主义论》，载《毛泽东选集》第 2 卷，人民出版社 1991 年版，第 692 页。

③ 毛泽东：《论人民民主专政》，载《毛泽东选集》第 4 卷，人民出版社 1991 年版，第 1477 页。

④ "向下超越"的概念出自汪晖先生的《鲁迅与向下超越——〈反抗绝望〉跋》(《中国文化》2008 年第 1 期)，笔者引以解释 20 世纪中国历史脉动的特征。关于这里所提及的前两次"向下超越"脉动更详尽的论述，参见周展安：《"向下超越"的中国革命及其意义——一个思想史的考察》，《毛泽东邓小平理论研究》2020 年第 11 期。

层社会利益的国民党的幻想；另一方面，通过参加中国社会性质问题论战、中国社会史问题论战和中国农村社会性质问题论战在理论上与貌似更激进的托派以及国民党内的改组派、第三党等划清界限，确认了农民的革命性，确定了土地革命的政策，逐步展开了农村包围城市的战略。1928 年 6 月的中共六大政治决议案指出的"中国民族资产阶级——背叛革命，走到帝国主义、豪绅地主的反革命营垒，他以前是能削弱帝国主义，并动摇军阀制度的一种动力（一九二七年春天以前），现在却变成巩固并团结帝国主义与军阀制度的一种动力。因此，资产阶级性的民权革命阶段之中的动力现在只是中国的无产阶级和农民"，[①] 就是这一战略的初步确立。历史动力转变了，政权性质也要转变，现在要建立的是工人阶级领导之下的苏维埃的工农民主专政。而在"工农民主专政"中，农民的地位尤其重要，这主要是通过和托派的论争而体现出来的。当时的托派对工农民主政权曾加以猛烈的攻击。大革命的失败，对于由北伐开启的革命形势而言是巨大的损失，但危机同时也表现为契机，即经过大革命的失败，中国共产党更深刻地把握住了现实的中国，也就是以农民、农村为主要内容的中国，并由此催生了在军事、政治、社会、文艺等各领域的政策的调整。在文化领域的"大众化"运动也由此真正展开。[②]

第二次是 1957 年前后，一方面是受到整风运动中各种言论的刺激，而连带对原本寄予积极想象的资产阶级知识分子的失望；另一方面是此后和苏联关系的破裂。这内外两个方面都促使当时的中国共产党转向自身、转向以工农为主的阶级基础来寻找摆脱危机的出路。在这前后毛泽东开始反复提出要培养"自己的知识分子""无产阶级的知识分子""无产阶级的文艺大军"，

---

① 《中国共产党第六次代表大会底决议案》，载《中国共产党党史教学参考资料》（一），人民出版社 1957 年版，第 152 页。

② 关于大众化运动展开脉络的论述，参见冯雪峰：《论民主革命的文艺运动》，载《冯雪峰全集》第 4 卷，人民文学出版社 2016 年版，第 16 页。

要"产生自己的理论"，强调要在"一张白纸"上画"最新最美的画图"。在外部，1946 年就提出的"中间地带"理论重新得到强调和发挥，并经历不结盟运动、中苏论战的发育，而最终发展为"三个世界"理论。独立自主成为外交战线上的最醒目标志。对与苏联外交关系的反思还影响到国内经济发展道路的选择。毛泽东 1959 年至 1960 年阅读苏联《政治经济学教科书》所发表的谈话即是这一反思的代表性成果。

综合考察这两个历史时刻，对其成败的评价需要一个更长的历史视野。但通过这两次"向下超越"，中国共产党无疑和民众，尤其是向来处于社会最底层的农民，建立了更紧密的关系。这两个历史时刻之所以具有界碑性质，就在于它们奠定并导引了此后的历史道路。党的十一届三中全会实现了党和国家工作中心的战略转移，开启了社会主义现代化建设的新时期。与之前的历史相比，的确存在重大的转折。但是，与广大民众建立更紧密的关系、更深刻理解中国的农村和农民、全面认识中国的现实，同样是新时期的时代主题。这见于当时对"实践是检验真理的唯一标准"的高度评价，见于对"坚持实事求是、一切从实际出发、理论联系实际"[1] 的反复强调，见于"只要我们信任群众，走群众路线，把情况和问题向群众讲明白，任何问题都可以解决，任何障碍都可以排除"[2] 所表现出的充分信心，也见于经济体制改革率先在农村展开。在这里，还可以举出一个更具体的例子，就是由《论十大关系》所提示的历史脉络。《论十大关系》是毛泽东 1956 年在中共中央政治局会议上发表的讲话，目的在于以苏联经验为鉴，总结社会主义革命和建设的经验，以调动一切积极因素为社会主义事业服务。这本身就是一个

---

① 《中国共产党第十一届中央委员会第三次全体会议公报》，载中共中央文献研究室编：《三中全会以来重要文献选编》（上），人民出版社 1982 年版，第 11 页。

② 邓小平：《解放思想，实事求是，团结一致向前看》，载中共中央文献研究室编：《三中全会以来重要文献选编》（上），人民出版社 1982 年版，第 32 页。

眼光向下、向着自身来探索道路的努力，是上文所论第二次界碑性"向下超越"的有机组成部分。在毛泽东逝世以后，这篇文章于 1976 年 12 月 26 日在《人民日报》正式刊出。[①] 当时各大报刊甚至大学学报都以大字号刊登了这篇文章。总之，新时期以来的历史仍然是沿着"向下超越"所导引的道路在延展的，也就仍然是在拓展由文而质的轨迹。

这一过程自然不是平顺、光滑的。"质胜文则野"，就文与质的对立而言，"文"是比"质"更有吸引力的范畴，因为它预设了对既有文明成果的占有。所以"文"与"质"的对立，也常被替换为文与野的对立。近代以来，尤其是 20 世纪 20 年代以后以加速度方式所展开的"向下超越"，从根本上说，就是要颠倒既往的文野关系，促使作为内地、边地、农村、农民的"野"转化为新的"文"。上面所提及的文化领域的"大众化"就集中呈现了这一努力。而"革命文化"和"社会主义先进文化"也就不只是说对于革命和社会主义建设作外在记录、描述的文化，而是由文而质、颠倒文野的这整个历史过程中所蕴含的精神。社会主义先进文化所蕴含的民族、科学与大众的意义，也正需要在这个历史过程中来进行阐释。

（四）文质再复："社会主义文化"的文明指向

近代以来的思想文化是以对"质"的追索为主轴的，历史在这一时段的基本运行轨迹所呈现的是持续平铺、下沉的态势。诚然，在这当中，并非没有对"文"的追索。应该说，从中国共产党成立开始所奠立的社会主义和共产主义的道路选择，乃至更回溯到清末就出现的对社会主义的翻译、介绍和讨论，本身就是一个"文"的追索，是最具新颖性的对一种新文明的探索。此后，20 世纪 10 年代后期的新文化运动，20 年代革命文学的发育与论战，

---

① 参见中共中央文献研究室编：《毛泽东年谱》第 2 卷，中央文献出版社 2013 年版，第 567—569 页。

30 年代蔚成潮流的大众化运动、学术中国化运动、新启蒙运动，40 年代的解放区文艺运动，以及新中国成立以后的新民歌运动等，虽得失不一，但都体现了要重建新的"文"的努力。然而，还要再转一层来认识，就是近代以来的中国是在内忧外患的巨大压力底下艰难生长的，迎接、回答各种各样难题的挑战而非自主从容设置议题，是这一历史当中的常态。也因此，上述重建新的"文"的努力不能不同步地伴随着对各种旧有的"文"进行批判和吸收的工作，并且后者才是更具压倒性的。也因此，毛泽东《在延安文艺座谈会上的讲话》提出普及和提高的关系问题，会认为"普及工作的任务更为迫切"。① 普及是"质"的问题，提高是"文"的问题。就《在延安文艺座谈会上的讲话》广泛的影响力而言，这一点也具体而微地提示了中国的 20 世纪之作为"质的时代"的基本特点。

但是，近几十年来，随着中国综合国力的提升，国际和国内很多情况都在发生变化，对于这些变化，可以从政治、经济、军事、贸易、科技等多个角度进行统计说明，但就本部分的脉络来说，对于中国，这些变化可以概括为"文质再复"，即一个创造新文明的契机正出现在地平线上。

在近代以来的历史语境里，关于"文"或者说"文明"的阐释主要是由欧美世界所垄断的。日本明治时期的思想家福泽谕吉在其名著《文明论概略》中曾特辟一章题为"以西洋文明为目标"，他认为："现代世界的文明情况，要以欧洲各国和美国为最文明的国家，土耳其、中国、日本等亚洲国家为半开化的国家，而非洲和澳洲的国家算是野蛮的国家。"② 福泽谕吉的这一说法支配了日本"脱亚入欧"的政治和文化实践，也深刻影响了晚清时期中国的知识人，甚至可以说构成晚清"文明论"的起点。梁启超 1899 年在

---

① 毛泽东：《在延安文艺座谈会上的讲话》，载《毛泽东选集》第 3 卷，人民出版社 1991 年版，第 862 页。

② ［日］福泽谕吉：《文明论概略》，北京编译社译，商务印书馆 1959 年版，第 9 页。

《清议报》上撰写《文野三界之别》，称世界人类有三级，即"蛮野之人""半开之人""文明之人"，[①] 正是脱胎于福泽谕吉的论断。这种认识又伴以进化论的加持，在晚清风行一时，其影响可以说一直延续到今天。对于以欧美国家为文明化身的这种认识，20世纪中国的诸多思想家和政治实践家都曾提出自己的抗议，如章太炎在《俱分进化论》对黑格尔之历史目的论的剖析、在《齐物论释》对既有文野之别的颠覆，如严复通过对"欧战"的观察而以"利己杀人，寡廉鲜耻"[②] 来概括所谓"西国文明"，如从五四时期就兴起而后在现代史上不断重提的东西方文化比较，以及更重要的，在中国革命中所形成的以"资本主义""帝国主义"等为理论抓手对西方国家的批判性认识。但是，在20世纪的大部分时间里，欧美国家作为文明化身的形象没有从根本上被动摇。这一点，随着冷战的结束而达到了高峰。福山1989年发表的《历史的终结？》以及随后拓展而成的《历史的终结及最后之人》就是对这种高峰时刻的定格。在书中，福山宣称自由民主制度是人类意识形态发展的终点，是人类最后的一种统治形式。福山论述更为深刻的地方在于他接续黑格尔和科耶夫的理论，指出自由民主制度之所以预示着历史的终结，从而导致世界普遍史的可能，不在于这种制度本身，也不在于自然科学或者经济的发展之类，而在于自由民主制度能够满足人们获得认可的欲望，这是关涉到人的精神层面的问题，为自由民主而进行的奋斗"是发自于要求获得认可的灵魂的精神部分的"。[③]

但在这之后不久，福山的老师亨廷顿就发表了《文明的冲突？》以及由此文拓展而成的《文明的冲突与世界秩序的重建》一书。其中，亨廷顿指出

---

① 梁启超：《文野三界之别》，载《梁启超选集》，上海人民出版社1984年版，第94页。

② 严复：《与熊纯如书七十五》，载《严复集》第3册，中华书局1986年版，第692页。

③ ［美］弗朗西斯·福山：《历史的终结及最后之人》，黄胜强、许铭原译，中国社会科学出版社2003年版，第9页。

西方制度根本不会成为世界的普遍选择，冷战以后的西方虽在金融、军事、科技等很多领域保持优势，但在一个动态的视野里面，西方"是一个衰落的文明，相对于其他文明而言，西方在世界政治、经济和军事领域的力量正在下降"。① 并且这导致了西方文明和非西方文明之间的冲突，"西方与非西方关系的中心问题是：西方，特别是美国，在全球范围内推广西方文化的努力与其推广能力的下降这两者之间的不协调"。② 不仅如此，和非西方文明处于冲突当中的西方文明其实本身可能就算不上是一种"文明"，因为就西方文明自身的历史来考察，美国现在这种"新罗马帝国"的所谓文明"实际上颠倒了古典文明秩序中关于文明和野蛮的划分尺度，将动物世界野蛮的自然状态看作人类建构新文明秩序的尺度，由此开启了人类文明重返野蛮化和动物化的趋势"，这种文明所号称的普世主义实质上只是"力"的普世主义，而非古典文明的"德"的普世主义，因此依据此而建立的普世文明，只能是意味着"人类普遍历史进入'霸道'的历史阶段，区域性文明的'王道'秩序已经衰落，而全人类普遍主义的王道时代依然未能到来"。③ 更进一步说，即使这种"力"、这种"霸权"也并非是唯一性的。如柄谷行人所分析的，冷战结束之后，伴随着苏联的解体所出现的事态被称为全球化，但这种所谓的全球化"实际上是一种围绕霸权的'帝国主义式'竞争"。这之所以被称为是"帝国主义式"的，是因为在冷战之后美国加剧了其在 20 世纪 80 年代就提出的削减社会福利和放松对资本的税收与限制，这即是常说的"新自由主义"，它不同于 19 世纪英国的自由主义，其实质"更与 1880 年代显在化的

---

① ［美］塞缪尔·亨廷顿：《文明的冲突与世界秩序的重建》，周琪、刘绯、张立平、王圆译，新华出版社 2010 年版，第 62 页。

② ［美］塞缪尔·亨廷顿：《文明的冲突与世界秩序的重建》，周琪、刘绯、张立平、王圆译，新华出版社 2010 年版，第 161 页。

③ 强世功：《文明终结与世界帝国——如何理解中国崛起面对的世界秩序》，《开放时代》2022 年第 2 期。

帝国主义相类似"。①这就不仅涉及对美国整体文明性质的判断，而且显示了其社会内部的结构性变化。

不是普世文明而是文明冲突，不是真正的文明冲突而实际是政治冲突，政治冲突所立足的是力和霸权，力和霸权也并非是唯一性的，在所谓文明的内部是帝国主义式的新自由主义泛滥，这一逐步递进的脉络提示了曾长期居于优势地位的西方文明的实质，也构成了我们在新时代的历史条件下构想新文明的外部条件，或者说在客观上提出了更新文明秩序的契机。

从中国内部而言，与中国综合国力的提升相伴随的，也同时是与对欧美文明秩序的动摇相伴随的，是整个社会思想意识强烈自主性的倾向，是对于"走自己的道路"的充分自觉。分解来看，这种自觉可以从如下几个层面来理解：首先，"自己的道路"即当代中国所展开的道路具有异质性。这种发展道路的异质性既表现为区别于发达国家曾建立的模式，也表现为其无法被完全回收到中国之前的历史经验当中。从而，异质性指的就是既定观念和阐释模式在中国当前的发展面前普遍失效这一状况。当代中国之发展的具体内容尚在涌现之中，对此可以见仁见智，但这一发展无法被附会于任何其他时代，也无法被附会于任何既有的发展模式，或为学界所公认。现代与传统、计划与市场、左派与右派等话语模式都无法涵盖当代中国的发展路向。当我们用着既定模式或任何规范化理论去解释中国的时候，似乎总有"貌似"而无法"神肖"的问题，总有一些现实从既定模式中溢出而成为无法解释的剩余物。构建中国特色哲学社会科学以及建立具有自身特质的学科和学术体系等倡导，也正是着眼于这种异质性。其次，当代中国所展开的道路具有综合性。这里的综合既是多重时间维度的综合，也是时间维度上所附带的多重价

---

① ［日］柄谷行人：《世界史的构造》，赵京华译，中央编译出版社 2012 年版，第256—257 页。

值维度的综合。"当代中国"是当代的，但所谓"当代"并不是一个纯粹的时间标示。它突出的是一种"当代性"。①"当代性"的一个重要特点就在于把时间意义上的"当代""现代""古代"叠加在一起，让不同的时间概念及其所附带的价值彼此交织而产生一个广域。在过去的 20 世纪当中，至少有三次历史界标，也是意识到自己的"当代性"的时刻。其一是五四。这是一个以"觉悟"来标示自身的时代，"觉悟"被作为杂志或者文章的标题广泛使用。"觉悟"意味着断裂，意味着在"新的"和"旧的"之间划下一道鸿沟。陈独秀写《一九一六年》称此前的历史都是古代史，新的历史从 1916 年开始。②其二是新中国成立。和五四之在思想觉悟层面体现"当代性"不同，新中国成立更意味着一整套制度的落实，其对于同时代的自觉意识更具有丰富的历史内容。胡风 1949 年写作长诗《时间开始了》具体而微地传达了这一意识。其三是改革开放。这同样是对同时代产生强烈自觉意识的时刻。1978 年关于真理标准问题的大讨论是这一自觉意识的奠基性事件，"实事求是"被反复强调，"事"而非各种"理"成为主导性的力量。但是，以上三次界标都是以否定的形式呈现的，即都是通过对此前时代的否定来展开自身。而今天的"当代性"却是以黑格尔所说的"合题"的方式对此前的所有时间及其价值内容加以综合和融通。所有的时间和价值维度同时出场，时间被空间化。这是无古无今也是亦古亦今的状况。最后，当代中国的发展道路具有超越性。这见于整个国家自上而下所确立的高远的奋斗目标及为实现一系列目标所付出的艰苦努力，全面建成小康社会、夺取新时代中国特色社会主义伟大胜利、深入推进党的自我革命、实现中华民族伟大复兴的中国梦、构建人类命运共同体等是这一系列奋斗目标中具有代表性的内容。这些

---

① 关于"当代性"及当下中国特质更详细的分析，参见周展安：《"当代性"的绽出与当代文学研究的"反历史化"契机》，《当代作家评论》2022 年第 1 期。

② 陈独秀：《一九一六年》，《青年杂志》1916 年第 1 卷第 5 册。

提法在舆论场上或许已呈熟视无睹的状况，但如果考虑到过去 100 多年中国积贫积弱的历史，考虑到这个国家在列强欺凌中所反复遭受的屈辱，那么就会对这些提法有更新鲜的认识。或许更直接的可以这么来说，社会主义原本就不只是与资本主义不同而已，而是代表着对资本主义的克服，而资本主义乃是"历史上最发达和最复杂的生产组织"，① 因此，能够坚持并发展社会主义这本身就是一种极具理想性、超越性的努力。这一点，在贸易战、科技战以及地缘政治冲突频发的当前时代，可以看得更清楚。

新时代社会主义文化的文明指向或者说对于创造新文明的诉求正是在这样的内外条件下产生的。它不只是一种理想而已，而更是客观现实的要求。就整体而言，目前这方面所积累的成果主要是围绕着如何阐释"中国"而展开的。就如我们在本部分开头所指出的那样，"中国"这一概念所包含的丰富的历史感基源性地赋予了新时代社会主义文化以"文明"的意味。近些年来在思想学术界围绕"中国"的各种思想论争和研讨日益密集。这或者可以区分为外部性的研讨和内部性的研讨两大类别。所谓外部性的研讨，是指直接以"中国"为对象，对"何为中国"的诸多讨论。这主要是在区域、边疆、民族等领域展开的，关涉到帝国与国家、中原与边境、天下与四夷、海洋与陆地、汉化与胡化、正统与异端等学术话题。学术界近些年来围绕新清史、蒙元史、内亚史等的争论是其中比较有代表性的课题。这些研讨对于"中国"概念的内涵、外延以及稳定性等看法不一，但争论本身也可以说正反映了"中国"问题的活力。所谓内部性的研讨，是站在"中国"之内，对中国历史上的文明形态的研究，其核心关切可以说是以中华文明来调适和补充现代国家建设。这既包含中国文明之源头与脉络的研究，如考古学界围

---

① 马克思：《1857—1858 年经济学手稿·导言》，载《马克思恩格斯全集》第 12 卷，人民出版社 1962 年版，第 755 页。

绕"陶寺文化""二里头文化"等的研究；也包含对中国传统典章制度、经典著作及其中精神内涵的研究，如对于今古文经学和礼学等的文献整理与研究；还包含古典文明与革命传统的关系研究，这是着眼于近代以来的巨变而回溯性地对古典文明内部之差异性与潜流的研究，如对"经史传统""气论传统""革命儒学""革命的经今文学"等的研究。

对于新时代中国特色社会主义之所以能开启新的文明类型，有论者认为："一方面这一现代化事业历史地采取了社会主义的定向，而'社会主义现代化强国'的目标本身就表明：此一现代化任务的实现是由中国化的马克思主义来为其制订方向的，是由中国特色社会主义来为之开辟道路的；另一方面是因为，中华民族的复兴在占有现代文明成果的同时，还必须能够历史地重建它自己的伟大传统，而这样的传统并不是现成地持存于辽远的过去，它只有在一种新文明类型的开启中才可能得到真正的复活与再生。"① 也就是说，新时代社会主义文化之文明指向的阐发，需要"社会主义"和"古典文明"的交互为用、相与激发。对于古典文明这一侧来说，需要在实践形态中尤其是危机性的历史状况中来考察古典文明的活力，而尤其是思考古典文明面临近代以来的历史巨变之时的限度、潜力与激活的可能。这需要由经而史、由理而事、由心而物，将思想研究、文本释读和制度改造、社会变迁等方面的研究立体地结合起来；对于社会主义这一侧来说，需要浚通社会主义与古典文明之间的障碍，重新考察传统内部的不同脉络及其与革命的关联，跳脱概念和观念的束缚，使社会主义获得一个更内在的历史渊源。在 20 世纪，作为规范概念的社会主义应在激荡的中国革命的脉动中来加以把握，使这一概念在中国革命和建设的具体实践中展示出其不断更新的活力。"中国"的文明意味最终要在 5000 年文明史和百年革命史的交汇中才能完整地彰显

---

① 吴晓明：《马克思主义中国化与新文明类型的可能性》，《哲学研究》2019 年第 7 期。

出来，"文质再复"的前景也有赖于对这两种历史的共同自觉。

对文明史和革命史的共同自觉构成"文质再复"的思想前提。但要在愈发失序和野蛮化的国际格局中硬朗地"走自己的道路"，并最终实现这一前景，还有很长的路要走。吕思勉说："文质彬彬，然后君子，如其不能，与其文胜，毋宁质胜。吾国之弊即在'文胜'。"[①]"文质再复"最终指向一个普遍的文明秩序的建立，但这一点不能仅以高扬"文胜"来完成。就此说，"文质再复"的前景仍需时时回顾过去近 400 年间"以质救文"的历史经验，尤其是回顾最近百年"向下超越"的历史经验。从"无"生"有"，由"弱"谋"强"，即"质"探"文"，以"向下"求"超越"，当是新时代"文质再复"的题中应有之义。

三、以人民为中心，人民文化权益的制度建设

"人民文化权益保障"既是新时代中国特色的文化政策命题，也是历史深厚、意涵丰富的理论概念。它是我党和政府在长期的文化建设过程中，实行以人民为中心的发展理念，践行社会主义文化本质，实现文化强国目标，保障社会主义改革开放和社会主义建设的伟大成果民创民享的一次理论与实践相结合的创新成果。

（一）科学内涵："人民文化权益"理念的形成与发展

1. 维护和保障人民文化权益是我党的历史使命和基本经验

"人民文化权益"是我党和政府在维护人民群众的文化权利和利益的历史过程中，不断摸索、不断总结经验形成的重要文化政策。对于百年来探索与实践文化权益保障制度的历史，有学者分为四个阶段，即探索与萌芽期：新民主主义革命时期党对文化权益的维护；曲折与调适期：社会主义革命和

---

① 　吕思勉：《文质》，载《吕思勉论学丛稿》，上海古籍出版社 2006 年版，第 523 页。

建设时期对人民文化权益的维护；转型与完善期：改革开放和社会主义现代化建设新时期党对文化权益的维护；发展与成熟期：新时期党对人民文化权益的维护。[①] 用我国文化建设内容的形态作为分期标准可能更贴近文化建设实际，更具本体性意味，我们试图分为文化革命和早期建设时期的文化启蒙教育、新时期的精神文明建设和 21 世纪以来的文化权益保障健全三种阶段形态，其中后一阶段涵盖了前一阶段的形态和内容。

（1）第一阶段是文化革命和早期建设时期的文化启蒙教育

由于中国现代社会特征和革命的性质使然，我党在建党之初按照马克思主义指导，总结辛亥革命缺少大众参与、忽视大众文化改造的教训，从新文化运动之初就高举民主和科学的大旗，开启"新民"等启蒙运动，重视工人、农民的文化权益，先后开办各种形式的工人夜校、工人学校、农民夜校、农民学校、贫民补习学校、扫盲班等，创办各种通俗的刊物，成立工会、农会等，唤醒和增强他们的主人公意识和革命主体性，为革命活动获得巨大的精神动能。在 20 世纪 40 年代，毛泽东提出了民族的、科学的、大众的新民主主义文化纲领，明确了社会主义的文化性质和发展方向。在社会主义革命和建设期间，如何普及文化，让人民群众"打一个文化翻身仗"是我党工作的当务之急。这一阶段党和政府主要是保证工农群众能接受最基本的文化教育，先后出台了系列法规性文件，[②] 保证了对农民、工人和工农干部的文化教育，广泛开展的工农教育则奠定了社会主义文化发展的基础。

---

① 王婷、阎树群：《中国共产党维护人民文化权益的百年历程、基本经验与时代进路》，《江西社会科学》2020 年第 10 期。

② 具体政策条文有 1949 年《关于冬学运动的指示》、1950 年《关于开展农民业余教育的指示》、1951 年《工农速成中学暂行实施办法》、1950 年《关于开展职工业余教育的指示》、1951 年《关于举办工农速成中学和工农干部文化补习学校的指示》等。参见王婷、阎树群：《中国共产党维护人民文化权益的百年历程、基本经验和时代进路》，《江西社会科学》2020 年第 10 期。

（2）第二阶段是新时期的精神文明建设

改革开放以来，"以精神文明为标志，中国共产党开启了维护人民权益的新阶段"，建设高度的社会主义精神文明成为我党的建设方针。在文化领域，党和国家为发展社会主义性质的文化事业、开展群众性精神文明创建活动做了大量工作，特别是文化工作践行"为人民服务，为社会主义服务"的口号，打破了"文艺为政治服务"的旧的狭隘逻辑，极大地解放了社会主义的文化（文艺）生产力，迎来了改革开放以来社会主义文化大繁荣、大发展。随着社会主义市场经济的建立和全面展开，党在建构中国特色的社会主义理论中，阐释了"中国特色的社会主义文化"的基本内涵：以马克思主义为指导，以培育有理想、有道德、有文化、有纪律的公民为目标，发展面向现代化、面向世界、面向未来的，民族的科学的大众的社会主义文化。明确在文化领域"深化文化体制改革，落实和完善文化经济政策"。

（3）第三阶段是 21 世纪以来的文化权益保障健全

21 世纪是中国经济腾飞，文化大繁荣、大发展的重要阶段，党和政府把振兴文化产业作为国家基本战略，同时对人民的文化权益认识进一步明确和深化，党的十六大首次提出了"文化权益"的概念，并提文化权益、政治权益和经济权益这三大权益，把"人民的政治、经济和文化权益得到切实尊重和保障"作为全面建设小康社会的目标之一；党的十七大则进一步"把发展公益性文化事业作为保障人民文化权的主要途径"（此前把文化事业和文化产业分离开来）。至此，人民文化权益概念基本确立，发展路径明确，是政策能级和理论认知上的重要进步。进入新时代，中国经济由高速增长转入高质量发展阶段，人民普遍的物质生活水平大幅提升，对文化的质与量的需求也迅猛增加，社会依旧存在人民日益增长的对美好（文化）生活的需求与供给的不均衡之间的矛盾，具体到文化领域可能还表现为文化的多样化与主旋律之间的矛盾，这就迫切需要党和政府在建设社会主义文化的过程中，以更大的智慧和勇气健全人民文化权益的保障制度。以习近平同志为核心的党中央审时度势，一方面加强人民文化权益的制度化建设，形成相对完备的社会主义文化法制体系；另一方面，把文化权益在内容和力度上作大幅提升，重新体现了以人民为中心的文化发展理论，显示了文化权益的制度优势。审视中国共产党百年来的人民文化权益保障所走过的路，我们可以清晰看到，党在历史各阶段都坚持社会主义文化本质不动摇的基础上，随着社会的政治、经济和文化的发展，把文化权益的获得和保障作为重要任务，从理论到实践，从宽泛到具体，从抽象和明晰，从单一到多样，逐步形成了一套有中国特色的人民文化权益保障体系，从而体现了社会主义制度的优越性与生命力。

2. 科学、全面把握人民文化权益保障意涵

国际社会多使用"公民的文化权利"，我国 21 世纪以来使用"人民的文化权益"，如何区分这两个概念？这里需要把"文化权利"和"文化权益"，公民和人民等关键词作适当厘清。"权利"概念是西方社会晚近才有的，作为现代法学和政治哲学的核心范畴，它包含了非常丰富的语义和思想，形成了不同的权利学说，但基本语义是指法律赋予人实现其利益的一种力量、许可、保障等，常与义务相对应，是人权的核心词，和正义、公平、幸福等基本范畴联系密切。"文化权利"较早在发达国家和国际组织的公共文化政策中被正式使用，如联合国 1948 年的《世界人权宣言》第二十二条就规定："每个人、作为社会的一员，有权享受社会保障，并有权享受他的个人尊严和人格的自由发展所必需的经济、社会和文化方面各种权利的实现，这种实现是通过国家努力和国际合作并依照各国的组织和资源情况。"这可以算作提出了文化权利概念，对文化权利作相对具体规定阐释的是第二十七条，它规定："（一）人人有权自由参加社会的文化生活，享受艺术，并分享科学进步及其产生的福利。（二）人人对由于他所创作的任何科学、文学或艺术作品而产生的精神的和物质的利益，有享受保护的权利。"有学者指出，这种文化权利是形而上的，它源于基本的现实生存向度："一是普世价值的人权意义嵌入；二是政治文明准入条件允诺；三是民族文化传统延展定式。"① 比如联合国对文化权利的规定因嵌入人权意义而在结构上显得"模糊性，或者至少是立项或陈述中的模糊"。② 这种情况虽然说在 1966 年的《社会、经济及文化权利公约》的第十五条中有进一步的规定："一、本盟约缔约国确认人人有权：（子）参加文化生活；（丑）享受科学进步及应用之惠；（寅）对其本人之任何科学、文学或艺术作品所获得之精神与物质利益，享受保护之惠。二、本盟约缔约国为求充分实现此种权利而采取之步骤，应包括保存、发扬及传播科学与文化所必要之办法。三、本盟约缔约国承允尊重科学研究及创作活动所不可缺少之自由。四、本盟约缔约国确认鼓励及发展科学文化方面国际接触与合作之利。"但还是因过于形而上的抽象，不可避免忽略了文化权利的自我决定和自我实现的现实基础，因为国家及其组织形态和物质力量才是构成个体各项具体人权和基本权利的基本保障和坚实基础。就现实国家来说，从来不存在抽象的人权，更不存在所谓的抽象的文化权利。

"文化权益"包含了"文化权利"和"文化利益"两个部分，它一方面承继了文化权利所谓形而上的普世价值的意义，另一方面增益了文化利益形而下的利益指向。特别是后者，因为它直接指向现实个体在世俗文化生活中具体、真实和可见的利益，这些利益具有"直观的计量模式、换算关系和确定刻度的公平性评价"，可以作为对政府绩效衡量的"文化福利换算法"③ 而存在，因而作为前者存在的坚实基础，保证了个体文化福利上的实实在在的获得感。用文化权益取代文化权利除了有历史逻辑的优越性，更有伦理上

---

①　王列生：《论公民基本文化权益的意义内置》，《学习与探索》2009 年第 6 期。

②　王列生：《论公民基本文化权益的意义内置》，《学习与探索》2009 年第 6 期。

③　王列生：《论公民基本文化权益的意义内置》，《学习与探索》2009 年第 6 期。

的正义基础。有学者指出："'文化权益'概念的提出，恰恰是因为以'文化自由权'为核心的'文化基本权'在权利保障和实现等问题上存在致命缺陷。"① 在法律上，我国现行宪法精确地把权利和利益作了区分。现行宪法文本在第四条、第八条、第十一条、第十八条、第三十二条、第四十八条、第五十条和第八十九条等条款中，在规定权利主体的权益时，同时使用了"权利和利益"，并没有笼统使用"权利"一词，让其包含"权利"和"利益"两个层次内涵，这也是我国用文化权益取代文化权利的重要法律依据。

党的十七大完整提出"人民文化权益"专属名词，而不是沿用通行的"公民文化权益"。从"公民"到"人民"的概念置换，旗帜鲜明标示了我国文化艺术的意识形态属性，显示了以人民为中心的文化保障和发展理念。"人民"作为一个政治概念，一方面包括了"天赋人权"和"社会契约论"的原发理论基础，另一方面，是建基于对人民群众之上的"数量""类""主体"和"本质特征"的马克思主义的规定性描述。② 当下中国社会语境下，人民涵盖的范围和对象前所未有的广泛，凡是一切拥护社会主义的爱国者、建设者和劳动者形成了文化的共同体，都依法享受社会主义的文化权益，人民享受的文化权益也是前所未有的丰富、多样，且真实有保障。这样，通过人民文化权益就使社会主义文化本质中的文化先进性与文化意识形态指向性相辅相成，体现了我们文化的"人民性"这一共同体特征。那么，完整理解"人民文化权益"，就是在党和国家的领导下，走社会主义文化强国之路，繁荣和发展社会主义先进文化，通过健全文化法制体系，发展健全和先进的公共服务体系、教育体系来保障人民享有平等的文化参与权、法定的文化成果拥有权、自由的文化方式选择权和合理的文化权益分配权等，让人民最终实现

---

① 周志刚：《论国家文化法制体系》，《法制论丛》2020 年第 6 期。

② 参见刘永明：《马克思主义与艺术人民性：一种艺术共同体的想象与建构》，中国文联出版社 2018 年版，第 2—12 页。

文化的自由和解放。因而，在建设社会主义文化强国的康庄大道上，党和政府的文化执政宏观要义就是如何健全人民文化权益制度，保障人民的文化权益，让人民的文化生活有切实的获得感和幸福感。

（二）体系建构：新时代人民文化权益的全面保障

健全人民文化权益保障是以习近平同志为核心的中央领导集体为适应新时代人民的文化需求的发展，实现文化生活的高质量发展，对文化制度建设和国家文化治理作出的顶层设计和全面部署，是社会主义文化上的理论与制度创新。如上文所述，一方面，"人民文化权益"合理吸收了联合国教科文组织《世界人权宣言》《社会、经济及文化权利公约》《公民权利与政治权利公约》的内容和思想（我国在 2000 年前后签署和加入），另一方面，也是我们党百年来对人民文化权益保障探索实践经验的总结与提升，走出了人民文化权益保障的特色之路。总体上看，这个特色可以从国家文化的法制建设体系、人民权益内容体系和文化运行机制体系等多维度得到较为充分体现。

1. 日益健全的人民权益保障制度与法规体系

判断一个国家对于人民文化权益重视与否，不仅仅要看人民文化权益的保障与发展是否纳入"国家发展目标"，还要看有无法律法规的明确保护。我国人民的文化权益保障的制度性建设在新时代形成了党和政府的专门文件、国家宪法和专门法律以及地方性法规的体系，充分保障了人民的文化权益。

（1）文化权益保障是党和国家重要文化政策

在国家的文化治理过程中，党把"文化强国"、对人民群众文化生活上的美好需求的满足与引导作为"国家发展目标"。21 世纪以来先后出台了一些文化政策。2005 年的《中共中央国务院关于深化文化体制改革发展的意见》提出：发展公益性文化事业要以政府为主导，增加投入、转换机制、增强活力、改善服务，实现和保障广大人民群众的基本文化权益；2007 年，中办、国办印发《关于加强公共文化服务体系建设的若干意见》，把建设"覆盖全社会的公共文化服务体系"作为实现全面建设小康社会的重要目标之一，标志着公共文化服务体系建设已经成为国家文化发展的重要战略；2011年，党的十七届六中全会明确提出，"加强公共文化服务是实现人民基本文化权益的主要途径"，并把"覆盖全社会的公共文化服务体系基本建立，努力实现基本公共文化服务均等化"作为2020年文化改革发展的重要目标之一；党的十八大以来，以习近平同志为核心的党中央将加快构建现代公共文化服务体系纳入全面深化改革的全局；党的十八届三中全会结合新的形势和时代特征，提出了构建"现代公共文化服务体系"的要求；党的十八届四中全会明确提出"制定公共文化服务保障法，促进基本公共文化服务标准化、均等化"；党的十八届五中全会则站在"四个全面"战略布局和"五位一体"总体布局的高度，按照"创新、协调、绿色、开放、共享"的发展理念，将"2020年公共文化服务体系基本建成"的目标纳入"十三五"规划；2015年初，中办、国办印发《关于加快构建现代公共文化服务体系的意见》，对构建现代公共文化服务体系作出了全面部署。党的十九大把推动社会主义文化繁荣兴盛作为一项重要目标任务，并且特别提出"完善公共文化服务体系，深入实施文化惠民工程，丰富群众性文化活动"，进一步明确了公共文化服务体系建设的主攻方向和基本遵循；2019年，《中共中央关于坚持和完善中国特色社会主义制度　推进国家治理体系和治理能力现代化若干重大问题的决定》提出"健全人民文化权益保障制度"，明确把健全人民文化权益保障制度作为社会主义文化制度的基本内容。随着时代发展变化，党和政府越来越重视人民的文化权益，不断深化对人民文化权益的认识，从国家文化制度层面提出"健全人民权益保障制度"，为国家文化法制体系的建设和健全指明方向、提出要求，通过公共文化服务的路径来整体推进、重点突破、全面提升，走出新时代之路，为世界各国人民的文化权益保证提供中国方案和中国样本。

（2）人民文化权益保障有宪法基础

《中华人民共和国宪法》作为国家的根本大法，其关于文化权利的论述就是我们发展和建设人民文化权益的"文化宪法"。我国宪法对人民的文化权益作了基本规定，现行宪法的第十四条、第十九条、第二十二条、第二十四条、第三十五条等规定了公民的"文化生活""文化教育""群众性文化活动"等权益，第四十七条则比较详细地规定："中华人民共和国公民有进行科学研究、文学艺术创作和其他文化活动的自由。国家对于从事教育、科学、技术、文学、艺术和其他文化事业的公民的有益于人民的创造性工作，给以鼓励和帮助。"重点突出公民的文化创作创造自由，国家给予"鼓励和帮助"。总体上，作为根本大法，现行宪法比较宏观地规定了我们公民在文化教育、文化活动、文艺创作等文化基本制度的核心内容，其他文化法律法规都在这个基础上发展、充实和具体化。

（3）文化强国的法制体系建设

有文化法律专家概括性指出："从我国文化宪法的基本构架来看，我们社会主义文化法制的基本内容，主要是以宪法上的'国际目标规定'为依据，以'文化基本制度'为基础，以'文化权益保障'和'国家文化职能'为主线，因而形成了'文化权益保护法制''公共文化服务法制''文化市场管理法制'与'文化产业促进法制'等四大板块内容。"①

具体到人民文化权益保障制度的相关法律建设，主要是以公共文化服务法治、文化产业促进法治和市场文化管理法治来体现的。我国政策明确规定人民文化权益的保障主要通过公共文化服务体现，公共文化服务是党和政府以满足人民群众文化生活及其发展的根本需求为目的。2011年《中共中央关于深化文化体制改革 推动社会主义文化大繁荣大发展若干重大问题的决

---

① 周刚志：《论国家文化法制体系》，《政法论丛》2020年第12期。

定》发布后地方政府开始启动公共文化服务地方法的制定。党的十八届三中全会提出实施基本公共文化服务体系标准体系法律化，国家公共文化服务立法启动，于 2016 年、2017 年先后出台《中华人民共和国公共文化服务保障法》(以下简称《保障法》) 和《中华人民共和国公共图书馆法》等，相信博物馆法、文化艺术馆法不久会陆陆续续出台。

文化产业作为社会主义文化的重要组成部分，既是满足人民文化权益发展性需求的"重要途径"，还是国家重要发展战略，因此文化产业立法是全国人大及其常委会的重要工作。党的十八大以来，习近平总书记非常重视文化立法，要求快速弥补文化立法的短板，使文化法制建设进入历史性快车道。我国目前有 5 部文化产业相关法和 22 部行政法规，与文化产业相关的地方性法规有 128 部，地方性规章制度 212 部。① 这些法律中，主要有我们熟悉的《文化产业促进法》《电影产业促进法》和《广告法》等。

文化市场管理法制主要是针对文化市场领域或特定文化运营活动而制定的法律法规，以保证文化市场的健康、有序，有综合法规和专门法规，比如《艺术品经营管理办法》《网络表演经营活动管理法》和《文化市场综合行政执法管理办法》等。需要指出的是，我国的文化工作主管部门除了党的宣传部门外，还有文化和旅游、广播电视、新闻出版与电影发行等机构，这些文化工作主管部门和文化机构自上而下形成体系，在党的领导和法律指导下，在国家各级财政经费的支持下，合理规划文化事业，打造文化空间，通过形式多样的文化服务，以动员—组织的形式，保证人民文化需要的切实实现。如果按照文化部门行政职责分，我国的文化法制还有文化艺术法制（如《著作权法》）、文化教育法制（如《全面阅读促进条例》(意见稿) 和《影响烈士保护法》等）、文化遗产法制（如《文物保护法》和《非物质文化遗产法》)、

---

① 周刚志：《论国家文化法制体系》，《政法论丛》2020 年第 12 期。

新闻出版法制（《新闻出版标准化管理办法》和《互联网新闻信息服务管理规定》）、广播电视法制、电影广告法制和对外文化交流法制等。

2. 健全人民文化权益保障的内容框架

人民的文化权益保障内容与我国社会经济发展水平、人民的文化需求发展及国家供给能力息息相关。一般来说，它们之间呈现动态的正相关。我国在长期的文化工作和建设中坚持以人民为中心的文化发展理论，通过不断发展和进步的公共文化服务和文化产业这双轮驱动，来促进人民文化权益的内容不断充实和丰富。特别是随着综合国力的加强，新时代社会主义文化强国伟大目标的确立，为文化生活的需求提供了强大物质保障和法制保护，人民文化权益保障也从非自觉走向自觉，从零散表述走向集中表达，从基本诉求走向高质量追求，形成了完整的内容体系、框架，呈现鲜明的中国特色的人民文化权益保障。

（1）人民基本文化权益内容的完善与体系化

人民的文化权益分为基本文化权益和非基本文化权益（高品质）两个层级。人民群众的基本文化权益保障主要是通过公共文化服务体系体现的，其内容随着社会生活的不断发展而日益充实，基本实现了全覆盖面。2007年《中共中央办公厅国务院办公厅关于加强公共文化服务体系建设的若干意见》中首次将"人民基本文化权益"定义为"保障人民群众看电视、听广播、读书看报、进行公共文化鉴赏、参加大众文化活动等"。2016年的《保障法》在第二十九条规定："向公众提供免费或者优惠的文艺演出、陈列展览、电影放映、广播电视节目收听收看、阅读服务、艺术培训等，并为公众开展文化活动提供支持和帮助。"第三十条要求基层综合性文化服务中心"为公众提供书报阅读、影视观赏、戏曲表演、普法教育、艺术普及、科学普及、广播播送、互联网上网和群众性文化体育活动等公共文化服务，并根据其功能特点，因地制宜提供其他公共服务"；第三十五条"国家重点增加农村地区图书、报刊、戏曲、电影、广播电视节目、网络信息内容、节庆活动、体育健身活动等公共文化产品供给，促进城乡公共文化服务均等化"。一段时间里，内容增加了戏曲表演，艺术普及和培训、文艺演出、陈列展览等。在《国家公共文化服务标准》（2021 版）中，进一步明确了目前阶段我国基本公共文化服务的主要范围，即公共文化设施免费开放、送戏曲下乡、收听广播、观看电视、观赏电影、读书看报、少数民族文化服务和残疾人文化体育服务 8 个方面的内容。归纳起来，新时代我国人民的基本文化权益包括了读书看报、影视观赏、收听广播、戏曲表演、参观陈列展览、文化普及培训与观赏、公益文艺演出、互联网上网，以及少数民族和残疾人的特别文化服务等。经过探索和尝试，人民群众享受的文化权益的内容与时俱进地充实，也日益具体、多样和丰富，切实体现了公务服务的"公益性、基本性、均等性、便利性"原则。通过以行政手段为主导，以惠普工程为抓手，以现代技术为支撑，实现我国人民文化基本权益在 21 世纪的普惠，实现了人民权利在文化上的广泛性与真实性，体现了社会主义文化的先进性。

（2）发展性文化权益激活人民的文化创造

在新发展理念的指导下，以习近平同志为代表的领导集体发出向高品质文化进军口号，及时提出《关于推动公共文化服务高质量发展的意见》，这是实现人民"基本文化权益"向"文化权益"的第二次转变，在上述各项"基本文化权益"的基础上，及时跟上人民文化需求的新变化，"享受人类文化成果、开展文化创造、参与文化活动、所创造的文化成果受到保护"成为新时代我国文化权益保障的重要内容，这是发展和提升人民文化权益的必然内容，也是实现路径。之所以把"人民群众享受人类文化成果、开展文化创造和创造的文化成果受到保护"作为发展性文化权益的重要内容，是因为在高质量发展阶段，在人民的文化素质不断提升的前提下，通过创造条件等方式，把人民群众作为文化的主体，提出人民的文化主体性地位，重视他们文化活动的主动性和活力，激发其文化创造，实现广大人民群众的文化解放，走向文化自由。在文化权益的保障上，通过公共文化服务体系和文化产业作为双轮驱动的文化产品供给体系，以文化创作生产的"引导激励机制"、文化队伍的"人才培养计划"与文化成果的"著作权保护法"等"三维共进"力度提升，[①] 让发展性的文化权益保障制度更具系统性和战略性。引导人民参与文化活动和创造文化产品的引导激励机制，重视对民间艺人、非遗传承人、自由创作者等新文艺群体，通过职称评定、基金扶持、荣誉奖励、组织建设、平台搭建、福利保障等方式给予基本保障和职业尊重，激发其认同感和文化创造激情。文化人才培养要"建立健全文化人才的发现、培养、使用和评价机制，为基层文化队伍搭建展示才华的平台。在文化战线培养一批长期扎根基层，有责任心、有能力、具有深厚实践经验的专家型干部"。进一步完善著作权法和执行机制，保护文化成果的完整性，保护人民文化成果平等地受到保护，在保证人民文化上的"公共权利"时，通过保护文化创造者的权益来推动文化成果进一步地健康传播，让全体人民享受人类的文明成果，同时也通过保护成果和尊重文化成果来进一步激发文化创造，以实现"保护文化创造—认可文化劳动成果—承认文化成果的社会价值—有效实施对文化成果的社会保护"的路径，对所有有益的文化创造劳动给予支持和鼓励，做到提升人民文化参与的热情，激发人民的文化创造激情，助力人民享受文化成果的豪情。

（3）高质量的文化权益是当前文化工作的重要目标和任务

高质量的文化权益包含了基本文化权益。对于基本文化权益的事实保障可以通过公共文化服务标准来项目化和精细化，但它最终要通过高质量的

---

① 参见郭力源：《双重发展维度中健全人民文化权益保障制度的基本逻辑》，《江西师范大学学报》（哲学社会科学版）2021年第2期。

文化权益来引领，促进人民的文化权益保障的内容处于不断提升和发展的过程中，是一种新发展理念的表现。习近平总书记指出："高质量发展，就是能够很好满足人民日益增长的美好生活需要的发展，是体现新发展理念的发展。"公共文化服务的高质量发展主要包括四个方面：品质发展、均衡发展、开放发展和融合发展。一是品质发展，就是要牢牢把握社会主义先进文化前进方向，强化政治引领，提升人民文明素质，切实承担起举旗帜、聚民心、育新人、兴文化、展形象的使命任务；二是均衡发展，加强城乡公共文化服务体系一体建设，促进区域协调发展，健全人民文化权益保障制度，推动基本公共文化服务均等化；三是开放发展，深化公共文化体制机制改革，创新管理方式，扩大社会参与，形成开放多元、充满活力的公共文化服务供给体系；四是融合发展，促进公共文化服务与科技、旅游相融合，文化事业、产业相融合，建立协同共进的文化发展格局。

3. 人民文化权益保障的运行机制

人民的文化权益保障是制度性体系设计、文化法制体系建设、内容框架搭建和机制运行的四位一体。其中，制度保障是前提，法制保障是依据，内容保障是根本，运行机制保障是关键。如何落实文化的文化权益，如何通过有组织的文化工作和文化服务来引导和鼓励人民大众生活在有保障的文化权益生活中？关键靠文化机制来实施。这个机制不妨包括文化组织机构、文化活动空间与设施、文化活动经费支撑和专业文化服务人员。

（1）公共文化服务机构网络化

《保障法》第七条规定："国务院文化主管部门、新闻出版广电主管部门依照本法和国务院规定的职责负责全国的公共文化服务工作……县级以上地方人民政府文化、新闻出版广电主管部门根据其职责负责本行政区域内的公共文化服务工作；县级以上地方人民政府其他有关部门在各自职责范围内负责相关公共文化服务工作。"这就明确规定目前我国文化工作的机构主要是：

中宣部作为文化服务的领导机构，文旅部、新闻出版署、国家广电总局等作为一级行政机构（从国务院的相关部门到县一级，形成三级行政管理体系），文联、作协和社联系统等形成事业服务体系，教育部、社科院和高校形成文化研究和文化教育系统。如此我国人民文化权益的管理和服务机构保障形成相对完备的网络，这是世界少见的。

（2）文化权益保障经费到位

文化权益保障的经费纳入国家和地方财政预算。《保障法》规定："国务院和地方各级人民政府应当根据公共文化服务的事权和支出责任，将公共文化服务经费纳入本级预算，安排公共文化服务所需资金。"参照国际社会的趋势，未来我国公共文化支持的预算力争达到 GDP 的 1% 目标。另外，设立各种形式捐赠，"国家鼓励通过捐赠等方式设立公共文化服务基金，专门用于公共文化服务"。对于社会企业的文化捐赠，给予税收优惠。社会资本的投入，这主要是文化产业中文化企业和民间资本的投入，它们是保障文化权益经费的重要参与性力量。

（3）文化基础设施齐全

《保障法》第十四条规定："公共文化设施是指用于提供公共文化服务的建筑物、场地和设备，主要包括图书馆、博物馆、文化馆（站）、美术馆、科技馆、纪念馆、体育场馆、工人文化宫、青少年宫、妇女儿童活动中心、老年人活动中心、乡镇（街道）和村（社区）基层综合性文化服务中心、农家（职工）书屋、公共阅报栏（屏）、广播电视播出传输覆盖设施、公共数字文化服务点等。"按照标准，设立了从国家到街道和乡村的六级文化设置体系，本着平等和均衡的原则，还重视对残疾人、老少边穷等地区的文化设施与活动的保障，为他们建有专门的活动空间和基础设置，做到了"弱有所扶"（《国家公共服务基本标准（2021）》）。不仅如此，国家按照新发展理念，在推行公共文化服务标准和完善基层公共文化服务网络基础上，创新拓展城乡公共文化空间。立足城乡特点，打造有特色、有品位的公共文化空间，对公共图书馆、文化馆（站）功能布局进行创意性改造，实现设施空间的美化、舒适化，实现公共文化设施的"升级"。鼓励在都市商圈、文化园区等区域，引入社会力量，创新打造一批融合图书阅读、艺术展览、文化沙龙、轻食餐饮等服务的"城市书房""文化驿站"等新型文化设施，营造小而美的公共阅读和艺术空间，满足人民对于多样化、个性化高品质文化需求。积极推进社区文化"嵌入式"服务，将文化创意融入社区生活场景，提高环境的美观性和服务的便捷性，以服务于高品质文化生活的享受。同时，不同省区市政府，结合经济发展水平，根据自身的文化资源与特色，利用社会力量和政府能力，修建了大型的剧院、音乐厅、舞蹈中心、戏剧院等高雅文化活动中心文化地标，广泛开展国际文化交流，满足人民高雅的文学艺术需求。

（4）文化管理和服务人员稳定

我国文化机构的服务人员主要由公务员、事业编制人员和志愿者等组成。一是建设一支精干高效的基层文化人才队伍。《关于推动公共文化服务高质量发展的意见》（以下简称《高质量发展意见》）指出："建立健全文化人才的发现、培养、使用和评价机制，为基层文化队伍搭建展示才华的平台。"在文化战线培养一批长期扎根基层，有责任心、有能力、具有深厚实践经验的专家型干部。采取县招乡用、派出制、县乡双重考核等形式，配齐配强乡镇综合文化站文化专干。落实基层文化服务岗位人员编制和经费，保持基层文化队伍相对稳定。实施乡村文化和旅游能人支持项目，支持培养一批扎根乡村、乐于奉献、服务群众的乡村文化骨干。二是大力打造文化志愿者队伍。实施全民阅读推广人和全民艺术普及推广人培育计划，以省（区、市）为单位打造具有区域影响力的文化志愿服务品牌，以市、县为单位培育一批有特色、有影响、惠民生的文化志愿服务项目，鼓励和吸引专业文艺工作者、书评人等积极参与公共文化服务活动，对文化志愿者进行培训，推动建立各类文化志愿团体。

总体上，在国家文化法制的护航与国家文化政策的指引下，有了专门的文化管理与服务机构和人员队伍，文化经费得到保障，公共文化服务设施不断完善，按照公共文化服务体系和现代文化产业体系的部署与路线图，按照项目推进、量化管理和绩效评估方式推进和提升，人民的文化权益保障体系和运行机制不断完善，实现了社会主义文化制度的特色和优越性，是繁荣和发展社会主义文化的重要内容和体现。

（三）中国经验：健全人民文化权益制度的理念与举措

从人民文化权益保障概念的正式提出，到建立不断完善的人民文化权益保障的制度、文化法律体系建设，以及不断健全的文化权益内容体系与绩效评估体系，全方位保证和提升了人民的文化权益，让老百姓有了前所未有的文化获得感和文化幸福感，从而走出了一条符合中国国情的人民文化权益保障之路，为新时代社会主义的文化大繁荣大发展提供了坚实基础和生动案例。在进入中国社会高质量发展新征程的今天，为进一步促进人民的文化生活高质量发展，不断完善人民文化权益保障的成果，我们认为至少有如下经验需要总结和推广。

1. 坚持以人民为中心的文化发展理念

人民文化权益是我党和政府文化工作的出发点和落脚点，其制度保障、内容保障和实施效果成为社会主义文化本质进而是社会主义本质的根本体现，也是我党"全心全意为人民服务"的宗旨在文化领域的具体化，更是各级政府把人民的文化权益保障与不断健全作为工作的重要内容。我们的各项政策制度和措施都紧紧围绕人民的现实文化需求来设计文化内容与形式，政府文化机构和相关文化企业开展和组织形式多样的文化活动，搭建好文化平台和做好文化服务的"店小二"，让老百姓成为大众文化生活的主体、文化活动的主角和文化故事的主人。充分尊重人民群众的意愿，满足他们文化活动的兴趣，激发他们文化创造的热情，保护他们文化的劳动成果。让社会主义文化成为现实的活文化，成为人民日常生活中与柴米油盐酱醋茶一般不可缺少而平常的组成部分，成为老百姓欢歌笑语的汇合，成为老百姓的情感结构和文化 DNA，这样的文化权益才有顽强的生命力，有不断向上向好的活力和前景。

人民的文化权益既是均等和普惠的，也是丰富多彩和有差异性的。政府考虑人民的地域、文化和民族差异，重视不同文化主体的个体差异，做到文化保障的"雪中送炭"和"锦上添花"相得益彰，体现了社会主义文化的优越性和先进性。在人民文化权益的"雪中送炭"方面，主要是坚持文化权益的普惠性，做到文化服务的全覆盖，特别是对少数民族地区、广大偏远农村地区，对残疾人等弱势群体和城市务工人员等的文化保障。如《保障法》第四十六条对重点文化地区保障的规定："国务院和省、自治区、直辖市人民政府应当增加投入，通过转移支付等方式，重点扶助革命老区、民族地区、边疆地区、贫困地区开展公共文化服务。"第三十六条对重点人群文化权益保障的规定："地方各级人民政府应当根据当地实际情况，在人员流动量较大的公共场所、务工人员较为集中的区域以及留守妇女儿童较为集中的农村地区，配备必要的设施，采取多种形式，提供便利可及的公共文化服务。"《高质量发展意见》在加大文化高质量发展的同时，不忘外来务工人员，提出"坚持平等、参与、共享的原则，加强对城市新生代外来务工人员的文化帮扶，推动他们更好融入城市，成为城乡文化交流的重要力量"，保证了外来务工人员文化权益不被遗忘，防止文化权益保障出现真空地带，从而保证了文化权益保障的全方位、不留死角的覆盖性。

对于经济发达、公共文化服务基础好的城市和地区，人民对文化生活的美好需求是不断提升的，也是日渐多样化和个性化的。《高质量发展意见》指出，加强数字艺术、沉浸式体验等新型文化业态在公共文化场馆的应用，通过政府采购和鼓动社会力量参与公共文化设施运营、活动项目打造、服务资源配送等方式提升公共文化服务力度，以及通过乡村振兴计划来打造特色乡村文化和旅游品牌，拓展乡村文化和旅游发展新模式，为乡村公共文化服务升级。同时，按照现代文化产业体系的建设目标和方案，实施重大文化建设工程，举办文化节日盛宴、国际文化赛事与艺术展等满足多元化、个性化、多样化的发展性文化需求，保障了人民文化权益服务的"锦上添花"之美。

2. 坚持政府主导、多种社会力量参与

政府主导的公共文化服务模式是从中央到地方设置文化部门，统一管理全国的公共文化事务，政府掌握大量核心的文化资源，在实践中发展主导作用，扮演着政策制定者、资金供应者和生产安排者的三种角色。[①] 在我国，健全文化权益保障须以政府为主导，这是由我们的具体国情、文化传统和公共文化的国家性质决定的。作为单一制国家，我们实行中央统一领导，采用民主集中制自上而下的国家治理模式。对人民文化的管理与服务是政府的主要职能之一，人民的文化权益保障是社会主义文化制度的重要内容，这就决定了政府在文化治理中的主导性地位和作用。而我国公共文化的科学的、民主的、人民的社会主义文化的性质，和我们政治、经济的性质具有内在一致性。公共文化具有的公益性、均等性、普惠性等特点，也决定了我们要以政府为主导，将其作为政府的重要工作来投入人力、物力和财力，以此来作为保障，否则的话，经济文化落后地区和广大农村基层就无法有效实施文化管理，残疾人和农民工等的文化需求也得不到有效保护。这些人的基本文化权益没有国家保护，文化权益的人民性就不够，这就有悖于我们文化权益保障

---

① 参见张琳娜、朱孔来：《国内外公共文化服务研究现状述评及未来展望》，《西安财经学院学报》2013 年第 3 期。

的出发点和落脚点。文化上的贫富差距越来越大，不是社会主义的发展方向。因此，面对我们当前国情和国家文化性质的特殊性，要健全人民的文化权益，就只能采取以政府为主导，而不是以民间为主导或者政府分权的模式。事实上，我国人民文化基本权益内容不断充实，与国家的文化普惠工程和公共文化服务全覆盖的政策及实施息息相关。

政府为主导，并不排斥多元的社会力量参与公共文化服务体系。多元化的市场主体参与公共文化服务是政府主导的重要补充，它们和政府形成合作性互补的友好而必要的关系。通过市场化的方式（比如政府购买、政府补贴等），一方面能弥补政府可能存在的短板（专业化水平不够、服务同质化、缺少竞争机制等）；另一方面，引导社会资本积极"参与建设文化项目，兼顾公共文化服务和文化产业发展，为稳定投资回报、吸引社会投资创造条件"。事实上，以政府为主导，多元化的社会力量积极参与人民群众的文化权益保障工作，极大促进了我们文化公共服务的飞速发展，形成了我们的文化制度优势和效能优势。

3. 坚持文化保障的现代化治理

如何在实践层面开展为人民的文化权益服务，让人民群众有切切实实的获得感和满意感，我们认为主要法宝有二：一是有科学的管理方式来进行文化治理与服务；二是重视科学技术在服务中的作用，让科技为文化权益保障赋能。为人民群众做好文化服务和引导是一个庞大的系统工程，顶层设计上首选要做好"构建系统完备、科学规范、运行有效的制度体系，加强系统治理、依法治理、综合治理、源头治理，把我国制度优势更好转化为国家治理效能"。在具体实施过程中，则要运用现代科学管理方式方法，采用项目管理推进和目标细化方式实行，实行严格的标准体系，责任到具体单位（人），特别是文化普惠工程和项目，让服务者和服务对象心里都有时间表和明细单。只有做到文化权益的精准服务，把文化服务的"普惠性"和"个性化"

有机结合起来，把被动性给予和主动性创造协调起来，把公共文化产品供给与文化产业内容促进匹配起来，把文化服务内容覆盖与文化服务绩效评估结合起来，才能保证人民文化权益保障通过现代治理而最大程度实现，有效降低和防止低效、无效的文化服务。同时，先进文化一定要和先进的生产力（现代科技）相结合，让现代科技为公共文化服务为人民的公共文化生活带来便捷。"科技创新是文化发展的重要引擎。要发挥文化和科技相互促进的作用，深入实施科技带动战略，增强自主创新能力。"在大数据时代，智能和智慧已成为国际现代化发展的重要标准。大数据、云计算和物联网等新技术对人们的工作生活产生重大影响的同时，也为公共文化服务建设带来创新发展契机。《关于加快构建现代公共文化服务体系的意见》中明确提出要应用大数据技术，通过加强对公共文化大数据的采集、储存和分析处理以优化公共文化服务供给，2016 年文化部成立了"公共文化服务大数据应用文化部重点实验室"，通过先进技术实现了"政府端菜"到"公众点菜"的精准和智慧化服务，更好地满足了公众的需求。2017 年的《保障法》提出公共文化的数字化和网络建设，加大文化服务中智慧管理的力度和广度。2021 年《高质量发展意见》指出："进一步完善国家公共文化云等平台的大数据管理和服务功能。推动国家云和地方云、地方云和当地智慧城市平台的对接。整合利用全国群众文化活动资源，打造分级分布式数字文化资源库群，优化资源结构，提升资源质量。"在这一方面，经济文化水平比较高的地区，如长三角地区、粤港澳大湾区、京津冀地区和成渝地区的云文化项目已经取得较好的效果和社会反响，实现了新公共文化服务的实践创新。

第二章
社会主义文化制度：凝聚力和引领力的保障

一、坚持马克思主义在意识形态领域指导地位的根本制度

意识形态关乎旗帜、关于道路、关乎国家前途命运，决定文化前进方向和道路。"坚持以什么思想理论为指导，是文化建设的首要问题。"[①] 社会主义文化之所以先进，就在于它是以马克思主义这一先进理论为指导。马克思主义以科学的世界观和方法论揭示了人类自身发展规律、人类社会发展规律，在历史和人民的选择中成为我们立党立国的指导思想，成为凝聚人心、指引我们前进的灵魂和旗帜。党的十九届四中全会着眼新时代党和国家事业全局，明确把坚持马克思主义在意识形态领域的指导地位确立为根本制度，纳入推动中国特色社会主义国家治理体系和治理能力现代化的制度体系，集中体现了我们党在领导文化建设长期实践中积累的成功经验，充分反映了我们党在新时代对文化建设规律的新认识。可以说，这一制度是立党兴国、民族复兴的"定海神针"，离开了它，党的前途命运、国家的长治久安、民族的凝聚力向心力无从谈起，繁荣和发展中国特色社会主义文化

[①] 黄坤明：《坚持马克思主义在意识形态领域指导地位的根本制度》，《人民日报》2019年11月20日。

也就成为空中楼阁，失去了方向、失去了根基。坚持马克思主义在意识形态领域指导地位根本制度是历史的必然、现实的需要，具有重大而深远的意义。

（一）历史依据：科学社会主义的实践经验总结

坚持马克思主义在意识形态领域指导地位的根本制度是马克思主义意识形态理论在当代中国发展的新飞跃，这一根本制度的生成并不是偶然的，而是内在地蕴含着马克思主义理论本身的科学性以及这一科学理论从传入中国到成为我们立党立国指导思想，对马克思主义中国化时代化百年历史进程和对世界社会主义变革经验的深刻总结。

1. 坚持马克思主义在意识形态领域指导地位的根本制度源于马克思主义理论本身的科学性

中国共产党一成立就郑重地把马克思主义写在自己的旗帜上，在马克思主义的指引下取得了新民主主义革命的胜利，建立了中华人民共和国，马克思主义成为立党立国的指导思想，坚持马克思主义在意识形态领域指导地位的根本制度，这是中国共产党人在社会主义文化建设方面的一大创举。一般来说，"完成理论体系制度化这一创举，前提是理论体系要具备可制度化的条件……只有科学的理论体系才能被具体为有效的制度，只有系统的理论体系才能建立起完善的制度，只有人民的理论体系才能被拥护为稳定的制度。可见，理论体系的制度化，是对理论体系地位的提升，是对理论体系本身的一次检验"。[①] 马克思主义在意识形态领域的指导地位之所以能制度化为根本制度，根本原因就在于马克思主义是科学的理论、人民的理论、实践的理论、不断发展的开放的理论，自诞生以来，无论时代如何变迁、科学如何进

---

① 洪向华、杨润聪：《深刻认识马克思主义在意识形态领域指导地位的根本制度》，《前线》2020 年第 6 期。

步，马克思主义始终占据着真理和道义的制高点。①

马克思主义始终占据真理的制高点。这是因为马克思主义实现了科学性与真理性的统一。马克思主义是马克思恩格斯深入地考察所处的时代和世界，深邃地思考人类自身的发展和人类社会发展的规律，批判性地吸收了人类社会发展的一切优秀成果，创建了唯物史观和剩余价值论，并坚持辩证唯物主义和历史唯物主义的世界观和方法论，用生产力和生产关系、经济基础和上层建筑的矛盾运动解释人类历史的发展变化，把生产力作为推动社会前进最活跃、最革命、最根本的力量，科学分析了资本主义社会的内在矛盾，深刻揭示了历史发展的客观规律，创立了科学社会主义，为人类社会发展进步指明了正确方向，为人民指明了从必然王国向自由王国飞跃的正确途径。就像列宁所说的那样，"凡是人类社会所创造的一切，他都有批判地重新加以探讨，任何一点也没有忽略过去。凡是人类思想所建树的一切，他都放在工人运动中检验过，重新加以探讨，加以批判，从而得出了那些被资产阶级狭隘性所限制或被资产阶级偏见束缚住的人所不能得出的结论"。② 正因为此，列宁把马克思主义称为"科学的意识形态"。正因为此，邓小平深刻指出："我坚信，世界上赞成马克思主义的人会多起来的，因为马克思主义是科学。"③ 正因为此，习近平高度赞赏："马克思的思想理论源于那个时代又超越了那个时代，既是那个时代精神的精华又是整个人类精神的精华。"④

马克思主义的科学性和真理性在于，它始终站在时代前沿，是不断发展的、与时俱进的、开放的理论。马克思和恩格斯经典作家一再强调，他们

---

① 参见中共中央文献研究室编：《习近平关于社会主义文化建设论述选编》，中央文献出版社 2017 年版，第 76 页。

② 习近平：《在纪念马克思诞辰 200 周年大会上的讲话》，人民出版社 2018 年版，第 7 页。

③ 《邓小平选集》第 3 卷，人民出版社 1994 年版，第 382 页。

④ 习近平：《在纪念马克思诞辰 200 周年大会上的讲话》，人民出版社 2018 年版，第 7 页。

的学说是发展的理论，是行动的指南，"而不是必须背得烂熟并机械地加以重复的教条"。① 必须随着实践的发展而发展、随着历史的前进而前进，必须与各个国家、各个民族的具体实际相结合。马克思、恩格斯在《共产党宣言》1872 年德文版的序言中强调，一般原理的实际运用"随时随地都要以当时的历史条件为转移"。② 纵观马克思主义 170 多年的发展史，就是马克思、恩格斯以及他们的后继者们根据时代、实践、认识不断进行自我校正、自我更新、与时俱进的历史。这种与时俱进的理论品格，使得马克思主义能够永葆青春活力，依然显示出科学思想的伟力，在人类思想史上，还没有一种学说像马克思主义那样对世界历史产生如此巨大影响，在当今世界依然具有重要影响力。2008 年世界金融危机，在资本主义遭受重创的同时，马克思则引起了世人的关注，马克思主义为解决当前经济全球化进程中资本主义生产方式日益普遍化所带来的种种社会弊端提供了有益的启示。正如《卡尔·马克思》的著者雅克·阿塔利（Attali Jacques）认为：对于那些想把当前世界改变得更美好的人来说，马克思留下了许多思想。英国著名的马克思主义史学家埃里克·霍布斯鲍姆（Eric Hobsbawm）清醒地意识到：马克思作为一个旷古未有的伟大思想家，他对资本主义富有远见的诊断结果还远远没有被资本主义的最新发展所超越，他在《如何改变世界》一书中写道："在我们的世界中，资本主义已经让人想起，它的未来之所以遭到了怀疑，不是因为社会革命的威胁，而是因为它的无拘无束的全球运作的性质。事实已经证明，对于资本主义全球运作性质，马克思是一位比自由市场的理性选择和自我纠正机制的信徒更敏锐的指导者。"③ 马克思的分析仍然具有许

---

① 《马克思恩格斯选集》第 4 卷，人民出版社 2012 年版，第 588 页。

② 《马克思恩格斯选集》第 1 卷，人民出版社 1995 年版，第 376 页。

③ ［英］埃里克·霍布斯鲍姆：《如何改变世界：马克思和马克思主义的传奇》，吕增奎译，中央编译出版社 2014 年版，第 8 页。

多有效和有意义的核心内容，在新世界的地平线上，在变化了的历史环境中，马克思主义在维护人类公平正义的历史舞台上仍然扮演着引路者的重要角色。

马克思主义始终占据道义的制高点。一种思想、一种理论是否具有广泛的价值合理性，要看它所追求的是最大多数人的合理利益还是少数人的一己私利。马克思主义作为一种意识形态，不同于以往的作为"虚假的意识"的剥削阶级意识形态的关键点之一在于：前者鲜明地宣布了自己的代表对象和不代表的对象，实现了内容与形式的完全统一，而不像后者那样，形式上宣称代表所有人的利益，而实质上只代表剥削阶级的利益。马克思主义的全部理论都立足于实现和维护最广大人民的根本利益，把全人类解放和人的全面发展作为最高价值追求，不谋求私利、不抱有任何偏见，是科学性、阶级性和实践性相统一的理论。显然，代表最广大人民群众根本利益是将马克思主义与反马克思主义、非马克思主义相区分的试金石。

马克思可以说是人类思想史上第一个为广大劳动者的利益鼓与呼的学者。他在 17 岁中学毕业论文《青年在选择职业时的考虑》中写道："如果人只是为了自己而劳动，他也许能成为有名的学者、绝顶聪明的人、出色的诗人，但他决不能成为真正的完人和伟人。如果我们选择了最能为人类福利而工作的职业，那么，重担就不能把我们压倒，因为这是为大家而献身；那时我们所感到的就不是可怜的、有限的、自私的乐趣，我们的幸福将属于千百万人，我们的事业将默默地、但是永恒发挥作用地存在下去，面对我们的骨灰，高尚的人们将洒下热泪。"正是这一为人类最大多数人幸福而工作的理想信念支撑着马克思不为金钱所困、不为权力所屈，虽颠沛流离、穷困潦倒，仍然创作出《资本论》《共产党宣言》等旷世之作。《共产党宣言》中非常鲜明地表明马克思主义人民的立场，指出：共产党人"没有任何同整个无产阶级的利益不同的利益"，共产党人所从事的社会主义、共产主义运动是"绝大多数人的、为绝大多数人谋利益的独立的运动"，①它"不剥夺任何人占有社会产品的权力，它只剥夺利用这种占有去奴役他人劳动的权力"。②正因为此，《共产党宣言》堪称人类历史上第一篇完全为广大人民群众维权的经典之作；正因为此，《共产党宣言》一经产生，就具有磁石般的吸引力，问世170多年来，已用200多种文字在全球出版，被公认为传播最广、影响最深远的社会政治文献；正因为此，为人民而生的马克思主义"犹如壮丽的日出，照亮了人类探索历史规律和寻求自身解放的道路"，"具有跨越国度、跨越时代的影响力"。③

2. 坚持马克思主义在意识形态领域指导地位根本制度源于马克思主义中国化时代化百年历史经验的总结

严格说来，只有在实践中证明是正确的理论体系并能指导实践的思想理论体系才能上升为制度体系。马克思主义从我们立党立国的指导思想上升为意识形态领域指导地位根本制度，在党的百年奋斗历程中展示了强大的生命力和实践指导能力。

古人云："欲知大道，必先知史。"翻阅中国革命、建设、改革和中国特色社会主义新时代的恢宏巨篇，我们更加坚定地认为："中国共产党为什么能，中国特色社会主义为什么好，归根结底是马克思主义行，是中国化时代化的马克思主义行。"④近代以来，为拯救民族危亡，先进的中国人寻觅过、尝试过西方的各种思想武器。西方的各种思潮，如改良主义、自由主义、社会达尔文主义、无政府主义、实用主义、民粹主义、工团主义等，都在我国

①《马克思恩格斯选集》第1卷，人民出版社1995年版，第283页。

②《马克思恩格斯选集》第1卷，人民出版社1995年版，第288页。

③ 习近平：《在纪念马克思诞辰200周年大会上的讲话》，人民出版社2018年版，第6、8页。

④ 习近平：《高举中国特色社会主义伟大旗帜　为全面建设社会主义现代化国家而团结奋斗——在中国共产党第二十次全国代表大会上的报告》，人民出版社2022年版，第16页。

出现甚至流行过，又都成为匆匆的历史过客，因为它们都不能解决中国的问题。十月革命一声炮响，给我们送来了马克思列宁主义。马克思列宁主义以科学的宇宙观，为中国先进分子提供了"观察国家命运的工具"。马克思主义的基本原理一同中国具体实际相结合，就使中国革命的面目为之一新，产生了新民主主义的整个历史阶段。在马克思主义指导下，中国共产党带领中国人民推翻了三座大山，建立了新中国，走上了社会主义道路。

新中国成立后，马克思主义上升为国家的指导思想，成为执政党立国的根本。新中国成立初期至党的八大，我们在马克思主义的指导下，继续探索社会主义革命与建设的规律，取得了重要成就，但因背离了马克思主义实事求是的思想路线，受"左"的思想影响，在探索中遭遇了重大失误与挫折。党的十一届三中全会彻底扭转了"文革"造成的严重局势，实现了党和国家工作重点的战略转移，重新确定了马克思主义的思想路线、政治路线和组织路线，使党和国家从危难中奋起，踏上了改革开放的新征程，开创了中国特色社会主义道路，形成了中国特色社会主义理论体系，使社会主义现代化建设显示出蓬勃生机和活力，取得了举世瞩目的巨大成就。

中国特色社会主义进入新时代，以习近平同志为核心的中国共产党人坚持把马克思主义基本原理同新时代中国社会具体实际相结合、同中华优秀传统文化相结合，用马克思主义观察新时代、把握新时代、引领新时代，创造性地提出了一系列新理念新思想新战略，继续发展当代中国马克思主义、21世纪的马克思主义，指引中国特色社会主义事业踏上第二个百年奋斗的征程，昂首阔步奋进社会主义现代化强化和中华民族的伟大复兴。

在马克思主义的科学真理和崇高理想的指引下，中国共产党人的百年苦难辉煌、新中国70多年的沧桑巨变、改革开放40多年的翻天覆地以及中国特色社会主义进入新时代的10年生动实践，以无可争辩的事实充分证明"社会主义没有辜负中国！在中国共产党领导人民的顽强奋斗中，信仰的光芒熠熠闪烁，伟大的事业青春盎然，我们无比自豪，中国没有辜负社会主义"。① 我们理所当然高举马克思主义这面旗帜，理所当然把坚持马克思主义指导思想写入宪法并确立为一项党和国家必须长期坚持的根本制度。

3. 坚持马克思主义在意识形态领域指导地位的根本制度源于汲取世界社会主义国家的经验教训

指导思想一元化是人类社会发展的客观规律，是一个国家、一个民族健康发展的客观要求。如果违背了这一客观规律，实行指导思想多元化，只能导致思想混乱、社会动荡、民族分裂甚至国家解体。在这方面，苏东剧变就是一个惨痛的教训。

苏联解体绝非偶然，原因错综复杂，其中指导思想多元化可以说是苏联解体的一把利剑。戈尔巴乔夫在推行所谓"新思维"的过程中，把民主化和公开性同实行指导思想多元化、政治多元化联系起来，经过几年的经营，在党内和社会上掀起了一阵阵反对马克思列宁主义的浪潮。苏共二十七大还指出，苏共"以马列主义理论武装"，在全部活动中要"遵循马列主义学说"，马列主义在"精神生活中占统治地位"，但在苏共二十八大文件中不再提以马列主义理论为指导，而是提出意识形态可以多元化，"坚决放弃意识形态的垄断主义"。② 这里所说的"意识形态的垄断主义"意指"坚持马克思主义的指导地位"。戈尔巴乔夫在面对苏联改革中的困境时，不是从自身政策的失误和苏联具体体制的弊端中去寻找原因，而是把困难和问题归咎于马克思主义指导地位，认为是马克思主义导致了苏联几十年的专横和无法无天，不应该再把马克思列宁主义作为指导思想，从而否定马克思主义关于阶级、阶级斗争

---

① 宣言：《中国没有辜负社会主义》，《人民日报》2021 年 6 月 7 日。
② 许新：《超级大国的崩溃——苏联解体的原因探析》，社会科学文献出版社 2001 年版，第 218 页。

和无产阶级专政的学说，彻底地背叛了马克思主义，鼓吹用"其他各种思想的精华"来取代。这里所说的"其他各种思想的精华"指的就是西方的"人道主义"，打着反对"个人迷信"和"专制独裁"的旗号举起了抽象的人道主义的大旗，1991年7月，苏共中央全会通过了一个苏共纲领（草案）。这个纲领草案通篇只字未提马克思列宁主义，更没有把马克思列宁主义作为党的指导思想，而是指出："过去，党只承认马克思列宁主义是鼓舞自己的源泉……现在，必须使我们的思想库内包括国内外社会主义和民主思想的一切财富……苏共建立在其成员对某种思想价值的忠贞不渝的基础上。对我们来说，其中主要的就是人道的、民主的社会主义思想。"说穿了，这些表述的本质就是彻底放弃马克思主义的指导地位，要以西方社会民主党"人道的、民主的社会主义"思想作为其指导思想，按照人道主义思想来改造党。

否定马克思主义作为党的指导思想造成的严重后果是不言而喻的。概括地说就是：搞乱了人们的思想、搞乱了整个苏联共产党，搞乱了整个苏联。广大党员失去了统一的指导思想，失去了统一的奋斗目标，失去了对社会主义事业的信心，纷纷退党、脱党，1990年退党人数多达180多万人。[1] 社会上沉渣泛起，各种思潮的代表者纷纷登上政治舞台。人们失去了观察问题和辨别问题的是非标准。苏联群众中流传着这样的看法："现在什么都对，什么都不对。"思想乱，则为西方和平演变提供了良机。攻心、夺权、私有化，这是和平演变、全盘西化的三部曲。攻心，就是搞乱思想，实行指导思想多元化是其最主要的内容。思想搞乱了就会带来一系列的问题。可以说，"意识形态、思想理论上的严重错误是苏联解体的催化剂"。[2]

---

[1] 参见许新：《超级大国的崩溃——苏联解体的原因探析》，社会科学文献出版社2001年版，第248页。

[2] 参见许新：《超级大国的崩溃——苏联解体的原因探析》，社会科学文献出版社2001年版，第223页。

苏东剧变既是国际共产主义运动史上的重大挫折，也是人类历史的悲剧。前车之覆，后车之鉴，我们从意识形态角度分析总结苏共垮台和苏联解体的原因，从中吸取教训，那就是必须坚持马克思主义的指导地位，反对指导思想多元化。坚持马克思主义在意识形态领域指导地位的根本制度的确立，从制度层面上确保我们既不走封闭僵化的老路，也不走改旗易帜的邪路，只坚定不移走中国特色社会主义道路，确保中国特色社会主义事业始终沿着正确方向阔步前进、蓬勃发展。

（二）现实需要：社会主义文化建设中的问题与挑战

将马克思主义在意识形态领域指导地位制度化，不是凭空想象的，不仅有着深厚的历史逻辑，也是现实的需要，是对新时代意识形态工作面临的问题和挑战的时代回应。

1. 保证社会主义文化建设正确方向的迫切需要

在这里，我们有必要对文化与意识形态的关系予以厘清。文化是社会生活的内在构成性因素，既是人们在日常生活中不断创造和积淀下来的，又是任何社会行动不可或缺的条件。从根本上讲，意识形态本身就是文化，是文化的核心，但意识形态又不完全等同于一般的文化。

英国人类学之父泰勒在《原始文化》中，把文化定义为"包括全部的知识、信仰、艺术、道德、法律、风俗以及作为社会成员的人所掌握和接受的任何其他的才能和习惯复合体"。[①] 在这个定义中，文化被视为一个多层次、多面相的复合体，概括来说可包括"知识、信仰一类的思想信念（beliefs）；艺术、法律（文本）一类的表意符号（symbols）；以及习俗、道德一类的价值观念（values）"。[②] 泰勒的这个定义成为后来社会学家、文化人类学家讨

---

① ［英］爱德华·泰勒：《原始文化》，连树声译，广西师范大学出版社 2005 年版，第1页。

② 苏国勋：《全球化背景下的文化冲突与共生》，《国外社会科学》2003 年第 3—4 期。

论文化问题的共同基础。后来一些社会学家、文化人类学家对泰勒的文化定义加以修正，在知识的前面加进了"实物"，以说明文化不仅是指精神性的东西，而且包括物质性的东西。①这样，文化的外延就被扩展为人类社会所创造的全部物质财富和精神财富的总和，包括物质文化、制度文化、观念文化和行为文化四大面相。然而，这种把文化外延无限扩大的做法招致了许多学者的反对，如黄楠森认为，如果文化的外延同人类社会的外延完全一致，文化在人类社会中的地位和作用就无从谈起了，那样，问题将变成文化的几个组成部分——物质文化、制度文化和精神文化——之间的关系问题。因此，对文化采取狭义的理解不仅是约定俗成，而且也是合理的。②

狭义的文化指观念形态的文化。早在 1940 年，毛泽东在《新民主主义论》的"新民主主义的政治与新民主主义的文化"一节中，就对狭义的文化概念作了科学解释："一定的文化（当作观念形态的文化）是一定社会的政治和经济的反映，又给予伟大影响和作用于一定社会的政治和经济；而经济是基础，政治则是经济的集中表现。这是我们对于文化和政治、经济的关系及政治和经济的关系的基本观点。"③由此可见，狭义的文化是在与经济、政治相并列的角度和层次上来使用的，其核心部分是指建立在一定经济基础之上，与一定政治制度相适应的社会意识形态。

社会意识形态作为观念文化的核心部分决定着文化的发展方向，起着给文化发展提供核心价值理念的重要作用。所以，我们党在关于社会主义文化建设的纲领中，向来是把意识形态放在突出的位置加以强调。党的十六大强调指出要牢牢把握先进文化的前进方向就必须坚持马克思列宁主义、毛泽东思想和邓小平理论在意识形态领域的指导地位，用"三个代表"重要思想统

---

① 参见罗文东：《中国特色社会主义文化理念》，中国法制出版社 2003 年版，第 103 页。
② 参见黄楠森：《论文化的内涵与外延》，《北京社会科学》1997 年第 4 期。
③ 《毛泽东选集》第 2 卷，人民出版社 1991 年版，第 663—664 页。

领社会主义文化建设和文化体制改革。①党的十七大明确指出社会主义核心价值体系是社会主义意识形态的本质体现，要巩固马克思主义指导地位，就要坚持不懈地用马克思主义中国化最新成果武装全党，建设社会主义核心价值体系，增强社会主义意识形态的吸引力凝聚力，推动社会主义文化大发展大繁荣。②党的十八大报告中提出建设社会主义核心价值体系，积极培育和践行社会主义核心价值观，牢牢掌握意识形态工作领导权和主导权，坚持正确导向，提高引导能力，壮大主流思想舆论，扎实推进社会主义文化强国建设。③党的十九大报告中鲜明地提出意识形态决定文化前进方向和发展道路，必须不断推进马克思主义中国化时代化大众化，建设具有强大凝聚力和引领力的社会主义意识形态，使全体人民在理想信念、价值理念、道德观念上紧紧团结在一起，坚定文化自信，推动社会主义文化繁荣兴盛。④党的二十大报告在"推进文化自信自强，铸就社会主义文化新辉煌"中强调，"我们要坚持马克思主义在意识形态领域指导地位的根本制度……巩固全党全国各族人民团结奋斗的共同思想基础，不断提升国家文化软实力和中华文化影响力"。⑤

这些论述都强调了只有旗帜鲜明地坚持了马克思主义在意识形态领域的指导地位，才能保证中国特色社会主义文化建设始终沿着正确方向发展，才能保证社会主义文化强国建设行稳致远。

当今时代，文化越来越成为民族凝聚力和创造力的重要源泉，越来越成为综合国力竞争的重要因素，丰富精神文化生活越来越成为满足人民美好生活需要的热切愿望。我国文化建设长期实践表明，对马克思主义指导地位坚持得

---

① 参见《江泽民文选》第 3 卷，人民出版社 2006 年版，第 559 页。

② 参见《胡锦涛选集》第 2 卷，人民出版社 2016 年版，第 639 页。

③ 参见《胡锦涛选集》第 3 卷，人民出版社 2016 年版，第 638 页。

④ 参见《中国共产党第十九次全国代表大会文件汇编》，人民出版社 2017 年版，第 13 页。

⑤ 习近平：《高举中国特色社会主义伟大旗帜　为全面建设社会主义现代化国家而团结奋斗——在中国共产党第二十次全国代表大会上的报告》，人民出版社 2022 年版，第 43 页。

好、把握得牢，就能形成文化繁荣兴盛的生动局面，推动党和人民事业发展；坚持得不好，发生动摇和偏差，就必然造成思想文化上的混乱，给党和人民事业带来损害。现在，我国文化领域正在发生广泛而深刻的变革，社会文化生态更加复杂，马克思主义、非马克思主义甚至反马克思主义的思想观点同时存在，先进的和落后的相互交织，积极的和消极的相互影响，民族的和外来的相互碰撞，坚持以马克思主义统领多样化文化发展的重要性日益突出。①

新的时代条件下，强调坚持马克思主义在意识形态领域指导地位的根本制度，"强调意识形态工作是为国家立心、为民族立魂的工作"，②就是要坚定文化自信、增强文化自觉，牢牢掌握意识形态工作领导权，紧紧围绕举旗帜、聚民心、育新人、兴文化、展形象的使命任务，建设具有强大凝聚力和引领力的社会主义意识形态，为社会主义先进文化指明前进方向，大力发展面向现代化、面向世界、面向未来的，民族的科学的大众的社会主义文化，更好构筑中国精神、中国价值、中国力量，巩固全党全国各族人民奋进新征程的共同思想基础。

2. 着力解决意识形态领域党的领导弱化问题的迫切需要

党的十九届六中全会通过的《中共中央关于党的百年奋斗重大成就和历史经验的决议》在总结党的百年文化建设经验中，明确指出确立和坚持马克思主义在意识形态领域指导地位的根本制度这一方向性、战略性部署，是"党着力解决意识形态领域党的领导弱化问题"③的迫切需要。由于种种原因，在党的十八大以前的较长一段时间内，意识形态领域里还存在"一些干

① 参见黄坤明：《坚持马克思主义在意识形态领域指导地位的根本制度》，《人民日报》2019 年 11 月 20 日。

② 《中国共产党第十九届中央委员会第六次全体会议文件汇编》，人民出版社 2021 年版，第 69 页。

③ 《中国共产党第十九届中央委员会第六次全体会议文件汇编》，人民出版社 2021 年版，第 70 页。

部不敢为、不愿为、不会为的问题，一些基层党的建设弱化、虚化、边缘化的问题"，[①]造成这一问题的原因主要体现在三个方面。一是部分党员干部对坚持马克思主义在意识形态领域指导地位的重要性认识不足，党内意识形态思想分化较为严重：有的人受意识形态"虚无论"的影响，认为意识形态工作虚无缥缈、不可捉摸，做意识形态工作就是做虚功、搞宣教，简单地灌输党的理论和路线方针政策，可有可无、无关紧要；有的人受意识形态"无用论"的影响，认为经济建设才是有用的工作，而意识形态工作是"软工作"，不能体现为具体业绩或政绩，"干与不干一个样、干好干坏一个样"；有的人受到意识形态"多元论"的影响，认为在市场经济条件下，社会结构、经济成分多样化了，人的思想也是多样化的，马克思主义只是千万种学说中的一个，没必要强调指导思想一元化；还有些人受意识形态"泛化论"的影响，即把意识形态工作当作箩筐，什么都往里面装。比如，有的把正常的思想观念之辩、学术主张之争上升到所谓的"左右"之争，随随便便给人下结论、贴标签，使意识形态工作简单化、泛化。意识形态领域出现上述种种思想分化，导致马克思主义在意识形态的实际工作中被边缘化、空泛化和标签化。

二是在于部分党员干部自身的马克思主义理论学养不足。当前，在坚持马克思主义指导地位这一问题上，绝大部分党员干部的认识是清醒的，态度是坚定的，但是，又确确实实存在一部分党员干部对马克思主义理论的学习不深、理解不透、悟得不够，运用马克思主义立场、观点、方法分析问题解决问题的能力不足、功力太浅。这种状况说到底就是自身对马克思主义理论的学养还不够。中国共产党人要真正能高举起马克思主义这面思想旗帜、引领中国社会前进的方向，其前提条件是必须真正地掌握马克思主义，把握马克思主义的精髓，才能增强理论自信，才能敢于与一切非马克思主义和反马

[①]　习近平：《论党的宣传思想工作》，中央文献出版社2020年版，第315页。

克思主义的错误思想作斗争。因此，习近平多次强调党员干部"首先要认真学习马克思主义，这是我们做好一切工作的看家本领。要通过学习掌握马克思主义立场、观点、方法，提高战略思维能力、综合决策能力、驾驭全局能力，做到知行合一，增强工作的科学性、预见性、主动性，避免陷入少知而迷、不知而盲、无知而乱的困境"。① 从这段论述中可见，只有真正地学好马克思主义才能真正把握党在意识形态工作领域的主导权、领导权和管理权。

三是在于部分党员干部意识形态实践工作的经验不足。意识形态领域是一个不见硝烟的战场，意识形态工作者既要拥有防范风险和化解风险的能力，还要具备高超意识形态宣传能力。不得不承认，在当前意识形态工作实践中，还存在理论与实践"两张皮"的现象，即大多数意识形态理论研究工作者缺乏接触具体的意识形态工作的经验，而负责意识形态具体工作的领导干部们又因工作繁重无暇深入研究意识形态理论，缺乏系统的马克思主义理论的指导，还有部分领导干部可能是半路出家，既不注重在岗位变化中及时提升自身的意识形态工作能力和素养，又不注重自觉贯彻落实意识形态工作责任制，任由违反意识形态工作纪律规矩不作为、胡作为、乱作为的情况发生，呈现技术不过关、作风不合拍、本领不过硬等诸多问题，极大弱化了意识形态工作的实际效果。②

因此，将坚持马克思主义在意识形态领域指导地位制度化，发挥制度的牵引性和操作性，"以制度的力量推进意识形态工作标准化、常态化、严格化、责任化"③ 是切实增强党管意识形态的约束力，从根本上扭转在一些地方

---

① 《习近平关于社会主义文化建设选编》，中央文献出版社 2017 年版，第 98 页。

② 参见张艳斌：《新时代领导干部意识形态能力提升的内在逻辑及实践养成》，《领导科学》2020 年第 8 期。

③ 洪向华、杨润聪：《深刻认识马克思主义在意识形态领域指导地位的根本制度》，《前线》2020 年第 6 期。

和部门存在的党的领导弱化、虚化的现象，切实提高"党把方向、谋大局、定政策、促改革的能力和定力"①的迫切需要。

3. 有效应对意识形态风险挑战的迫切需要

进入新时代，我国面临复杂多变的安全和发展环境，各种可以预见和难以预见的风险因素明显增多，意识形态领域面临的风险挑战比历史上任何时期都更为复杂严峻，也正因为此，习近平总书记和党中央把意识形态安全置于国家安全的重要位置，把应对意识形态领域风险挑战作为直接关系党和国家前途命运的重大问题。新时代意识形态领域的风险挑战主要来自三个方面：以市场化为主要特征的社会转型带来思想文化的多元；全球化进程中，中国国力不断强大，西方意识形态渗透加剧；信息网络对意识形态的控制能力和引领能力提出了严峻挑战。

一是从国内看，随着全面深化改革进程的加速推进、利益格局和利益关系的深刻调整，社会结构急剧分化导致意识形态领域内诸派纷争。在阶级社会中，作为上层建筑的意识形态，是一定社会集团、社会阶层和不同阶级对社会经济基础和政治生活现象的直接反映，"其核心问题是对自身根本利益的认识"。②也就是说意识形态具有强烈的社会政治倾向性，是以维护、实现某个社会群体、阶级的具有全局性的、根本性的利益为根本目的。在阶级社会里，"任何时候也不可能有非阶级的或超阶级的意识形态（思想体系）"，③每一个阶级都力求实现自身利益在各种社会资源分配过程中的最大化。特别是在社会发生剧烈变革和转型时期，更是各种意识形态最为活跃的时候，因为过去相对稳定的社会结构和利益关系的破裂和重组，新的利益要求和社会阶级、阶层得以生产和再生产，代表不同阶级、阶层利益的政治思想文化，

① 习近平：《论坚持党对一切工作的领导》，中央文献出版社 2019 年版，第 159 页。
② 童世骏：《意识形态新论》，上海人民出版社 2006 年版，第 1 页。
③ 《列宁选集》第 1 卷，人民出版社 1995 年版，第 327 页。

必然进行短兵相接式的较量。"意识形态之间的较量就是它所代表的不同社会阶级或利益集团之间的较量，各种意识形态的性质和影响力的大小，取决于它所从属的阶级或利益集团的性质和力量的强弱。"①

当下的中国，正处在历史上前所未有的剧烈转型期。现代化进程加速推进和经济体制转轨促使中国社会阶级阶层结构急速改变，社会结构多样化带来的利益关系的格局和利益关系的深刻调整，使人们的思想观念、价值观念、价值取向呈现多元多样多变，私有化思潮、新自由主义、民主社会主义、民族分裂主义、消费主义、利己主义、功利主义、历史虚无主义等各种非马克思主义和反马克思主义的社会思潮直接挑战马克思主义的主流意识形态地位。如影响较大的新自由主义主张"私有化、市场化、自由化"，其维护的就是金融资产阶级的利益，而构成支撑马克思主义主流意识形态地位阶级基础的广大工人阶级和农民阶层，却逐渐沦为社会底层和困难群体。根据马克思主义的意识形态思想，"一个阶级是社会上占统治地位的物质力量，同时也是社会上占统治地位的精神力量。支配着物质生产资料的阶级，同时也支配着精神生产资料，因此，那些没有精神生产资料的人的思想，一般地是隶属于这个阶级的"。②据此我们必须防止中国社会新贵和强势社会群体凭依其强大物质力量左右中国社会的精神生产，左右意识形态领域的话语权，从而导致马克思主义面临失势和被边缘化的危险。坚持马克思主义在意识形态领域指导地位的根本制度就是从制度层面为纷纭激荡的思想舆论场设置了不可逾越的底线，从而保证了市场经济体制改革始终能沿着社会主义的方向顺利推展。

二是从外部环境看，中国国力不断强大，面临西方抱团遏制的巨大挑战。当今世界正处在大发展大变革大调整时期，世界范围内各种思想文化呈

---

① 王国敏、李玉峰：《挑战与回应：坚守马克思主义在意识形态领域的主流地位》，《马克思主义研究》2007 年第 11 期。

② 《马克思恩格斯选集》第 1 卷，人民出版社 1995 年版，第 98 页。

现出交流交融交锋的新形势，顺应世界发展大势，世界文化发展的基本趋势只有朝着多种文化相互容纳、相互依存、相互补充、相互竞争的多元文化格局不断发展，才能保持世界秩序的和谐并构建人类命运共同体。但在多元文化发展趋势中，世界上总有一些人（当今世界尤其是美国人）的"文化霸权主义""文化帝国主义"情结挥之不去，对自己的文化怀有一种居高临下的优越感，认为自己的文化蕴涵着一般的和共同的"人性"、普遍的"人权"、无可争议的"人类基本价值"，可以作为"人类文化的集中代表"，可以作为衡量一切文化的尺度和标准，因此习惯于认定只有自己的文化才是"文明的""进步的""发达的"，别人的文化则是"落后的""野蛮的"，并进一步要求别人"趋同"于我。例如，早期的西方殖民者曾用残酷的手段毁灭"土著文化"，现在他们的手段变得"文明"些了，但有些人仍然以"世界文化警察"自居，伺机用自己的文化和价值观去"同化"世界。由于这种"文化霸权主义"的情结挥之不去，人类文化的多样性存在、多元化发展正受到严重的挑战和干扰，世界和平长期处在这种威胁阴影的笼罩之中。

毫无疑问，中国作为当今世界上最大的社会主义国家、最具增长潜力和最富有经济活力的新兴国家，国际地位和国际影响力不断提升，在国际舞台上发挥着越来越重要的作用，不可避免地被美国等西方国家视为强劲对手：一方面是极力阻止和防止中国因发展和壮大而对美国在亚太地区乃至全世界的"领导地位"构成挑战；另一方面，又极力将中国纳入其"和平演变""颜色革命"战略重点，促使中国沿着美国希望的方向演变，即西化中国。西方国家把我国的发展壮大视为对其价值观和制度模式的巨大挑战，在世界面临百年未有之大变局和中华民族伟大复兴的战略全局时期，意识形态领域的斗争和较量更为复杂严峻。对此，面对已有的和可能的政治和意识形态的冲突，我们一方面应当避免出现类似冷战时期美苏双方那样的对抗局面，寻求更多的沟通和理解；另一方面，始终保持高度警觉，深刻认识到"长期以来，各种敌对势力从来没有停止对我国实施西化、分化战略，从来没有停止对中国共产党领导和我国社会主义制度进行颠覆破坏活动，始终企图在我国策划'颜色革命'"。①面对国际意识形态领域日趋复杂尖锐的斗争，我们的意识形态安全面临新挑战，只有坚持马克思主义在意识形态领域指导地位的根本制度，才能在意识形态斗争中保持临危不惧的强大定力，坚守社会主义意识形态阵地，有效维护国家意识形态安全，坚决捍卫国家利益和国家主权。

三是社会舆论生态新变化对马克思主义在意识形态领域的指导地位形成巨大挑战。伴随着新技术的不断更新，特别是信息传播手段的升级发展，社会舆论生态发生了很大变化，新兴媒体迅速发展成为最强劲的传播载体。数字杂志、数字报纸、数字广播、手机短信、桌面视窗、移动电视、数字电视、网络、触摸媒体等新媒体的快速发展，不仅升级了人们的工作方式，转变了人们的思维模式，甚至在某些方面重新定义了我们的生活，新媒体成为大众获得信息、生活消费、交流情感、话语表达等日常生活中不可或缺的场域，也让"发声渠道"从主流媒体拓展到了社会个体，日益呈现人人传播、多向传播、海量传播的特征。新媒体具有的自发性、突发性、公开性、多元性、冲突性、匿名性、无界性、难控性等特点以及随着新媒体快速发展，国际国内、线上线下、虚拟现实、体制外体制内等界限愈益模糊，使网络成为越来越复杂的大舆论场，②这既为我们做好党的意识形态工作提供了机遇，也带来了前所未有的挑战。也正因为此，习近平一针见血地指出"网络已是当前意识形态斗争的最前沿"，③反复提醒网络意识形态安全风险问题值得高度

---

① 习近平：《论党的宣传思想工作》，中央文献出版社 2020 年版，第 353 页。

② 参见中共中央文献研究室编：《习近平关于社会主义文化建设论述摘编》，中央文献出版社 2017 年版，第 45 页。

③ 参见中共中央文献研究室编：《习近平关于社会主义文化建设论述摘编》，中央文献出版社 2017 年版，第 36 页。

重视，并把网络意识形态安全纳入国家大安全系统中政治安全的核心内容。2015 年 5 月 20 日，习近平在中央国安办一份报告上的批示《坚决打赢网络意识形态斗争》中指出，"掌控网络意识形态主导权，就是守护国家的主权和政权"，并要求各级党委和党员干部要把维护网络意识形态安全作为守土尽责的重要使命，充分发挥制度体制优势，坚持管用防并举，方方面面齐动手，坚决打赢网络意识形态斗争，切实维护以政权安全、制度安全为核心的国家政治安全。① 因此，充分了解和把握新兴舆论阵地的特点和优势，加强网络阵地建设力，把主流媒体的影响力向网络空间延伸，提高网络宣传阵地建设的能力，抢占网络宣传的制高点，是巩固意识形态网络舆论宣传主阵地和增强新时代意识形态领导权建设的重要举措，坚持马克思主义在意识形态领域指导地位的根本制度的确立，为营造清朗的网络空间提供了制度防线。

（三）重大意义：文化繁荣发展的理论自信与保障

在世界面临百年未有之大变局，中华民族正处于实现中华民族伟大复兴的关键期，高高举起马克思主义的光辉旗帜，把坚持马克思主义在意识形态领域指导地位作为文化建设的根本制度确立下来，充分彰显了新时代中国共产党人的自信自觉，这一根本制度是对马克思主义意识形态理论的丰富和发展，是凝聚党心民心、打好意识形态主动仗的根本保障。

1. 这一制度充分彰显了新时代中国共产党人的自信自觉

中国共产党是由马克思主义孕育催生，并用马克思主义先进理论武装锤炼的政党，中国共产党自登上政治舞台的那一天起就郑重地把马克思主义写在自己的旗帜上。百年峥嵘岁月，无论弱小还是强大，无论处于高潮还是遭遇挫折，不管遇到什么样的惊涛骇浪，不管形势和任务如何变化，中国共

---

① 中共中央文献研究室编：《习近平关于社会主义文化建设论述摘编》，中央文献出版社 2017 年版，第 36 页。

产党从未动摇对马克思主义理想信念的坚守，从未动摇对科学社会主义基本原则的坚持。在百年奋斗历程中，我们党始终坚持以马克思主义立场观点方法认识世界、改造世界、把握时代发展的主流，始终走在时代前列，始终不渝地坚持为中国人民谋幸福、为中华民族谋复兴的初心和使命，与人民同呼吸、共命运，不断焕发出强大的生命力和战斗力。这份笃定和自信来源于对马克思主义科学理论的认知，来源于对马克思主义理想信念的认同与追求，正如习近平总书记在党史教育学习大会上的讲话中深刻地指出："对共产主义的信仰，对中国特色社会主义的信念，是共产党人的政治灵魂，是共产党人经受住任何考验的精神支柱。"[①] 新时代强调党在百年奋斗历程中取得的新民主主义革命的伟大成就、社会主义革命和建设的伟大成就、改革开放和社会主义现代化建设的伟大成就和新时代中国特色社会主义的伟大成就，深刻揭示了社会主义、共产主义与百年求索、百年奋斗的内在关系，彰显了中国共产党人始终高举马克思主义的伟大旗帜沿着中国特色社会主义这条唯一正确道路前进的坚毅和执着。建党 100 周年前夕，2021 年 6 月 7 日和 6 月 8 日《人民日报》头版连续发表的署名"宣言"的两篇文章，一篇是《社会主义没有辜负中国》，另一篇是《中国没有辜负社会主义》。《社会主义没有辜负中国》一文慷慨激昂地写道："百年历程，许多人和事仍然历历在目，许多呐喊和高歌犹在耳旁。走过风霜雪雨，创造人间奇迹，我们有义务用胜利告慰先烈：社会主义没有辜负中国！我们有责任让历史告诉未来：社会主义不会辜负中国！"[②]《中国没有辜负社会主义》一文中同样豪迈地写道："数百年奔流激荡。曾经苦难深重，如今意气昂扬。在科学真理和崇高理想的指引下，中国大地发生历史巨变，我们无比坚定，社会主义没有辜负中国！在中

---

① 习近平：《在党史学习教育动员大会上的讲话》，《求是》2021 年第 7 期。
② 宣言：《社会主义没有辜负中国》，《人民日报》2021 年 6 月 7 日。

国共产党领导人民的顽强奋斗中，信仰的光芒熠熠闪烁，伟大的事业青春盎然，我们无比自豪，中国没有辜负社会主义！"① 这两篇宣言充分彰显了中国共产党人在马克思主义科学理论的指引和召唤下，在古老的中国大地上成功书写中国特色社会主义伟大事业壮丽篇章的自信和自豪。

回看走过的路，比较别人走过的路，远眺前行的路，我们既不能走封闭僵化的老路，也不能走改旗易帜的邪路，在新的时代条件下，使命呼唤担当，使命引领未来，我们有责任让历史告诉未来，社会主义不会辜负中国、中国不会辜负社会主义，这就要求中国共产党人更加自觉地高举马克思主义伟大旗帜，一以贯之地保护思想上的高度统一、政治上的高度团结和行动上的高度一致，在科学社会主义这部巨著里不断书写属于自己的不朽篇章，为人类文明进步、为世界社会主义发展作出更大贡献。党的十九届四中全会将坚持马克思主义在意识形态领域指导地位作为一项根本制度确定下来就是这份自信自觉的生动写照，也充分彰显了中国共产党人在新时代要做好和能做好意识形态工作的自觉自信。

2. 这一根本制度是对马克思主义意识形态理论的丰富和发展

意识形态工作是我们党的一项极端重要的工作，坚持马克思主义在意识形态领域的指导地位，是中国共产党的一贯理论主张和实践原则。但以往更多的是"理论层面或思想务虚层面的号召和呼吁"，② 这给在实践中坚持马克思主义在意识形态领域指导地位带来很大的模糊性和不确定性，致使一些人在意识形态实践中缺乏自觉性、坚定性、连贯性，导致马克思主义在一些学科中失语、教材中失踪、论坛上失声，在有些领域被边缘化、空泛化、标签化。党的十八大以来，以习近平同志为核心的党中央把意识形态工作提升到

---

① 宣言：《中国没有辜负社会主义》，《人民日报》2021 年 6 月 8 日。

② 董学文：《坚持马克思主义在意识形态领域指导地位的根本制度》，《红旗文稿》2020 年第 1 期。

前所未有的高度，对新时代如何建设具有强大凝聚力和引领力的社会主义意识形态作出了许多方向性、战略性的部署，对意识形态工作的重要地位和根本任务、意识形态工作领导权、意识形态话语权、加强党对意识形态工作的全面领导、网络意识形态建设等方面提出一系列新思想新观点，为新时代繁荣和发展社会主义先进文化指引了方向。

党的十九届四中全会《中共中央关于坚持和完善中国特色社会主义制度　推进国家治理体系和治理能力现代化若干重大问题的决定》中提出坚持马克思主义意识形态领域指导地位的根本制度，并从五个方面构建实现意识形态根本制度功能的具体制度体制：一是通过落实意识形态工作责任制，健全理论学习的工作体系、完善各级党委理论学习制度，建设和用好网络学习平台，深入实施马克思主义理论研究和建设工程，建立全员、全程、全方位的育人机制等，大力推进意识形态工作；二是通过坚持以社会主义核心价值观引领文化建设制度，完善弘扬社会主义核心价值观的法律政策体系，推动理想信念教育常态化、制度化，把社会主义核心价值观融入文化建设的全过程；三是通过健全人民文化权益保障制度，完善文化产品生产传播的引导激励机制、健全支持开展群众性文化活动等机制，大力保障人民文化权益；四是完善坚持正确导向的舆论引导工作机制，通过完善舆论监督制度，健全重大舆情和突发事件舆论引导机制，唱响主旋律、弘扬正能量，引导社会舆情正向发展；五是通过建立健全把社会效益放在首位、社会效益和经济效益相统一的文化创作生产体制机制，健全具有中国特色的文化管理体制和生产经营机制，大力激发文化创新创造活力，生产高品位高格调的文化产品满足人民群众日益增长的美好生活需要。① 这五个方面的制度和体系，强化和细化

---

① 参见《中共中央关于坚持和完善中国特色社会主义制度　推进国家治理体系和治理能力现代化若干重大问题的决定》，人民出版社 2019 年版，第 23—25 页。

了这一根本制度，把属于思想理论方面的要求真正落实到了实践中，把理论表述和理念宣示提升到了根本性的制度安排层面，标志着我们党对意识形态工作规律的认识达到了新的境界。这不仅是对马克思主义在意识形态领域指导地位的有力捍卫，而且大大推进了马克思主义意识形态理论发展，为马克思主义意识形态理论宝库增添了新的内容，作出了历史性贡献。

3. 坚持这一根本制度是繁荣和发展社会主义文化的根本保障

中国特色社会主义文化，源自于 5000 多年文明中孕育的中华优秀传统文化，熔铸于党领导人民在伟大斗争中孕育的革命文化和社会主义先进文化，植根于中国特色社会主义的伟大实践，积淀着中华民族最深厚的精神追求，代表着中华民族独特的精神标识。[①] 其中，中华优秀传统文化是中华民族在漫长的历史长河中积淀而成的传统美德、人文精神，是中华民族最深沉的精神追求和最深厚的文化软实力；革命文化是五四运动以来党领导人民进行伟大斗争中形成的精神品格和价值追求，是中国共产党人红色基因和精神族谱的重要组成部分，已经深深融入中华民族的血脉和灵魂，成为鼓舞和激励中国人民不断攻坚克难、从胜利走向胜利的强大精神动力。[②] 社会主义先进文化是党在领导人民进行中国特色社会主义伟大实践中，以马克思主义为指导，立足当代中国现实，结合当今时代条件，发展面向现代化、面向世界、面向未来的，民族的科学的大众的社会主义文化，是亿万人民追求美好生活不懈奋斗的精神支柱和行动指南。这三者"辩证统一于中国特色社会主义伟大实践"，[③] 汇聚融合成当代中国文化的主体和主流，共同建成当代中国

---

① 参见习近平：《在庆祝中国共产党成立 95 周年大会上的讲话》，人民出版社 2016 年版，第 13 页。

② 参见习近平：《论党的宣传思想工作》，中央文献出版社 2020 年版，第 26—27 页。

③ 汤玲：《中华优秀传统文化、革命文化和社会主义先进文化的关系》，《红旗文稿》2019年第 19 期。

文化优势的三大支点，成为中华儿女共同的精神家园，支撑起当代中国文化的辉煌大厦和中华民族屹立于世界民族之林的强大精神力量。今天，我们提出坚持马克思主义在意识形态领域指导地位的根本制度既是对中国道路、中国理论、中国制度、中国精神、中国价值、中国气质的坚定自信，也是确保中华文化能在世界多元文化的激荡碰撞中、在和复杂多样的社会文化生态的较量中坚守本根又与时俱进、繁荣发展，既能引领中国社会发展的正确方向又昭示人类前行的正确方向，具有重要保障作用。

4. 这一根本制度是巩固全体人民团结奋斗的共同思想基础的根本保证

"共同的思想基础，是与共同的奋斗目标紧密结合在一起的，是一个国家、一个社会团结一致向前进的根本保证。"[①] 习近平在庆祝改革开放40周年大会上深刻指出："信仰、信念、信心，任何时候都至关重要。小到一个人、一个集体，大到一个政党、一个民族、一个国家，只要有信仰、信念、信心，就会愈挫愈奋、愈战愈勇，否则就会不战自败、不打自垮。无论过去、现在还是将来，对马克思主义的信仰，对中国特色社会主义的信念，对实现中华民族伟大复兴中国梦的信心，都是指引和支撑中国人民站起来、富起来、强起来的强大精神力量。"[②] 回顾我国革命、建设、改革和中国特色社会主义进入新时代的伟大历程，正是因为有了马克思主义这个共同思想基础，有了中国特色社会主义的共同理想，有了实现中华民族伟大复兴的共同奋斗目标，才能凝聚起全国各族人民的意志和力量，不断克服前进道路上的各种艰难险阻，不断从胜利走向新的胜利。当前，我们面临的国内外形势异常严峻复杂：一方面，我们正处在当今世界百年未有之大变局，正处于实现中华民族伟大复兴的关键期，面临着大有可为的历史机遇；另一方面，也面

---

① 黄坤明：《坚持马克思主义在意识形态领域指导地位的根本制度》，《人民日报》2019年11月20日。

② 习近平：《在庆祝改革开放40周年大会上的讲话》，《人民日报》2018年12月19日。

临着国内外前所未有的风险挑战，统一思想、坚定信心、凝聚力量、应对风险挑战的任务更加繁重。新时代，坚持马克思主义在意识形态领域指导地位根本制度的确立，为我们坚定主心骨、把准定盘星，标注正确前进方向，夯实共同思想基础，拉紧共同的精神纽带，汇聚起攻坚克难、开拓前行的磅礴伟力提供了制度保证。在当代中国，除了马克思主义，特别是当代中国的马克思主义，没有哪一种理论能够指导中国人民实现自己的伟大梦想；在当代世界，除了马克思主义，特别是 21 世纪的马克思主义，没有哪一种理论能够更好地指导世界人民实现构建人类命运共同体的宏愿。

二、坚持以社会主义核心价值观引领文化建设制度

社会主义核心价值观体现社会主义的本质要求，是兴国之魂。文化的核心是价值观，文明的交流与互鉴、文化的凝聚力与吸引力，归根到底取决于坚守和弘扬什么样的价值观。习近平总书记指出："价值观念在一定社会的文化中是起中轴作用的，文化的影响力首先是价值观念的影响力。世界上各种文化之争，本质上是价值观念之争，也是人心之争、意识形态之争，正所谓'一时之强弱在力，千古之胜负在理'。首先要打好价值观念之争这场硬仗。"[1] 文化兴、国运兴、民族兴，我国要在这场观念之争的硬仗中取胜，需要将社会主义核心价值观融入文化建设的各个方面，这就要求我们必须以社会主义核心价值观引领文化建设。党的十九届四中全会《中共中央关于坚持和完善中国特色社会主义制度　推进国家治理体系和治理能力现代化若干重大问题的决定》提出"坚持以社会主义核心价值观引领文化建设制度"，[2] 党

---

[1]　中共中央文献研究室编：《习近平关于社会主义文化建设论述摘编》，中央文献出版社 2017 年版，第 105 页。

[2]　《中共中央关于坚持和完善中国特色社会主义制度　推进国家治理体系和治理能力现代化若干重大问题的决定》，《人民日报》2019 年 11 月 6 日。

的十九届六中全会进一步把"党坚持以社会主义核心价值观引领文化建设"[①]作为一条重要经验，这些重要论断深化了我们对中国特色社会主义文化建设的规律性认识。

（一）现实要求：社会主义文化的发展方向

人创造文化，文化也"创造"人。文化是一个国家和民族的灵魂。人们在为了获得生活资料、生产资料的实践中创造文化，文化又深层次地"创造"人，英国人类学家马林诺夫斯基认为文化能深深地改变人类学特性。事实上，文化在一个国家发展和民族复兴中起到基础性、根本性作用，文化的自立自强、自尊自信在国家发展中起到基础性作用。然而，文化之所以能够起到这么大的作用，归根到底在于文化所蕴含的核心价值观起到"硬核"作用。从这个意义上说，推动文化发展繁荣，必须从价值观的角度来考察。马克思曾在《政治经济学批判（1857—1858 年手稿）》中指出："如果从观念上来考察，那么一定的意识形式的解体足以使整个时代覆灭。"[②] 新时代坚持和发展中国特色社会主义，建设社会主义先进文化，必须要深化对价值观的把握，坚持以社会主义核心价值观为引领，融入文化建设各项制度和机制体制中去，不断为文化繁荣发展、增强文化自信、建设文化强国，提供思想灵魂、价值引领和行为规范。

1. 坚持社会主义核心价值观引领文化建设制度是新时代坚持和发展中国特色社会主义的内在要求

文化建设的关键在于把握其价值立场。一百多年来，中国共产党团结带领中国人民不但善于破坏一个旧世界，还善于建设一个新世界。在中国共产党的百年奋斗历程中，文化建设起到极为关键的作用，核心是坚守了中国

---

① 《中共中央关于党的百年奋斗重大成就和历史经验的决议》，《人民日报》2021 年 11 月17 日。

② 《马克思恩格斯文集》第 8 卷，人民出版社 2009 年版，第 170 页。

的价值观。毛泽东曾经指出，文艺要为人民服务。这一价值导向贯穿于中国革命、建设、改革等各个历史时期，为社会主义文化建设提供了思想引领和价值指向。1942年，在延安文艺座谈会上，毛泽东提出一个关键问题："我们的文艺是为什么人的？"①对这一基本问题的回答，是区别不同文化类别的重要标准。"我们的问题基本上是一个为群众的问题和一个如何为群众的问题"，②这是文艺建设的根本问题，要坚持为人民群众服务的观点，彰显为人民服务的价值立场。党的十八大以来，以习近平同志为核心的党中央，立足"两个大局"，审时度势，统筹推进我国经济社会发展，团结带领中国人民进行艰苦奋斗、进行伟大斗争，取得历史性成就、发生历史性变革，推动中国特色社会主义进入了新时代。其中，这十年来文化建设取得巨大成就，确立和坚持马克思主义在意识形态领域指导地位的根本制度，推动中华优秀传统文化创造性转化和创新性发展，通过文化层面上的守正创新，从根本上扭转了意识形态的被动局面。

在新的历史征程上，坚持和发展中国特色社会主义，必须坚持走中国特色社会主义道路，走共同富裕道路。而坚定不移地走中国道路，必须要坚持中国价值观，才能行稳致远，这就对文化建设中弘扬社会主义核心价值观提出要求；走好中国道路必须要建设中国特色社会主义文化，不断为人民群众提供更高质量的文化产品和文化精神，对价值观也就提出更加明确的要求；不断满足人民群众的美好生活需要，更好地促进人民精神生活共同富裕，亟待进一步发挥社会主义核心价值观的引领作用。

2. 坚持社会主义核心价值观引领文化建设制度是牢牢把握百年变局下中国文化发展方向的内在要求

当今世界正处于百年未有之大变局，疫情发生以来，加剧了这一演变。

---

① 《毛泽东选集》第3卷，人民出版社1991年版，第854页。

② 《毛泽东选集》第3卷，人民出版社1991年版，第853页。

"百年变局"与世纪疫情交织在一起，深层次地改变了世界，对世界的经济格局、治理格局、价值观念等方面都产生重大影响，必将对人类的思想观念产生深远影响。要拨开云雾，回应时代问题，需要在世界百年变局中牢牢把握文化发展方向、增强价值引领。"世界怎么了，我们怎么办"这一时代之问，是全世界人民都在思考的问题，需要拿出解决问题的方案。在传统的思想观念里，西方提出了一套价值方案，坚持自由、民主、平等等价值观，并以这种价值观作为判断世界是非曲直的价值标准，甚至成为一国对他国发动战争的"理由"，成为"拉团伙"的重要依据，成为对发展中国家"道德绑架"的重要根据，以意识形态划分势力范围，造成"二战"以来世界不断走向新的分化和分裂。可以说，长期以来，西方的价值观在世界多元价值观念中处于强势地位，对其他民族国家的价值观采取一系列的渗透和攻击，甚至力图取代其他价值观，给世界许多发展中国家造成极大的负面影响，甚至在有的地区酿成了不可扭转的人类灾难。然而，随着西方治理之乱，西方自身问题频发，特别是在应对疫情方面表现出困窘，让世界各国更加真实地了解西方世界，认识到现实的西方世界并非其鼓吹的那样好。随着西方出现治理赤字、和平赤字、信任赤字等，西方倡导的价值观也遭到各种质疑，其所谓的"普世价值"不"普世"，甚至日渐坠入"作茧自缚"的困境之中。由此导致传统的西方价值观难以应对当前人类社会面临的全球性问题和危机，这就迫切需要世界各国有应对方案。

习近平指出："世界怎么了，我们怎么办"，"这是整个世界都在思考的问题，也是我一直在思考的问题"。① 从价值层面上，习近平提出构建全人类共同价值，为引导"百年变局"中的世界走向提供"价值方案"，提出要坚守和弘扬社会主义核心价值观，为推动中华民族伟大复兴提供价值引领，两

---

① 《习近平谈治国理政》第2卷，外文出版社2017年版，第537页。

者回答了"两个大局"的价值导向问题，为观察理解世界走向、为新时代下坚持和发展中国特色社会主义提供思想引领和价值导向。"大道之行也，天下为公。"和平、发展、公平、正义、民主、自由，是全人类的共同价值，也是联合国的崇高目标。目标远未完成，我们仍须努力。当今世界，各国相互依存、休戚与共。[①] 通过倡导全人类共同价值，为日渐出现分裂痕迹的世界提供中国的"价值方案"，引导全世界聚焦全人类共同的价值、聚焦全人类共同的前途命运，携手共进，在 21 世纪更好地回答世界和平与发展这一重大课题，从而为人类文化多样性发展提供了一个共同的价值导向，为化解文明冲突、文化渗透等危机提供价值引领。易言之，倡导全人类共同价值才能化解当今世界价值难题，凝聚人类力量。此外，习近平强调要培育和践行社会主义核心价值观，要求融入治国理政和文化建设的各个方面。面对百年变局，建设中国特色社会主义文化、建设文化强国，必须要弘扬社会主义核心价值观，不断增强社会主义核心价值观的引领力、凝聚力、导向力，才能把握总体方向。

3. 坚持社会主义核心价值观引领文化建设制度是新时代推动中国特色社会主义文化事业和文化产业规范化的内在要求

文化繁荣发展是坚定文化自信、建设文化强国的重要基础。文化繁荣的关键是文化事业和文化产业的发展。一百多年来，中国共产党推动中国文化革命、建设、改革取得重大成就，中国特色社会主义文化事业发展取得长足进展、文化产业不断壮大，不断为中国人民提供良好的精神食粮，向世界展示出一种新的文化现象，创造出人类文明新形态。

改革开放以来，中国社会发生翻天覆地的变化，党中央推动物质文明与精神文明的统筹协调发展，坚持"两手抓、两手硬"，文化事业和文化产

---

① 《习近平谈治国理政》第 2 卷，外文出版社 2017 年版，第 522 页。

业得到极大的发展。然而，在看到巨大成就的同时，也要看到一些不容忽视的问题：一是文化为经济搭台现象明显。在市场经济背景下，文化产业建设存在"文化搭台、经济唱戏"的现象，导致文化产业服从甚至屈从于经济利益，例如有的影视作品、文化产品过度强调经济利益。二是文化价值观扭曲现象仍然存在。据有关资料显示，在文化事业和文化产业发展过程中还存在以下现象：明星片酬极高，影响电视剧制作质量；收视率造假统计数据被污染；偷票房手段多样成为业内隐痛；学术出版方面繁荣背后乱象丛生；教辅出版方面出现粗制滥造低成本高定价；诚信缺失，艺术品评估成不良专家牟利手段；动画作品做工粗糙，随意抄袭等现象仍然存在。① 这些问题从侧面揭露了一些文化现象值得关注。三是历史虚无主义等社会思潮暗流涌动值得警惕。近年来，国内社会思潮活跃，暗流涌动不绝，甚至有的与境外勾连，抓住国内各种社会热点问题，制造紧张气氛，采取各种方式力图改变人们的思想观念和价值观念。值得关注的是，历史虚无主义渗透到我国经济社会发展各个领域，特别是在历史、文化发展领域，产生了很坏的影响。有专家指出："文艺界不乏有意阉割历史者，这些人或通过历史的碎片化否定历史发展规律和中华民族的基本诉求；或以偏概全，即抓住片面和细节否定全面和整体，丑化、抹黑历史人物；甚至有意张冠李戴、以讹传讹，以达到歪曲历史之目的。"② 这些文化乱象值得警惕，亟待进一步加强规范、思想引导以及制度性约束。新时代坚持和发展中国特色社会主义，需要大力发展文化事业和文化产业，这就需要坚持社会主义核心价值观的引领，发挥其在推动文化事业和文化产业发展中的"关键引领"作用。毕竟，文化发展核心影响因素

---

① 《盘点文化领域怪现象亟待文化立法出台》，载人民网 http://culture.people.com.cn/n/2014/0313/c172318-24629809.html，2014 年 3 月 13 日。

② 张江、陈众议、朝戈金、党圣元、陆建德：《文学不能"虚无"历史》，《人民日报》2014 年 1 月 17 日。

是价值观，坚持什么、反对什么，对文化发展来说，是方向标。要确保文化事业始终坚持社会主义正确方向，确保文化产业成为宣传弘扬正能量的载体，推动文化市场、文化产品重品行、讲诚信、促公平、扬友善。

（二）主要内容：核心价值体系及其建设重点

以社会主义核心价值观来引领文化建设，主要指称新时代中国特色社会主义文化建设需要发挥社会主义核心价值观的引领作用，推动中国文化繁荣发展，不断增强文化自信，建设文化强国。

1. 兴国之魂：从核心价值体系到核心价值观

长期以来党中央高度重视价值观建设，党的十八大报告在社会主义核心价值体系的基础上提炼出社会主义核心价值观。从核心价值体系到核心价值观，并提高到"兴国之魂"的战略高度来把握，表明我们党深化了对治国理政的规律性认识，也深化了对价值观建设的规律性认识。

作为"兴国之魂"的价值体系。"社会主义核心价值体系是兴国之魂，决定着中国特色社会主义发展方向。"[①] 党中央把社会主义核心价值体系上升到中华民族伟大复兴的战略高度来认识，表明我们党在治国理政过程中越来越重视价值观建设，越来越注重价值观在当代中国精神世界重构中的作用。主要体现在两个层面：一是牢牢把握了我们党治国理政的价值立场。在治国理政过程中最重要的是牢牢把握意识形态的发展方向，而意识形态的核心是价值观，即要把握价值观导向。长期以来，中、西方意识形态的竞争，社会主义与资本主义的较量，在一定程度上可以说是价值观的较量。进言之，坚持为大多数人奋斗还是为少数人奋斗；坚持以人民为中心还是坚持以少数人为中心；坚持人民共建共享还是坚持人民共建少数人共享等，其背后都凸显

---

① 　胡锦涛：《坚定不移沿着中国特色社会主义道路前进　为全面建成小康社会而奋斗——在中国共产党第十八次全国代表大会上的报告》，人民出版社 2012 年版，第 24 页。

了不同的价值立场。二是把握了人心向背的根本性问题。中国共产党作为长期执政的大党，始终坚持不忘初心、牢记使命，坚持以人民为中心的价值导向，党的二十大报告指出："全党同志务必不忘初心、牢记使命，务必谦虚谨慎、艰苦奋斗，务必敢于斗争、善于斗争，坚定历史自信，增强历史主动，谱写新时代中国特色社会主义更加绚丽的华章。"[①] 从"两个务必"到"三个务必"的丰富和发展，进一步阐明了我们党的人民立场，这是区别于其他政党最鲜明的价值导向。因此，推动核心价值体系上升为国家战略，是坚持和发展中国特色社会主义的应有之义。

从核心价值体系走向核心价值观。从实践的角度看，我们党对核心价值观的认识也是一个长期实践的过程。2006 年，党的十六届六中全会通过的《中共中央关于构建社会主义和谐社会若干重大问题的决定》首次提出社会主义核心价值体系，之后上升到党的治国理政的战略高度，进一步强化了价值观念在社会治理中的重要地位。随着社会主义核心价值体系在实践中不断发展，在核心价值体系的基础上提炼出核心价值观。党的十八大报告提出要倡导富强、民主、文明、和谐，自由、平等、公正、法治，爱国、敬业、诚信、友善的社会主义核心价值观。实现了社会主义核心价值从"体系"向"观"的拓展，深化了中国共产党人对价值观建设的规律性认识，推动增强中国共产党人的价值自信和价值自觉。

2. 处理辩证关系：社会主义核心价值观与文化建设

推动社会主义核心价值观引领文化建设，不是泛指，而是特指，主要是指称在新时代推动中国特色社会主义文化事业和文化产业发展过程中要坚持以社会主义核心价值观为引领，牢牢把握我国文化建设的正确方向，树立正

[①] 习近平：《高举中国特色社会主义伟大旗帜　为全面建设社会主义现代化国家而团结奋斗——习近平同志代表第十九届中央委员会向大会作的报告摘登》，《人民日报》2022 年 10 月 17 日。

确的价值取向、价值导向、价值自信。要发挥好这三个价值取向的功能，就需要处理好社会主义核心价值观与文化建设的相互关系。

（1）社会主义核心价值观是推动我国文化自信的内核

文化是作为主体的人在实践中逐渐形成的，体现主体的意志、思维方式、价值观念和价值取向。文化是无数个主体在从事生产、生活中形成的，体现了类的存在，文化是人作为类存在的重要表征。马克思说，人跟动物不一样，"动物和自己的生命活动是直接同一的。动物不把自己同自己的生命活动区别开来。它就是自己的生命活动。人则使自己的生命活动本身变成自己意志的和自己意识的对象。他具有有意识的生命活动。这不是人与之直接融为一体的那种规定性。有意识的生命活动把人同动物的生命活动直接区别开来。正是由于这一点，人才是类存在物"。① 人的有意识的生命活动，具有主观意见和价值取向，追求什么，想要什么（如生产资料、生活资料等），由此可知，文化的形成一开始就内含价值观念，并以此为支撑，建构不同区域、不同地域的文化形式和文化样态。任何一种文化建设最终都会提炼出一种价值观，并以此为内核，在推动形成文化自信和价值观自信上起关键性作用。习近平总书记指出："核心价值观，承载着一个民族、一个国家的精神追求，体现着一个社会评判是非曲直的价值标准。社会主义核心价值观是兴国之魂，是推动国家治理体系和治理能力现代化的价值引领，是推动文化自强自信的内核。"这里强调两点：一是核心价值观是承载一个民族、一个国家的精神追求，一个民族的精气神，归根到底在于其价值观。一个民族拥有什么样的价值观就会形成什么样的精神品格、精神气质和精神状态。自古以来，国家弘扬什么样的价值观，就会形成什么样的文化形态，人们就会形成什么样的生存方式和生活方式。二是核心价值观是推动文化自强自信的内

---

① 《马克思恩格斯文集》第 1 卷，人民出版社 2009 年版，第 162 页。

核，所谓内核，就是最根本的东西。党的十八大以来，党中央非常强调文化自信，并与道路自信、理论自信、制度自信并列起来，而且把文化自信作为基础、作为最根本的自信。"文化自信，是更基础、更广泛、更深厚的自信，是更基本、更深沉、更持久的力量。坚定文化自信，是事关国运兴衰、事关文化安全、事关民族精神独立性的大问题。"① 这样就把文化自信作为支撑其他"三个自信"（道路自信、理论自信、制度自信）的基础。而核心价值观在文化自信中又处于基础性地位、核心地位，由此，我们可以看出，核心价值观应是道路自信、理论自信、制度自信的核心，也是展现这"三个自信"的独特优势。因此，唯有坚持价值自信，才能推动文化自信，进而增强道路自信、理论自信、制度自信。党的二十大报告指出，全面建设社会主义现代化国家，必须坚持中国特色社会主义文化发展道路，增强文化自信。② 增强文化自信，其内核，就是社会主义核心价值观。

（2）社会主义核心价值观是我国文化软实力的灵魂

一百多年来，中国共产党始终非常重视文化建设，注重理论宣传和思想政治工作创新，并把宣传思想政治工作作为增强革命斗志、团结人民的锐利武器。毛泽东把革命、文艺、人民有机结合起来，以文艺创造鼓舞人民抗击外敌入侵，鼓舞人民奋起抗争，争取民族独立和解放，发挥了重要作用。毛泽东指出：文艺建设的根本问题在于"为什么人"的问题，即文艺要为工农兵服务和如何服务的问题。③ 毛泽东强调文艺要处理好与生活的关系、与人民的关系，要源于生活、源于人民、服务人民，强调要克服唯心论、教条主

---

① 《习近平谈治国理政》第 2 卷，外文出版社 2017 年版，第 349 页。

② 习近平：《高举中国特色社会主义伟大旗帜　为全面建设社会主义现代化国家而团结奋斗——习近平同志代表第十九届中央委员会向大会作的报告摘登》，《人民日报》2022 年 10 月 17 日。

③ 参见胡乔木：《胡乔木回忆毛泽东》，人民出版社 2014 年版，第 262 页。

义、空想、空谈、轻视实践、脱离群众等缺点。[①]改革开放以来，邓小平提出要解放思想、实事求是，在推动改革开放的过程中，十分重视物质文明建设和精神问题建设，坚持两手抓、两手都要硬的原则。邓小平强调，"我们要在建设高度物质文明的同时，提高全民族的科学文化水平，发展高尚的丰富多彩的文化生活，建设高度的社会主义精神文明"。[②]胡锦涛提出要重视软实力建设，认为"提升国家软实力，是摆在我们面前的一个重大现实课题"，[③]由此，"软实力"与"硬实力"一道纳入国家战略研究的范畴。有专家认为，所谓文化软实力，与西方倡导的文化软实力不同，我国倡导的文化软实力，主要是指文化国力，"是中国特色社会主义建设整体布局中文化建设所将产生的现实结果，这一国力具体体现为人民的基本文化权益是否得到更好保障、社会的文化生活是否更加丰富多彩、人民的精神风貌是否更加昂扬向上，也体现为中国文化在世界范围内是否形成良好形象从而产生相应的吸引力。文化国力的提升与经济实力的提升、政治文明建设的推进等一起，构成为我们努力提升综合国力的基本战略举措"。[④]文化软实力与硬实力整合在一起，才能体现一个国家的综合国力。建设社会主义现代化强国，不仅要有强大的硬实力，更要有强大的文化软实力。

当前，我们倡导的文化软实力，实质上是一种内在的凝聚力、创造力和外在的吸引力、亲和力。我们所说的文化软实力是内部凝聚力和外部吸引力的统一，往往更重视在增强和发展文化内部凝聚力的基础上增强文化的外部

---

① 参见胡乔木：《胡乔木回忆毛泽东》，人民出版社 2014 年版，第 262 页。

② 《邓小平文选》第 2 卷，人民出版社 1994 年版，第 208 页。

③ 中共中央文献研究室编：《十六大以来重要文献选编》(下)，中央文献出版社 2008 年版，第 753 页。

④ 沈壮海：《文化软实力的中国话语、中国境遇与中国道路》，《马克思主义研究》2009 年第 11 期。

吸引力，甚至认为，文化的内部凝聚力决定文化的外部吸引力、文化的多样性和多种文化的共同发展。外部吸引力折射了文化的内部凝聚力。这种文化软实力是以尊重差异、包容多样为基础，强调"和而不同""各美其美""美人之美""美美与共"，强调文化的多样性和多种文化的共同发展。[①] 党的十八大以来，习近平总书记立足"两个大局"，高度重视文化软实力建设，不断增强我国文化的凝聚力、吸引力和亲和力，并揭示了文化软实力建设的内在性问题，他指出："核心价值观是文化软实力的灵魂、文化软实力建设的重点。这是决定文化性质和方向的最深层次要素。"这一重要论述，揭示了当前我国文化软实力建设的最根本问题，就是推动核心价值观建设，从而深化了对核心价值观地位和作用的理解，深化了对文化软实力的理解。阐明了当代中国文化软实力的内核。唯有坚持以核心价值观为引领，我国的文化软实力才有灵魂，才能做大做强。

（3）社会主义核心价值观是推动我国文化建设的重要内容

一种价值观的呈现需要一定的载体，并通过载体展现力量，文化毫无疑问应该成为价值观的重要载体之一。社会主义核心价值观建设需要载体，这一载体主要是指中国特色社会主义文化。从这个意义上说，社会主义核心价值观既是中国特色社会主义文化建设的引领，又是中国特色社会主义文化建设的核心内容。习近平总书记指出："中国特色社会主义文化，源自于中华民族五千多年文明历史所孕育的中华优秀传统文化，熔铸于党领导人民在革命、建设、改革中创造的革命文化和社会主义先进文化，植根于中国特色社会主义伟大实践。"[②] 中国特色社会主义文化来源于传统文化、来源于中国实践，特别是中国特色社会主义伟大实践，其最显著的特征在于独特的价值

---

① 参见骆郁廷：《文化软实力：基于中国实践的话语创新》，《中国社会科学》2013 年第 1 期。

② 习近平：《坚定文化自信，建设社会主义文化强国》，《求是》2019 年第 12 期。

观。推动中国特色社会主义文化建设，毫无疑问要积极培育和践行社会主义核心价值观。

3. 建设范畴：社会主义核心价值观引领文化建设的重点领域

社会主义核心价值观引领文化建设涉及文化建设的体制机制、重点领域、评价导向等方面内容，要着力从以下几个方面下功夫。

（1）着力在构建社会主义核心价值观引领文化建设的制度设计上下功夫

"经国序民，正其制度。"制度建设是最根本的建设，也最可靠。作为一种制度设计，推动社会主义核心价值观引领文化建设，关键在于把握制度设计的几个层次：一是立足中国制度深化对社会主义核心价值观引领文化制度建设的理解。这是最根本的一条。一个国家建立什么样的文化制度，实行什么样的文化管理机制，从根本上说是由这个国家的基本制度决定、由这个国家的人民决定。今天，我们讨论把社会主义核心价值观引领文化建设作为一个根本制度来建设，就必须要立足中国制度，"我们的社会主义制度是有中国特色的社会主义制度"[①]。改革开放以来，我国的社会制度建设逐渐形成体系，日趋完善，但是，制度的完善非一日之功，"恐怕再有三十年的时间，我们才会在各方面形成一整套更加成熟、更加定型的制度。在这个制度下的方针、政策，也将更加定型化"[②]。从这个角度来谈，这就意味说，一方面，社会主义核心价值观引领文化建设制度应该纳入中国特色社会主义文化制度范畴，纳入中国特色社会主义制度体系范畴，是中国特色社会主义制度建设的重要组成部分；另一方面，社会主义核心价值观引领文化建设制度是深化对中国特色社会主义制度的理解，社会主义核心价值观引领文化制度建设对中国特色社会主义制度而言，是画龙点睛之笔。二是立足"四个自信"深化

---

① 《邓小平文选》第 3 卷，人民出版社 1993 年版，第 218 页。
② 《邓小平文选》第 3 卷，人民出版社 1993 年版，第 372 页。

对社会主义核心价值观引领文化制度建设的理解。走好新时代的长征路，必须要坚定"四个自信"。而坚持道路自信、理论自信、制度自信，归根到底在于文化自信，核心在于价值观自信。这里体现两个层面：一方面，要建立核心价值观贯穿于"四个自信"的体制机制，增强民族精神的独立性和创造性。习近平总书记指出："培育和弘扬社会主义核心价值观，增强中国特色社会主义道路自信、理论自信、制度自信、文化自信，这是保持民族精神独立性的重要支撑。"[①] 一个民族要保持精神的独立性，就不能没有自己的核心价值观。推动四个自信需要以核心价值观贯穿于"四个自信"。另一方面，探索在"四个自信"相互作用中发挥文化自信的机制。"增强文化自觉和文化自信，是坚定道路自信、理论自信、制度自信的题中应有之义。如果'以洋为尊'、'以洋为美'、'唯洋是从'，把作品在国外获奖作为最高追求，跟在别人后面亦步亦趋、东施效颦，热衷于'去思想化'、'去价值化'、'去历史化'、'去中国化'、'去主流化'那一套，绝对是没有前途的。"[②] 从这个意义上说，坚持"四个自信"，说到底在于坚持文化自信；而坚持文化自信，归根到底在坚持价值自信。从这角度看，社会主义核心价值观引领文化建设制度，从体制机制上确保文化自信，彰显价值的力量。三是立足深化文化体制改革来谈社会主义核心价值观以来文化建设制度。改革是文化发展的生命力。中国特色社会主义文化繁荣发展必须要深化文化体制改革，其中既包括文化事业发展的体制机制改革，又包括文化产业发展的体制机制改革，既包括国家层面的文化发展意见的制定，又包括各行业领域文化发展的体制机制改革等。

---

① 中共中央文献研究室编：《习近平关于社会主义文化建设论述摘编》，中央文献出版社2017年版，第132页。

② 中共中央文献研究室编：《习近平关于社会主义文化建设论述摘编》，中央文献出版社2017年版，第9页。

党的十八大以来，以习近平同志为核心的党中央高度重视文化建设，立足"两个大局"，加强顶层设计，把深化文化体制改革纳入党中央战略谋划的重要议题，统筹考虑，提出文化自信、建设文化强国等一系列重要课题，这十年来，国家在原有文化政策《关于深化文化体制改革的若干意见》（2005 年）、《国家"十一五"时期文化发展规划纲要》（2006 年）、《文化产业振兴规划》（2009 年）、《关于金融支持文化产业振兴和发展繁荣的指导意见》（2010 年）等基础上，针对我国文化建设新形势、新情况、新问题出台了一系列政策，推动我国文化事业得到快速发展。例如，《关于推动文化文物单位文化创意产品开发的若干意见》（2016 年）、《国家"十三五"时期文化发展改革规划纲要》（2017 年）、《关于加快推进媒体深度融合发展的意见》（2020 年）、《关于进一步加强非物质文化遗产保护工作的意见》（2021 年）、《关于在城乡建设中加强历史文化保护传承的意见》（2021 年）、《关于推进实施国家文化数字化战略的意见》（2022 年）等专门推动文化发展改革繁荣的文件。总体上看，改革开放以来，特别是新时代这十年，我国的文化繁荣发展取得历史性成就，公共文化服务机制、新型文化业态、文化产业等领域的体制机制革新日趋成熟，有效破除原有的不适应时代发展需要的文化体制机制，有效解决了文化体制机制与新时代我国文化事业发展要求不相适应的情况，实现文化体制改革的守正创新。

（2）着力在推动社会主义核心价值观融入文化事业上下功夫

文化事业关系一个民族的灵魂，决定了一个国家文化发展的方向，反映出一个国家的精神状态和精神风貌。中国特色社会主义文化事业，是始终坚持以人民为中心的事业，文化建设是为了更好地为新时代人民美好生活需要提供精神食粮，因此需要坚持正确的价值取向，坚持什么、反对什么都要旗帜鲜明。"我们要大力推动文化事业发展，通过文化交流，沟通心灵，开阔眼界，增进共识，让人们在持续的以文化人中提升素养，让文化为人类进步助力。"[①] 文化事业肩负其文化交流心灵沟通、增加了解促进共识、提升素养、促进文明进步的使命和功能，这些背后都依赖于价值观的力量。

社会主义核心价值观融入文化事业发展，涉及文化事业的性质问题，即公益性、人民性、服务性等方面。一是公益性是文化事业的基本属性。近年来，文化事业发展围绕培育和践行社会主义核心价值观、坚定文化自信讲好中国故事、推动社会主义文艺繁荣发展、完善公共文化服务体系、营造风清气正网络空间[②] 等开展了颇有成效的工作，涌现出了一批优秀的文艺作品，全社会唱响了主旋律、弘扬了正能量。社会主义核心价值观引领文化事业强调文化事业发展的公益性，文化教育单位、文化团体、文艺研究机构等人员及其创造的文化产品要坚持弘扬社会主义核心价值观，倡导国家情怀、人民情感，为社会提供文化公共服务，以弘扬社会主流价值观为己任，以弘扬社会风气为导向，不断为广大人民群众提供健康有益的精神食粮。二是人民性、服务性是文化事业的根本属性。坚持以人民为中心，要求文化事业要积极弘扬社会主义核心价值观，要求文化创作、文艺作品等要源于人民群众的工作和生活，坚持为人民创作，不断为人民群众提供良好的精神食粮，不断增强全社会的文化自信，切实有效地促进人民精神生活共同富裕。

（3）着力在推动社会主义核心价值观融入文化产业发展上下功夫

改革开放以来，我国文化产业建设比较关注经济利益，对社会主义的价值观要求没有给予足够的重视。随着我国经济的对外开放，国际社会资本、技术、管理等要素从国际社会融入国内，与此同时，国外的文化产品也不断涌入中国。在全球化进程中，我国的文化产业在市场经济发展过程中得到培育，不断发展。文化产业越来越在我国的文化建设中扮演积极重要的角色，

---

① 习近平：《文明交流互鉴是推动人类文明进步和世界和平发展的重要动力》，《求是》2019 年第 9 期。

② 参见习近平：《一个国家、一个民族不能没有灵魂》，《求是》2019 年第 8 期。

为人民群众提供更加丰富、更加多样的文化产品。经过几十年的时间，我国的文化产业有了明显的发展。与此同时，也要看到存在的一些问题。推动文化产业健康发展，必须要坚持正确的价值导向，坚持守正创新，这样才能产出更加高质量的文化产品。

党的十八大以来，习近平总书记高度重视文化事业和文化产业发展，作出了一系列指示批示，特别强调要坚持以社会主义核心价值观引领文化建设，习近平总书记指出："在推进文化体制改革、繁荣发展文化事业和文化产业的过程中，要把握好意识形态属性和产业属性、社会效益和经济效益的关系，始终坚持社会主义先进文化前进方向，始终把社会效益放在首位。无论改什么、怎么改，导向不能改，阵地不能丢。"[1] 习近平总书记的重要讲话为新时代我国文化产业发展指明了方向，对文化产品的价值导向提出明确要求，认为"衡量文化产业发展质量和水平，最重要的不是看经济效益，而是看能不能提供更多既能满足人民文化需求、又能增强人民精神力量的文化产品"。[2] 强调文化产业建设要把社会效益放在首位，这就对文化产业提出明确的价值导向。新时代十年来，我国的文化产业有了明显的发展，取得很大的成就。

有关数据显示：在政策支持和资金扶持方面，中办、国办印发了《关于推动国有文化企业把社会效益放在首位、实现社会效益和经济效益相统一的指导意见》为文化产业发展提供根本遵循，"2013 年至 2018 年，中央财政安排文化产业发展专项资金 275 亿元，支持项目超过 4000 个。创新财政资金使用方式，探索市场化运营模式，设立中国文化产业投资基金二期。全国 20 多个省（区、市）设立由省级财政出资或宣传文化单位发起、市场化运营的

---

[1]　中共中央文献研究室编：《习近平关于社会主义文化建设论述摘编》，中央文献出版社 2017 年版，第 185 页。

[2]　《习近平谈治国理政》第 4 卷，外文出版社 2022 年版，第 311 页。

文化产业投资基金或引导基金。此外，宣传文化部门还推动出台了电影、电视剧、戏曲、出版、动漫等方面的专项配套政策"。① 在文化产品创作方面，"2015 年至 2017 年，舞台艺术创作共推出原创首演剧目 4499 部，全国艺术表演团体演出场次从 210.8 万场增加到 293.6 万场。2012 年至 2018 年，图书出版从 41.4 万种增至 51.9 万种，期刊出版总品种数由 9867 种增长到 10139 种，故事影片创作生产平均每年超过 700 部。2018 年电影产量超过 1000 部，票房达 609 亿元，制作完成并获得发行许可的电视剧共 323 部 13726 集、电视动画片共 241 部 8.6 万分钟。我国已成为世界图书出版、电视剧制播、电影银幕数第一大国，电影市场规模稳居全球第二。文化企业数量不断增长、供给能力迅速提升，截至 2018 年底，全国文化企业共 309.28 万户，占全部企业数量的 8.9%；2018 年，全国新登记文化企业 52.21 万户，同比增长 6.9%"。②

以上资料可以显示，新时代十年来，我国在电影、电视剧、戏曲、出版、动漫等方面给予了很大的政策支持、资金扶持，文化产业取得历史性突破，许多市场文化主体产出了许多优秀的作品，成为国际社会上重要的文化产业大国。但是，在看到成就的同时，也要看到存在的一些问题，需要引起关注。改革开放以来，一些地方为了发展经济，打文化牌，推出一系列的文化产品，目的是为了招商引资、获取经济利益，逐渐形成了"文化搭台、经济唱戏"的模式，通过文化旅游、文艺演出等方式，目的是获得经济利益。在这个过程中，过度强调经济利益，导致有一些文化企业主体所创造的文化产品为了迎合观众而创造，忽视了文化产品的价值意蕴和价值导向，甚至有

① 雒树刚：《国务院关于文化产业发展工作情况的报告》，载中国人大网 http://www.npc.gov.cn/npc/c30834/201906/d6205ca4de0b49c6994b7427880b143b.shtml，2019 年 6 月 26 日。

② 雒树刚：《国务院关于文化产业发展工作情况的报告》，载中国人大网 http://www.npc.gov.cn/npc/c30834/201906/d6205ca4de0b49c6994b7427880b143b.shtml，2019 年 6 月 26 日。

的文化作品变色、变俗、变味。有专家指出，"城市不是为观光客而建，但风光旖旎、富有历史意味、充满活力的城市，确实能吸引很多观光客。这是'旅游城市'的魅力所在，也是其立身之本。城市年轻，没有历史文化命脉，不能胡编乱造；但若有此命脉，必须小心呵护，适当时候再加以开发利用，切忌杀鸡取蛋。过去有句口号，叫'文化搭台，经济唱戏'；我主张反过来，应该是'经济搭台，文化唱戏'——即便今天做不到，将来也须如此"。① 推动文化产业发展，要坚持守正创新，守正就是要坚持文化产品的价值导向，反对文化产品屈从于市场，甚至成为市场的"奴隶"，这就需要把原来的"文化搭台、经济唱戏"转向"经济搭台、文化唱戏"，让经济发展、文化繁荣有机统一起来，以经济为载体，推动文化繁荣发展，以文化发展为引领，为经济发展提供价值导向、思想引领，两者相互促进，共生发展、共赢发展。为此，习近平总书记旗帜鲜明地指出："一部好的作品，应该是经得起人民评价、专家评价、市场检验的作品，应该是把社会效益放在首位，同时也应该是社会效益和经济效益相统一的作品。在发展社会主义市场经济的条件下，许多文化产品要通过市场实现价值，当然不能完全不考虑经济效益。然而，同社会效益相比，经济效益是第二位的，当两个效益、两种价值发生矛盾时，经济效益要服从社会效益，市场价值要服从社会价值。文艺不能当市场的奴隶，不要沾满了铜臭气。"② 因此，影视创造、电影制作以及各类文化产品创造要深挖社会主义核心价值观方面的资源和规范性要求，以优秀的作品鼓舞人、感召人、激励人、塑造人。

实践证明，我国的文化产业发展必须贯穿中国的价值观才能有更大的发展空间，坚持中国特色社会主义文化发展道路必须推动文化产业守正创新，

---

① 陈平原：《不妨"经济搭台，文化唱戏"》，《北京日报》2018 年 11 月 5 日。

② 中共中央文献研究室编：《习近平关于社会主义文化建设论述摘编》，中央文献出版社2017 年版，第 165 页。

不断实现经济发展与文化繁荣的统一，相互促进。以经济为载体，推动文化繁荣发展，以文化发展为引领，为经济发展提供价值导向、思想引领，两者相互促进，共同发展。在新的历史征程上，要进一步推动以社会主义核心价值观引领文化产业发展，切实有效融入文化创意、广播影视、出版发行、数字动漫、文化会展等产业，推动社会主义核心价值观成为文化企业创新创作的核心价值观，成为文化创作主体弘扬的核心价值观，让新时代文化产业更加体现新时代中国人的精神面貌，更加体现做中国人的志气骨气底气，以优秀的文化作品鼓舞人心、凝聚力量。

（三）制度建设：体制建设、法治保障及其对社会生活的引领

制度建设具有根本性、全局性、稳定性和长期性。党的十九届四中全会审议通过的《中共中央关于坚持和完善中国特色社会主义制度 推进国家治理体系和治理能力现代化若干重大问题的决定》（以下简称《决定》）提出了"坚持以社会主义核心价值观引领文化建设制度"的重要论断。全会审议通过的《中共中央关于党的百年奋斗重大成就和历史经验的决议》把"党坚持以社会主义核心价值观引领文化建设"作为一条重要经验。这是新时代推动我国文化建设的重要论断，深化了对我国文化建设的规律性认识。制度建设具有根本性、全局性、稳定性和长期性。作为一种制度建设，坚持以社会主义核心价值观引领文化建设，需要在体制机制建设、法治保障、落细落小落实等方面上下功夫，让社会主义核心价值观日益深入人心，为全面建设社会主义现代化国家，推动中华民族伟大复兴凝聚人心、汇聚力量。

1. 着力在推动社会主义核心价值观引领文化建设的体制机制建设上下功夫

体制机制建设是最根本的建设，推动社会主义核心价值观引领文化建设从长远来看，需要建立一套体制机制。党的十九届四中全会《决定》提出："坚持以社会主义核心价值观引领文化建设制度。推动理想信念教育常态化、制度化，弘扬民族精神和时代精神，加强党史、新中国史、改革开放史教育，加强爱国主义、集体主义、社会主义教育，实施公民道德建设工程，推进新时代文明实践中心建设。坚持依法治国和以德治国相结合，完善弘扬社会主义核心价值观的法律政策体系，把社会主义核心价值观要求融入法治建设和社会治理，体现到国民教育、精神文明创建、文化产品创作生产全过程。推进中华优秀传统文化传承发展工程。完善青少年理想信念教育齐抓共管机制。健全志愿服务体系。完善诚信建设长效机制，健全覆盖全社会的征信体系，加强失信惩戒。"[①]中央文件对构建社会主义核心价值观有引领文化建设的体制机制提出了明确要求：

（1）构建理想信念教育常态化机制，通过制度稳固下来，实现理想信念教育的常态化建设

理性信念是"总开关"。一百多年来，中国共产党团结带领中国人民艰苦奋斗，实现中华民族从站起来向富起来的转变，正迎来从富起来向强起来转变，归根到底，在于中国共产党人具有坚定的理想信念，能攻坚克难，战胜各种风险挑战，永葆青春活力、拥抱执政生机。习近平总书记指出："'志不立，天下无可成之事。'理想信念动摇是最危险的动摇，理想信念滑坡是最危险的滑坡。一个政党的衰落，往往从理想信念的丧失或缺失开始。我们党是否坚强有力，既要看全党在理想信念上是否坚定不移，更要看每一位党员在理想信念上是否坚定不移。"[②]

推动理想信念教育是中国共产党人的重要经验。一百多年来，中国共产党高度重视党员干部的理想信念教育，特别是通过延安整风运动、"三讲"教育、先进性教育活动、群众路线教育、"三严三实"专题教育、"两学一做"学习教育、"不忘初心、牢记使命"主题教育、党史学习教育等，通过

---

① 《中共中央关于坚持和完善中国特色社会主义制度　推进国家治理体系和治理能力现代化若干重大问题的决定》，《人民日报》2019 年 11 月 6 日。

② 《习近平谈治国理政》第 2 卷，外文出版社 2017 年版，第 34—35 页。

一系列的经常性的党内学习教育，形成了一套党内学习的体制机制，教育了全党、纯洁了干部，不断增强领导干部的理想信念。以史为鉴，当前，立足"两个大局"，要实现中华民族伟大复兴的中国梦，必须要进一步加强理想信念教育。习近平总书记指出："我们要把理想信念教育作为思想建设的战略任务，保持全党在理想追求上的政治定力。"① 党的十八大以来，党中央高度重视理想信念教育，逐渐形成了一套行之有效的教育体制机制，重点聚焦以下几个领域的教育：一是聚焦马克思主义理论教育。马克思主义是我们党的指导思想，是中国共产党团结带领中国人民进行革命、建设、改革取得胜利的指导思想，加强理想信念教育，核心是要加强马克思主义理论教育，不断坚定对马克思主义的信仰。"坚定的理想信念，必须建立在对马克思主义的深刻理解之上，建立在对历史规律的深刻把握之上。"② 我们讲理想信念，主要是建立在马克思主义科学真理的基础上来谈的，党内集中教育的核心内容在于加强马克思主义理论教育，引导广大党员干部深刻把握马克思主义的基本原理、基本立场、基本观点、基本方法。引导广大党员干部坚持用马克思主义观察时代、把握时代、引领时代，把基本原理变成生动道理，把基本方法变成管用的办法，不断提高治国理政的能力和水平。二是加强党的创新理论教育。这是加强理想信念教育的重要步骤。理论创新每前进一步，理论武装就跟进一步，这是我们党的集中教育的重要经验。"坚定理想信念，就要深入学习马克思列宁主义、毛泽东思想、邓小平理论、'三个代表'重要思想、科学发展观，深入学习党的十八大以来党中央治国理政新理念新思想新战略，让真理武装我们的头脑，让真理指引我们的理想，让真理坚定我们的信仰。要坚持学而信、学而思、学而行，把学习成果转化为不可撼动的理想

---

① 《习近平谈治国理政》第 2 卷，外文出版社 2017 年版，第 34—35 页。
② 《习近平谈治国理政》第 2 卷，外文出版社 2017 年版，第 34—35 页。

信念，转化为正确的世界观、人生观、价值观，用理想之光照亮奋斗之路，用信仰之力开创美好未来。"①党内先后开展了学习毛泽东思想、邓小平理论、"三个代表"重要思想、科学发展观、习近平新时代中国特色社会主义思想等党的创新理论成果教育。建立理想信念教育常态化机制，定期开展全党、全社会理想信念教育，深化对马克思主义中国化最新理论成果的领悟和理解。三是加强党的自我革命教育。打铁必须自身硬，坚持党要管党、全面从严治党要求，坚持刀刃向内，聚焦党内存在的突出问题、聚焦广大人民群众密切关注的问题，聚焦保持党的先进性、纯洁性的成功实践，积极开展党内教育，不断在提高思想政治认识、在为民众排忧解难上增强信心和力量。

（2）构建党史学习教育常态化、长效化制度机制

以史为鉴，学史明智，了解党史才能更好地领悟和把握中国共产党是什么、要干什么，从哪里来、要到哪里去。党史学习教育，后续要继续深入学，需要在全社会形成一种体制机制，深化"四史"学习教育，加强爱国主义、集体主义、社会主义教育，不断增强全社会成员的历史自信。习近平总书记指出："在党史学习教育中，要充分运用红色资源，教育引导广大党员、干部坚定理想信念、筑牢初心使命，不断增强斗争精神、提高斗争本领，做到在复杂形势面前不迷航、在艰巨斗争面前不退缩。要通过在全社会开展党史、新中国史、改革开放史、社会主义发展史教育，引导广大人民群众特别是青少年弄清楚中国共产党为什么'能'、马克思主义为什么'行'、中国特色社会主义为什么'好'等基本道理，坚定不移听党话、跟党走，在全面建设社会主义现代化国家伟大实践中建功立业。"②要巩固拓展党史学习教育成果，需要建立常态化、长效化制度机制：一是形成讲清楚党史故事背后的道

---

① 《习近平谈治国理政》第 2 卷，外文出版社 2017 年版，第 34—35 页。

② 习近平：《学好"四史"永葆初心、永担使命》，《求是》2021 年第 11 期。

理的运行机制。党史学习教育，集中学习非常必要，常态化学习更为关键，这就需要一套在日常工作能够讲好党史故事、讲清楚党史故事背后的道理的机制。学党史不仅是为了讲故事，更重要的是讲清楚党史故事背后的道理，背后的基本立场、基本观点。进言之，要讲清楚中国共产党是什么、要干什么等基本道理；讲清楚中国共产党"为什么能"，中国特色社会主义"为什么好"，关键在于"马克思主义行"的根本道理，继续引导广大党员、干部深入学习党史，了解共产党的奋斗历程、伟大成就、感人故事等。二是总结提炼好做法、好经验。在党史学习教育过程中，从中央到地方，有许多好做法、好经验，巩固党史教育成果，要延续好党史学习教育过程中形成的好机制、好做法，把好经验上升为体制机制，以制度的形式固定下来，不断推动党史学习教育常态化。三是完善党史融入经济社会发展各个方面的体制机制。巩固党史学习教育成果，要重点聚焦在党史融入政府治理、社会治理、企业管理、学校管理等各行业各方面，推动党史学习教育融入日常、抓在经常，让广大党员、干部能够在党史学习中得到思想淬炼、精神洗礼，增强干事创业的信心和力量。

（3）完善青少年理想信念教育机制

青少年是祖国的未来，也是弘扬社会主义核心价值观的关键力量。推动社会主义核心价值观引领文化建设，要着力完善青少年理想信念教育机制，引导广大青少年"扣好人生第一粒扣子"，在全社会形成一种有利于加强青少年理想信念教育的齐抓共管机制：一是健全"三全育人"体制机制。学校是青少年理想信念形成的地方，要立足"两个大局"，着眼青少年人才培养，健全全员、全过程育人价值体系，构建全方位育人格局。为此，要在全员育人上下功夫，形成全员育人的体制机制，不断激活每一位老师的育人功能；要在全过程育人上下功夫，形成教书育人、管理育人、服务育人等机制，让学生在学校的全流程学习中都能学习到增强理想信念的信息和素材，感悟到相关精彩案例和感人故事等，全过程育人需要在教材课程课堂育人基础上，形成课堂教学育人、校园活动育人、社会实践育人等全过程育人体系；要在全方位育人上下功夫，青少年理想信念不仅要正面灌输，更需要环境养成，这就需要营造有利于培养青少年成长的校园生态、文化环境和氛围，让青少年在校园处处可以感悟到、感受到、感动到理念信念。二是健全网络管理机制，让网络日渐清朗起来，为青少年健康成长提供良好平台。网络是大家经常使用的工具。习近平总书记指出："我们要本着对社会负责、对人民负责的态度，依法加强网络空间治理，加强网络内容建设，做强网上正面宣传，培育积极健康、向上向善的网络文化，用社会主义核心价值观和人类优秀文明成果凝聚共识、汇聚力量滋养人心、滋养社会，做到正能量充沛、主旋律高昂，为广大网民特别是青少年营造一个风清气正的网络空间。"①党的十八大以来，习近平总书记强调要使网络清朗起来，要着力解决网上出现的各种虚假信息、网络犯罪、网络监听、网络攻击、网络恐怖主义活动等问题，切实加强网络治理。一方面对外要尊重网络主权和发展道路。要加强全球网络治理，尊重各国网络主权，尊重各国网络发展道路，反对搞网络霸权主义、强权政治，反对搞网络攻击等，共同维护各个国家的网络安全。要加强协同治理，为青少年健康成长提供良好的网络空间。"各国应该共同努力，防范和反对利用网络空间进行的恐怖、淫秽、贩毒、洗钱、赌博等犯罪活动。"②另一方面，对内要使网络更加具有规范性，及时纠正长期以来网络上存在的各种混乱局面。让社会主义核心价值观能够走进网络，让各种正能量的材料走进网络，让网络更加真实地反映中国社会的生动实践，引导青少年理性看待网络，在网上读懂中国，坚定理想信念，不断增强"四个自信"。此外，

---

① 《习近平谈治国理政》第 2 卷，外文出版社 2017 年版，第 337 页。
② 《习近平谈治国理政》第 2 卷，外文出版社 2017 年版，第 533 页。

推动社会主义核心价值观引领文化建设，还需要进一步健全志愿服务体系、社会诚信建设长效机制等，建立完善更加行之有效的规范体系、奖惩体系等。刚柔相济，让柔性的引领更加深入人心、刚性的要求更加合情合理，唯有这样才能推动社会主义核心价值观引领文化建设，引领社会发展。

2. 着力在推动社会主义核心价值观融入法治法规为推动文化建设提供法治保障上下功夫

法安天安、德润人心。社会主义核心价值观引领文化建设制度，核心是要有法治法规作为保障。任何一种体制机制，如果缺乏法治保障，不能在法治落实上得到充分体现，都难以推动社会主义核心价值观引领文化建设。进入新时代，在全面建设社会主义现代化国家的历史征程中，要着力在法治法规上下功夫，确保社会主义核心价值观引领文化建设有法可依、有法必依、有章可循、有章必循。

（1）构建完善弘扬社会主义核心价值观的法律政策体系

法律是社会主义核心价值观建设及其在各领域发挥引领作用的根本保障。从核心价值体系到核心价值观，再到从法治法规方面来推动社会主义核心价值观，既深化了我们对社会主义核心价值观的认识，又深化了对我国法治法规建设的认识。这是一个相互作用、相互促进的过程。

社会主义核心价值观是社会主义法治建设的灵魂。要建立相关法律，确保社会主义核心价值观引领文化建设具有法治保障。任何一个国家的文化建设都应该要有制度保障，这种制度确保一定的价值取向、价值规范，而法治保障是最根本的保障。2016 年中央出台相关文件指出，"把社会主义核心价值观融入法治建设，是坚持依法治国和以德治国相结合的必然要求，是加强社会主义核心价值观建设的重要途径"。[1] 从这个"必然要求"可以看出，社

---

[1] 《中办国办印发〈关于进一步把社会主义核心价值观融入法治建设的指导意见〉》，《人民日报》2016 年 12 月 26 日。

会主义核心价值观融入法治建设，体现了党治国理政的重要方式，强化了社会主义核心价值观在我国法治建设中的引领作用和独特价值，体现了社会主义的价值追求。

长期以来，党中央坚持依法治国和以德治国相结合，社会主义核心价值观便是两者相结合的核心纽带，也是打通两者内在联系的桥梁。推动社会主义核心价值观融入法治建设，主要是推动社会主义核心价值观融入法治制度制定、法治社会治理、法律管理规定等各方面。"把社会主义核心价值观融入法治国家、法治政府、法治社会建设全过程，融入科学立法、严格执法、公正司法、全民守法各环节，以法治体现道德理念、强化法律对道德建设的促进作用，推动社会主义核心价值观更加深入人心。"① 总体上说，推动社会主义核心价值观融入法治建设，重点在加快完善体现权利公平、机会公平、规则公平的法律制度，依法保障公民权利，维护公平正义；要在法律的制定、法律的实施过程中，在政府部门依法行政、依法办事的过程中贯穿公平公正的基本要求，让每一个案件都体现出公平正义。

（2）推动建立社会主义核心价值观引领文化建设的法治保障

作为一种根本制度，推动社会主义核心价值观引领文化建设，要上升到法治层面来把握，需要法治保障，主要体现在以下三个层面：一是要把坚守和弘扬社会主义核心价值观作为一种法律制度固定下来，要求各单位必须要积极坚守和弘扬社会主义核心价值观，以法律的形式给全党、全社会以硬性要求；二是要把各重点领域的法制规章制度系统梳理，坚持以人民为中心，遵照社会主义核心价值观的相关要求，结合相关重点领域进行立法，如完善社会主义市场经济法律制度、促进社会诚信制度、特殊群体合法权益保护、

---

① 《中办国办印发〈关于进一步把社会主义核心价值观融入法治建设的指导意见〉》，《人民日报》2016 年 12 月 26 日。

社会治理体系创新、网络安全和信息安全保护等方面的立法，系统梳理和清洗一些法律规章制度，"建立健全法律法规定期清理机制，对与社会主义核心价值观要求不相适应的，依照法定程序及时进行修改和废止"。① 三是要把社会上体现社会主义核心价值观的好做法、好经验上升为法律法规条例，固定下来，作为广大人民群众的根本遵循。"注重把一些基本道德规范转化为法律规范，把实践中行之有效的政策制度及时上升为法律法规，推动文明行为、社会诚信、见义勇为、尊崇英雄、志愿服务、勤劳节俭、孝亲敬老等方面的立法工作。"② 通过以上三个层次，确保社会主义核心价值观真正得到坚守和弘扬，真正能够落地生根，融入各种法律法规体系中，真正让践行社会主义核心价值观的好做法、好经验固定为常规性制度，以法治的形式发挥保障作用。通过构建社会主义核心价值观融入法治建设和社会治理的体制机制，切实增强社会的公平正义，强化社会治理的价值导向和价值引领，增强国民的价值自信。

（3）构建加强法治宣传教育体系

当前，不管是推动坚守和弘扬社会主义核心价值观立法，还是推动社会主义核心价值观融入其他法律法规条例，又或是以社会主义核心价值观为根本遵循设立新规定等，归根到底在于落实，即要求全社会普遍了解这些法律的新制定、新变化和新要求，广大人民群众自觉维护和自觉遵循，这就需要加强宣传教育，不断完善法制宣教体系，构建更加具有亲和力、针对性的宣传教育体系。

弘扬法治精神、宣传法治教育是一个国家法治建设的根本路径。要进一

---

① 《中办国办印发〈关于进一步把社会主义核心价值观融入法治建设的指导意见〉》，《人民日报》2016 年 12 月 26 日。

② 《中办国办印发〈关于进一步把社会主义核心价值观融入法治建设的指导意见〉》，《人民日报》2016 年 12 月 26 日。

步强化全面守法，在社会上形成一种知法懂法、知法遵法、知法用法、知法护法的氛围。进入新时代，"要坚持法治教育从娃娃抓起，把法治教育纳入国民教育体系和精神文明创建内容，由易到难、循序渐进不断增强青少年的规则意识。要健全公民和组织守法信用记录，完善守法诚信褒奖机制和违法失信行为惩戒机制，形成守法光荣、违法可耻的社会氛围，使尊法守法成为全体人民共同追求和自觉行动"。① 加强法治宣传教育，要建立一套"组合拳"，实现学校、社会、单位协同推进、齐抓共管的格局。一是构建更加完善的大中小学法治宣传教育体系。青少年是祖国的未来，对他们宣传法治，让法治意识从小就深入他们心中，在全社会形成良好法治意识和法治素养。建设好大中小学法治宣传教育体系，一方面要设立相关课程，根据大中小学认识规律和接收特点，设立不同学段的法治课程，特别是在高校，要设立法治类相关课程为必修课，普遍提高学生的法治意识和法治素养。从目前一些学校来看，很多学校还没有把相关法治课程确定为必修课程，而人生成长必须要具备法治意识、法治素养和法治能力。为此，在教学目标的修订中要进一步重视法治教育。在这个基础上，针对校园经常发现的各种法律常识缺失的问题，积极开展法治宣讲。二是落实全社会法治宣传教育发展规划。根据《中央宣传部、司法部关于开展法治宣传教育的第八个五年规划（2021—2025 年）》有关文件要求，进一步细化法治宣传教育方案，积极开展集中宣传活动，在法治宣传教育过程中，把全民普法和全面守法结合起来，不断增强对社会主义核心价值的领悟和把握。要督促各单位积极开展法治宣传，确保宣传效果。三是加强行业部门 / 单位主体的法治培训。针对相关重点领域，例如，对文化事业单位、文化产业主体等相关行业人才进行法律普及化培训。要增强社会主义核心价值观引领文化事业落到实处，必须要对文化事业

---

① 《习近平谈治国理政》第 2 卷，外文出版社 2017 年版，第 122 页。

单位、文化产业等文化主体工作人员进行法治培训，制定行业法治法规和监督体制机制，确保文化创造、文化产品生产过程中始终坚持社会效益优先，始终把握社会主义核心价值观的根本遵循。

3. 着力在推动社会主义核心价值观引领社会生活各个方面上下功夫

文化是人的文化，文化最终要回归人们的生活世界，人们在生活世界中继承、坚守中华优秀传统文化和社会主义先进文化，创造许多文化新样态。社会主义核心价值观引领文化建设，要从文化的传承、坚守以及创造性转化、创新性发展的社会实践中厚植情怀，嵌入相关价值要求，在人们的生活、工作实践中引导其坚守理想、坚持真理、坚定信心，自觉在推动文化建设中始终把握正确的价值导向、价值标准、价值要求，推动社会主义核心价值观引领社会生活各个方面。

（1）要更加重视社会主义核心价值观融入国民教育全过程的体制机制设置

"教育决定着人类的今天，也决定着人类的未来。"[1] 教育兴，文化才能繁荣昌盛。推动文化建设，关键在于培养正确的价值观，养成良好的价值思维、价值规范，以增强中国价值的吸引力、自信力。这就需要推动社会主义核心价值观融入国民教育，在学校教育和社会教育中不断引导人们增强对中国价值的认同。

习近平总书记多次强调要推动爱国主义教育、法治教育等融入国民教育，指出"要把爱国主义教育贯穿国民教育和精神文明建设全过程"[2]。并且强调"要结合弘扬和践行社会主义核心价值观，在广大青少年中开展深入、持久、生动的爱国主义宣传教育，让爱国主义精神在广大青少年心中牢牢扎根，让广大青少年培养爱国之情、砥砺强国之志、实践报国之行，让爱国主

---

① 《习近平关于社会主义社会建设论述摘编》，中央文献出版社 2017 年版，第 57 页。
② 《习近平关于社会主义社会建设论述摘编》，中央文献出版社 2017 年版，第 128 页。

义精神代代相传、发扬光大"。[①] 习近平总书记相关重要论述指出了要结合社会主义核心价值观来加强爱国主义宣传教育，为丰富国民教育内容提供思想指引。

推进社会主义核心价值观融入国民教育涉及大中小学教育、职业教育、成人教育等领域：一是加强顶层设计，研制社会主义核心价值观融入国民教育实施方案。当前，大中小学各学段的教育教学过程中都不同程度地融入了社会主义核心价值观的内容，甚至有的高校还专门开设社会主义核心价值观相关课程。但是，从国民教育体系的角度来看，仍要进一步强化顶层设计，制定社会主义核心价值观融入国民教育的实施纲要，推动大中小学一体化、校内校外教育一体化以及高等教育、职业教育、中小学教育、成人教育之间的有机协同。二是推动大中小学社会主义核心价值观教育一体化衔接。当前，大中小学在课程设置、校园文化、育人体系等方面都不同程度地融入社会主义核心价值观的内容，方式各样，推动社会需要与个体需要相结合、"知道"与"体道"相促进，[②] 有利于推动社会主义核心价值观在大中小学各层面落细落小落实。然而，对小学讲到什么程度、中学讲到什么程度、大学讲到什么程度，如何有机协调、有效衔接等，需要整体性的规划和设计。三是做好职业教育、成人教育与大中小学教育阶段的衔接。从我国国情来看，一些学生读完初中之后或升学高中，或走向社会，或选择接受职业教育等，亟待在中小学基础上结合职业教育的特点，研制符合职业教育、成人教育的推动社会主义核心价值观融入的版本。通过建好以上衔接体系，形成社会主义核心价值观融入国民教育的制度网络。

---

① 《习近平关于社会主义社会建设论述摘编》，中央文献出版社 2017 年版，第 128—129 页。

② 陶倩：《社会主义核心价值观融入思政课教学的规律思考》，《思想政治课研究》2015 年第 4 期。

（2）要更加重视加强家庭社会主义核心价值观的教育，让价值规范走进青少年生活

"青少年是家庭的未来和希望，更是国家的未来和希望。"[①]家庭教育在一个人成长过程中是最基本的、最重要的教育，家庭教育关乎人的思想价值观念形成，关乎人才培养大局。一定意义上说，"家"成了影响社会与政治构成和变动的主体，是连接国家、信仰、伦理、社会团结的纽带，也是承载社会转型和保护社会平衡的核心机制，[②]在青少年成长阶段起到关键作用。为此，加强社会主义核心价值观的教育必须要发挥家庭的作用和功能。

一是领导干部要真正起到表率示范作用。弘扬社会主义核心价值观首先要重视家风建设。尤其是领导干部的家风建设，要有更加严格的要求。"领导干部要努力成为全社会的道德楷模，带头践行社会主义核心价值观，讲党性、重品行、作表率，带头注重家庭、家教、家风，保持共产党人的高尚品格和廉洁操守，以实际行动带动全社会崇德向善、尊法守法。"[③]习近平总书记要求共产党人要更加注重品行修养，对家属、子女、配偶等应该有更加严格的要求，自觉把家庭管好，把子女管好，要形成好家风，自觉肩负起教育后代的责任。要把对家庭负责等纳入领导干部选拔任用的参考指标之一。二是积极培育良好氛围。"要弘扬新风正气，推进移风易俗，培育文明乡风、良好家风、淳朴民风，焕发乡村文明新气象。"[④]把家庭教育纳入青少年培养的总体范畴，纳入精神文明建设考核指标。家庭建设，要以家庭为单位，以社区街道、行政村为载体，挖掘传统优秀资源，厘定家规、村规，制定符合现代文明社会发展进步的乡村文明规范、社会规范、家庭规范等，积极营造

---

① 《习近平谈治国理政》第 2 卷，外文出版社 2017 年版，第 135 页。

② 肖瑛：《"家"作为方法——中国社会理论的一种尝试》，《中国社会科学》2020 年第 11 期。

③ 《习近平谈治国理政》第 2 卷，外文出版社 2017 年版，第 135 页。

④ 《习近平谈治国理政》第 3 卷，外文出版社 2020 年版，第 313 页。

良好氛围。用好传统优秀家训，推动社会主义核心价值观内化于心、外化于行。要在推动传统优秀家训的创造性转化中融入社会主义核心价值观的内容，让正确的价值规范走进大众生活，增强社会认同，让社会主义核心价值观成为家长言行的规范，成为青少年言行的规范。

（3）要更加注重在全社会建立一套完善的约束机制和惩戒体系，确保社会主义核心价值观落地生根

一个社会坚持什么、反对什么，要旗帜鲜明，要筑牢底线、防线，划定红线、高压线。一个社会的核心价值观要在人们的生活中真正发挥引领作用、起到规范作用，必须要有一套约束机制和惩戒体系：一是用法治手段来解决道德领域的突出问题。"要加强相关立法工作，明确对失德行为的惩戒措施。要依法加强对群众反映强烈的失德行为的整治。""对见利忘义、制假售假的违法行为，要加大执法力度，让败德违法者受到惩治、付出代价。"①要加大惩戒力度，用刚性的手段把风清气正的底线维护好。二是用行政手段来建立完善社会诚信系统。通过各层级行政手段来加强对失信人员的惩戒措施。"对突出的诚信缺失问题，既要抓紧建立覆盖全社会的征信系统，又要完善守法诚信褒奖机制和违法失信惩戒机制，使人不敢失信、不能失信。"②当前，要运用好大数据，打通各系统、各单位的诚信系统，让不同领域、不同行业的诚信信息联通起来，健全公民和组织守法信用记录，从政治行为、经济行为、社会行为到道德行为等各条块诚信系统，通过大数据整合起来，让每个人可以被查到个人诚信信息和失信信息，使相关人群不敢失信、不能失信。三是用舆论手段来营造良好氛围。要采取多种手段，积极选树典型，发挥榜样示范作用，积极营造良好的社会氛围，引导广大人民群众以弘扬和

---

① 《习近平谈治国理政》第 2 卷，外文出版社 2017 年版，第 134—135 页。
② 《习近平谈治国理政》第 2 卷，外文出版社 2017 年版，第 134—135 页。

坚守社会主义核心价值观为荣，以违背公平正义、背弃信义为耻，让新时代的社会主义荣辱观更加深入人心。让诚信的社会成本真正降下来，让失信的社会代价真正抬上来。让人民群众生活在一个诚信的世界中，积极营造良好氛围，创造良好条件。

三、健全文化创作生产体制机制

社会主义文化的大繁荣大发展前提是要有优秀文化作品（产品）源源不断地涌现。无论是从文艺创作的过程，还是文化生产的流程看，作品（或文化产品）作为上游环节，在整个文化活动中处于供给的"中心地位"。习近平总书记在文艺工作座谈会上的讲话中指出："推动文艺繁荣发展，最根本的是要创作生产出无愧于我们这个伟大民族、伟大时代的优秀作品。没有优秀作品，其他事情搞得再热闹、再花哨，那也只是表面文章。"[①]改革开放以来，文化生产力得到了解放，文化产品极其丰富，文化活动多姿多彩，但存在有数量少质量、"有高原""缺高峰"的现象。因此提出了大力打造"思想精深、艺术精湛、制作精良"文化"精品"的倡导，以解决人民群众日益增长的高质量文化需要和发展不均衡不充分之间的矛盾。党和政府的各级文化部门落实党的文化政策，实现文化强国的宏伟目标，不断健全和优化文化创作与生产的机制体制。理想的文化机制体制应当营造良好的文化创作与生产环境，激发德艺双馨的文化创作者的创造潜能，促进文化生产企业的生产力。当下，如何健全我国文化生产机制体制，主要是坚持文化生产的社会效益为首，社会效益和经济效益的统一，保持文化事业和文化产业的协调发展，不断完善和提升我国的公共文化服务体系，建设社会主义文化的优良生态，让文化呈现出欣欣向荣的局面。

---

① 习近平：《在文艺工作座谈会上的讲话》，《人民日报》2015 年 10 月 15 日。

（一）基本原则：社会效益与经济效益相统一

党的十九届四中全会通过的决定中，在论述完善社会主义先进文化制度时，再次强调"把社会效益放在首位，社会效益和经济效益相统一的文化创作生产体制机制"，对在新的历史条件下为促进社会生活的整体性高质量发展，如何处理文化的经济效益和社会效益关系给出了基本立场和指导性原则，成为我国发展和繁荣文化事业和文化产业的"定海神针"。2021 年，《中共中央关于党的百年奋斗重大成就和历史经验的决议》指出："党坚持把社会效益放在首位、社会效益和经济效益相统一，推进文化事业和文化产业全面发展，繁荣文艺创作，完善公共文化服务体系，为人民提供了更多更好的精神食粮。"这表明，坚持"社会效益放在首位""社会效益和经济效益相统一"的原则，是作为党的文化工作的基本原则与重要经验来强调的。

新时期以来，我党一直重视文化的社会效益，强调文化的社会效益和经济效益的统一。从相关文献来看，这种提法最早出现在《国民经济与社会发展第七个五年规划（1986—1990）》，"各项文化事业的发展，必须坚持为人民服务、为社会主义服务的方向，正确处理经济效益和社会效益的关系，把社会效益放在首位"。有学者考证后指出，"从'七五'规划到'十三五'规划，这 30 年的历史跨度之中，两者有关文化领域发展原则的表述几无差别，但是，'把社会效益放在首位'放置位次的变化倒是真实反映了不同时期我国政府对'社会效益'的理论认识与倾向"。[①] 所谓社会效益，是"一个社会通过有组织、有目的的生产、经营与服务活动，耗费一定的物化劳动和活劳动而形成的有益于社会或社会某些集团的正向结果"；经济效益则是指"通过有目的的经济活动，在耗费一定的物化劳动和活劳动的基础上形成的大于耗费的市场价值结果"。[②] "效益"作为经济学术语，它表示主体（个体、团

---

①　周正兵：《文化领域的"社会效益"概念及其应用》，《中国出版》2017 年第 19 期。

②　陈彩虹：《关于社会效益与经济效益的几个问题》，《财经问题研究》1993 年第 1 期。

体或社会）的产出与投入，或效果与代价的关系比。决定效益的大小或多少的要素，除了（比如人力、物力和财力等）投入、效果等要素外，还要考量其反过来对主体的价值效应。不同的主体，效益取向不同。一般来说，个体主体把经济效益放在首位，国家主体则是把社会效益放在首位。有学者认为，文化产业的经济效益和社会效益关系存在理想的统一性、现实的矛盾性和选择上优先性的三种形态。① 我国改革开放以来的实践经验和理论选择则是强调社会效益优先，实现"双效"（社会效益和经济效益）的统一。该原则的逻辑是，在文化创作与生产上要正视经济效益和社会效益存在矛盾，但它们发生矛盾时强调社会效益优先，目标追求是二者的统一。

1. 文化创作生产在现代社会存在"两个效益"的矛盾

现代社会结构可分为经济、社会和文化三大领域，分别对应了行为主体的市场效应、权力欲望和自我表达的目标追求，不同行为主体在现实中往往不易和谐，在特定的对象、语境下难免会发生冲突，比如文化企业面对残酷的竞争压力，为了生存和发展，不得不把经济效益放在首位，降低甚至放弃企业的社会责任感，批量化生产媚俗、庸俗和低俗的文化产品而获利；有的文艺工作者为了追求巨额稿酬片酬等，迎合市场上低俗人性欲望的感性消费满足，放弃对崇高思想和精湛艺术的追求。同时，文化领域内部，也客观上存在价值取向上的真善美和文化形态的多样性，以及实现其价值过程的丰富性和差异化，这种多样性、丰富性和差异化往往在实践中带来经济效益和社会效益的不对等进而产生矛盾。这种矛盾在今天我们的文化产业中可能表现更为突出，正如有学者分析的，"当前所推动的文化产业振兴计划，则实实在在地使之成为物质生产部门之一来看待，文化产业的评价标准几乎完全遵循其他生产一样的评价标准，进行成本收益分析，讨论其经济贡献度了。那

---

① 参见单世联：《论文化产业两种效益的逻辑与纵深》，《贵州社会科学》2021 年第 7 期。

么，文化产品中文化价值与其交换价值之间的不对等性、文化传承中的'经典现象'和文化市场中的'长尾效应'与物质产品扩大再生产所需要的更新换代、技术升级和收回成本、重新投入之间存在明显的矛盾。物质生产和精神生产的矛盾已成为文化产业的内部矛盾"，[①] 这里指的精神生产与物质生产的矛盾可以置换为社会效益与经济效益，也就是说在今天的文化产业内部，这个矛盾客观存在，不可抹杀或忽视。

2. 社会主义文化属性规定文化的创作与生产必须坚持社会效益的优先性

承认在市场经济条件下，特别是文化工作在整个国家经济文化生活中的地位越来越重要的局面下，文化领域内部存在经济效益和社会效益矛盾的客观性是前提，而文化政策的选择则是关键，毕竟矛盾并非冲突，文化领域的矛盾可以促进文化的更好发展。我们的文化发展原则是正视矛盾，强调社会效益优先。主要是基于三点理由。

（1）文化在整个社会生活的价值引领性需要社会效益放在第一的位置

这个文化价值主要包括了以社会主义核心价值观为表征的意识形态，中华民族几年来的文化实践中的优良文化传统，社会主义革命和建设以及改革开放的伟大实践中创造的优秀文化知识、伦理道德、人格情操和精神信仰等，每个文化艺术家和文化企业应该生产出这样的文化产品和文化成果，书写和记录人民的伟大实践、时代的进步要求，彰显信仰之美、崇高之美，弘扬中国精神、凝聚中国力量，鼓舞全国各族人民朝气蓬勃迈向未来。这既是社会主义文化的精魂，也是社会主义文化的先进性所在，还是区别于其他文化形态的标志。如果没有这些先进文化价值精魂和筋骨作引领，中华民族的伟大复兴将失去方向。

---

① 曾军：《马克思文化生产理论视域下的城市文化基本矛盾》，《探索与争鸣》2012年第12期。

（2）国家主导的社会主义文化需要社会效益至上

和经济结构一致，我们是国家主导、集体和外资等非公有文化参与的文化体制。国家在整个文化工作（包括以国有文化企业为主体的文化产业）中处于主导性支配地位，这种支配性地位和国家文化政策一致，以不断健全人民的文化权益保障，满足人民不断发展的美好文化需求为目标，遵守文化发展规律，追求文化发展的国家目标的实现，通过健全的法律法规等文化治理形式，鼓励提高个别性文化企业和个体文化工作者的实际经济利益。在此情况下，坚持国家文化利益至上。从国家这一主体的视角看，它必然是把社会效益放在首位的，经济利益在社会主义条件下，本身也是一种社会效益的表现。但如果在文化领域把经济利益放在首位，就很容易催生出个体利益至上，带来少数人在经济进而是文化的垄断和寡头文化等悲剧性结果。这样的话，我们的文化就是个体性的文化，是少数人的文化了。改革开放开始后，我们曾经提倡以经济建设为中心，对文化效益强调不够，其结果是未能给文化带来繁荣，它造成了一部分人欲望膨胀、物欲横流、自私自利等后果。因此，党和国家在新时期的第二个五年计划中及时修正，提出了文化效益放在首位的发展决定，这是我党的文化政策自我调节。

（3）我们文化工作实施的是公共文化事业与文化产业的"双轮驱动"，国家文化事业是公益性文化，坚持了文化普惠和文化福利，不带有盈利性质

公共文化事业的社会效益取向在人民心中对于社会主义文化的属性和价值取向形成强大的引导作用，这对文化企业的社会责任感提出了很高的要求，虽然现代文化企业是自主经营，不得不考虑经济效益，但对于绝大部分企业来说，经济效益要以产品的文化价值为基础，文化价值构成产品的使用价值，经济价值体现在产品的交换价值，文化价值是考量企业价值的基础。企业虽然可以不顾及文化的社会效益与社会责任，暂时获得丰厚的经济效益，造成文化产品中文化的使用与交换价值的不对等，但长久地看，这样的

企业还是会被市场抛弃，或受到市场的惩罚。

3. 在社会主义条件下，文化生产的"双效"可以统一

强调文化产品或服务的社会效益优先，并不是否定文化生产的经济效益，也不是认为文化的社会效益和经济效益不能统一。从根本上讲，在社会主义市场经济条件下，特别是在文化经济时代，文化的社会效益和经济效益是可以也应该统一的。

（1）从文化主体的终极利益上讲，无论是国家、文化企业还是个体，根本利益是一致的

作为大众的民主的科学的社会主义文化，其根本目标是大众的文化解放，国家提供的公共文化产业与服务，企业和个人的文化创造，都是通过公共文化服务体系或市场的交换（经济价值）而进入最广泛的大众，广大人民通过文化消费或文化参与，不断获得情感、精神和智力的提升与丰富，获得物质和精神的劳动和创造能力，参与到社会和国家的进步中。反过来，社会经济等的发展和进步，也会刺激文化需求的丰富性与高质量发展，通过系列的环环相扣与循序渐进，整个社会才能进入理想状态。从国家目标和理想状态上讲，经济效益也是社会效益的组成部分。恰如英国文化保守主义者马修·阿诺德说的，"文化明白自己所要确立的，是国家，是集体的最优秀的自我，是民族的健全理智"，[①]从中西方文化传统的历史看，似乎只有文化实践与活动才能把各方利益和各种力量组织和协调起来。

（2）从社会发展的整体性趋势看，文化和经济等要素终要走向一体，实行新的社会主体性，以克服现代性社会的领域分化带来的价值的分离

现代性社会的一个重要问题就是破坏了社会生活的整体性，让经济和

---

① ［英］马修·阿诺德：《文化与无政府状态——政治与社会批评》，韩敏中译，生活·读书·新知三联书店 2012 年版，第 64 页。

文化等暂时独立而带来价值分裂。英国学者艾伦·麦克法兰在清华大学讲演时认为："市场资本主义是一个集态度、信仰、建制于一体的复合体，是一个寓经济和技术于其中的大网络。这个体系……最核心的表征是让经济分离出来，成为一个专门的领域，不再嵌于社会、宗教和政治之中。"消除现代社会的分离，克服劳动异化和价值破坏等资本主义负面价值效应，就需要在社会主义条件下通过正社会效应的文化引领而在更高层次向整体性的社会复归。

（3）文化经济时代文化和经济的高度重合，需要社会效益和经济效益的统一

在文化经济时代，文化在经济中发挥越来越重要的作用，文化的经济化与经济的文化化成为重要现象。一方面，它暗示了优质文化是经济的重要发展力量，其市场需求越来越大。随着人们对于文化审美需求的高质量发展，内容和形式俱佳的文化艺术品永远是人们的消费需求，好的文化具有远大的市场前景，作家和文化企业不要总是担心投入大量的精力后不会有市场认可价，文化商品的使用价值（文化价值）是其交换价值（经济价值）的基础，好的艺术作品只有通过文化市场才能更好更充分地实现自己的价值，文化产品的价值终究要在市场上通过市场交换实现，任何行政的命令和强塞都不能真正实现其价值；另一方面，文化的经济化是指文化实现社会价值需要在遵守文化创作规律（创作高质量作品）与市场化规律外（作品形式的市场创意转化），也要遵守市场规则（生产者和生产活动的诚信与公平），实现社会效益和经济效益的统一。好作品提供了社会效益实现的基础（历史和现实证明，经过有无数受众的文化市场的检验而能长久流传下来的好作品都是"经典"和"精品"），但是好的作品也要有能被市场化的潜能，有的作品无法市场化，或者市场化效果不好，原因可能多样（作品在市场上走红也需要天时地利人和等综合因素），但整体上需要经过二度创意等的市场转化（文化经

纪人、文化策划与创意人不可缺少）。今天很多文化企业对文化作品的再生产能力往往就体现于此，他们帮助优秀文化作品的产品化和产业化实现交换价值（经济效益）。当然，文化市场的创作者与产业化生产者"都要以市场伦理的诚信为基础，市场源于互通有无、互利互惠的社会需要，它要求参与者采取符合道德的行为策略，而诚信则能降低交易成本，提高市场的运作效率。同时，市场与伦理又都以公平为原则，通过满足他人从而满足自己，这是公平的、也是合乎道德的行为"。[①] 正是在公平与诚信上，文化的经济效益与社会效益找到结合点。

繁荣和发展社会主义文化，保证"双效"统一，需要在当前的社会文化创作生产机制体制工作中强化两点。

一是坚持以人民为中心的创作与生产导向。尽管随着科技和社会发展，文化的种类和形态异彩纷呈，但联合国教科文组织在承认文化多样性的同时，仍把文学、音乐和舞蹈作为文化的核心，也就是我们通常意义上的文艺。社会主义的文艺主体是人民，社会主义的文艺属于人民的文艺，因此无论是作为文艺创作的个体性作家，还是作为文化事业组织和文化服务单位，以及文化经营机构，始终要牢记的使命就是为人民创作和为人民的文化生产。从本质上讲，社会主义的文艺（文化）就是人民的文艺（文化），这是由社会主义本质和社会主义文化的本质决定的，是它不同于资本主义文化的质的规定性所在，它也直接决定我们的文艺形式是以大众文艺为主，而不是以现代主义、先锋派等为表征。我党的历代领导人非常重视文化的性质和文艺的服务对象。毛泽东早在延安文艺座谈会上指出："为什么人的问题，是一个根本的问题，原则的问题。"邓小平强调："我们的文艺属于人民。"江泽民要求广大文艺工作者"在人民的历史创造中进行艺术的创造，在人民的

---

① 单世联：《论文化产业两种效益的逻辑与纵深》，《贵州社会科学》2021 年第 7 期。

进步中造就艺术的进步"。胡锦涛强调："只有把人民放在心中最高位置，永远同人民在一起，坚持以人民为中心的创作导向，艺术之树才能常青。"习近平要求："以人民为中心，就是要把满足人民精神文化需求作为文艺和文艺工作的出发点和落脚点，把人民作为文艺表现的主体，把人民作为文艺审美的鉴赏家和评判者，把为人民服务作为文艺工作者的天职。"这些领导人从社会主义文艺的文艺文化服务的对象、发展的源泉、书写对象和魅力所在等强调文艺的人民性。一言以蔽之，就是"以人民为中心的创作导向"，有了正确的创作导向，才有正确的文艺方向，这是保证社会效益优先性合法合理所在。

二是强化新文艺群体的社会责任感。文化产品的品质优劣和质量高低根本上要从创作主体的伦理中找答案。文化的社会效益不同于经济效益，不易量化和直接评估，它在很大程度上由创作与生产者的伦理来决定。在市场经济条件下，个体和团体往往受名利的驱动和诱惑，做了市场的奴隶，迎合市场上文化消费者低俗的感性需求，以文艺的形式刺激和放大人性中低俗、庸俗的天性，从而获利，让他们创造的文艺作品非但不是"思想精深、艺术精湛、制作精良"的文化精品，反而是思想浅薄、艺术粗糙、制作雷同的庸品或烂品。有的文化企业，片面追求发行量、收视率、点击率、票房收入等量化指标以获得流量经济，不顾艺术规律，罔顾艺术的崇高使命，以文化的名义践踏真的艺术。特别是当今我们处在复杂的文化语境中，在资本和技术的带动下，民营文化、工作室、民营文化经纪机构、网络文艺社群等新的文艺组织大量涌现，网络作家、签约作家、自由撰稿人、独立制片人、独立演员歌手、自由美术工作者、网络主播等新的文艺群体十分活跃。这些新的文艺群体和文化公司，是文化经济的新亮点，也具有鲜明的经济效益特色。如何引导、服务和管理这些新的文化群体和组织，强化他们的社会认同感和文化责任感，增加其创作与生产活动的社会效益，降低其文化创作和生产因片面追求经济效益而带来的社会不良后果，是当前文化工作的难点，也是重点。比如近年来我国加大了对网络文化创作与生产的治理，大力提倡网络文学坚持现实题材的创作，就是坚持了把社会效益放在首位，追求经济效益和社会效益统一的文化治理原则。

（二）双轮驱动：文化事业与文化产业共发展

党的第三个历史决议指出："推进文化事业和文化产业全面发展，繁荣文艺创作，完善公共文化服务体系，为人民提供了更多更好的精神食粮。"我国社会主义文化实践中，一个重要而成熟的做法是，自2011年明确地把文化事业和文化产业区分开来，把文化的公益性与经营性分开，进行分类指导，促进既独立又相互融合的发展。一方面，通过全面的公共文化服务工程体系建设，公平地、均等性地满足老百姓的精神需求，提升其文化素质和文明程度；另一方面，随着文化在经济发展中具有越来越重要的地位和作用，国家将其作为支柱性产业来增加文化的竞争力和文化软实力。具体到文化创作与生产上，如何进一步完善体制机制上的双轮驱动，是当代文化工作迫切的中心议题。根据社会主义中文化事业和文化产业的不同属性与具体目标和功能，来适应和激发相应文化创作和生产主体的创造潜能释放，奉献出满足人民需要的高品质的文化产品与服务，体现社会主义当代文化的优越性与渐进性，在日益复杂和激烈的国家文化竞争中讲好中国故事，传递中国声音，树立我们的文化自信。

1. 文化事业工作激发大众的文化参与和创造热情，促进大众的文化解放

在我国的文化政策和文化实践性中，历来把文化作为事业，作为社会主义伟大事业的一部分对待。按照《现代汉语词典》的解释，事业是"指人们所从事的，具有一定目标、规模和系统的对社会发展有影响的经常活动；特指没有生产收入，由国家经费开支，不进行经济核算的文化、教育、卫生等单位"。从这个解释，结合现实实践，我们不难知道，作为公共性的文化事业，其事业属性决定了由国家主导，国家出资，成立专门的事业组织单位（如文联、作协等）来开展有目标、有规模和系统性的文化活动与服务。社会主义文化事业具有公共性（不以盈利为目的）、公平性（所有公民，无论年龄、职业和地域等）、原创性和人民性等。新时代，我国的公共文化事业是以保护公民的基本文化权益、服务国家建设为基本战略目标，具体方针表现为"政府主导、社会参与、重心下移、共建共享，以基本公共文化服务标准化均等化为突破口，形成体现地方和民族特色的文化设施网络，构建具有中国特色的现代公共文化服务体系"。因此，作为公益性文化实践，在创作和生产上，应不以盈利为目的，而以"为人民服务，为社会主义服务"为宗旨。在体制机制上，主要是不断完善和推进如下三项改革。

（1）持续推进文化创作的多样化与丰富性

进一步加大经营事业性文化单位从事业单位剥离，通过政策和税收等优惠，帮助越来越多的文化单位转化成为经营性现代企业，让各级各类的文化事业单位与机构进一步瘦身，精简文化管理机构，促成其职能从"办文化"向"管文化"转变，重点是搭建文化平台，做好公共文化服务。在我国公共文化服务体系建立、公共文化服务网络建成、公共文化基础设施建好等"硬件"具备后，文化工作主要是在文化服务软件上做文章，了解群众的文化需求，保护文化的多样性和丰富性，在建设良好的文化生态上积极有为。目前，由于文化形态和文化创造的特殊性等，一些小众的、高雅的、个人性很强或地域色彩鲜明的文艺类型（所谓的冷门文艺）需要得到来自社会的持续关注和支持。通过政府购买和组织文化志愿者等开展有效的文化活动。政府购买和文化基金资助优质文化服务项目，为一般个体性的文化创作活动提供基本保障，对一些有志于或沉醉于艺术创造的人来说是福音，有了这些基本的资金保障，或文化艺术培训、文化志愿者的帮助，这些文艺工作者能积极投入公益性的文化创作中来，在公共文化活动中得以实现创作的价值和人生的价值，以公益性、保护性等文化活动方式保存和发展一些小众化或个人性很强的艺术类型或文艺活动。文化机构以特有的方式保存边缘性的文化创造，丰富文化创造的多样性和多种可能。

（2）打造文化平台，激活群众的文化创造性

当前文化服务机构一方面是通过购买等形式来为老百姓提供文化服务，比如电影、戏曲、书籍等，这属于自上而下的文化输血，内容主要是现代文化形式与活动，它保持了老百姓的文艺需求和文化活动与时代社会的同步性；另一方面则是文化造血，以自下而上的文化活动方式打开文化创造另一种通道。通过平台服务与引导来激活基层老百姓自己的文化创造活力。真正的文化活力来自民间，让来自民间的文艺创作创造活动源源不断。保障大众化的文化创作欣欣向荣是当代文化工作的重点和难题。这几年来，国家通过大力开展乡村文化振兴、民间非物质文化传承与保护活动、地方文化文物整理与发掘行动等，极大激发了广大老百姓的创造热情，让民间文艺活动和创造活力四射，很多多年不见的文化作品和文艺形式又"重见天日"，很多地方性曲艺、说唱艺术、农民画、地方乐等重新活跃起来，很多群众性的文艺活动又火起来（比如广场舞），文艺或文化活动重新成为老百姓生活中的重要组成，人民的文化生活也日渐丰富，这都是我党文化工作的转型激活了新的创作机制带来的结果。

（3）保护和引导新文艺群体的美好艺术创造责任

新文艺群体是指从事文学、影视、音乐、舞蹈、美术、戏剧、动漫、游戏、新媒体艺术等相关工作，但不属于国家行政或事业编制序列的群体。在社会主义市场经济条件下，伴随文化体制改革的深入、数字技术和媒介特别是互联网的快速发展，以及随之而来的网络文艺大发展，新文艺群体队伍逐渐发展壮大，成为我国文艺发展中的重要力量。据不完全统计，新文艺群体网络直播方面，截至2020年底，网络主播账号累计超过1.3亿；在网络文

学方面，截至 2019 年，驻站作者数量即达 1936 万；在网络视听方面，截至 2021 年第一季度，哔哩哔哩月活跃 UP 主超 200 万。[①] 这些新文艺群体在当下各文艺门类都体现出较强的影响力，特别是在新兴的网络文艺和市场化程度较高的文艺门类，担任着重要的角色，发挥着生力军的作用。如何趋利避害，引导他们认同社会主义主流文化价值，承担社会责任和文化使命，促进他们持续的文艺创作和生活活力，是新时代文化工作的重点。当前文艺家协会和作家协会积极吸收和采纳新文艺群体进入各级文艺组织，截至 2020 年底，中国文联所属各全国文艺家协会中的新文艺群体会员总数约为 2.8 万人，占比近 23%。2020 年各全国文艺家协会新增新文艺群体会员 1873 人，占 33%。[②] 同时，全国各文艺家协会代表大会、理事会、主席团中新文艺群体的比例稳中有升。完善服务载体，文艺"两新"专门机构设置和日常组织管理更加完善。继中国音协、中国曲协、中国剧协、中国影协、中国视协成立文艺"两新"（新文艺组织和新文艺群体）专门机构，2021 年 6 月，中国评协成立了新文艺群体评论工作者委员会，地方文联和作协也纷纷成立新文艺群体专门机构。

与此同时，要加大文化创作的引导和文化治理。在文艺引导方面，有关文化部门和行业组织通过思想引领、创作指导、教育培训等积极引导文艺"两新"，提高创作的责任感，加大现实主义创作力度，自觉践行社会主义核心价值观。比如全国文联系统和作协系统将教育培训作为文艺"两新"工作的重要抓手，已经形成多层次、多门类、多主题、多形式、常态化的培训体系。在新文艺治理方面，有关文化管理部门综合施策，整治突出问题，行业

---

① 中国文联网络文艺传播中心：《中国网络文艺发展研究报告（2020—2021）》，社会科学文献出版社 2021 年版，第 238 页。

② 中国文联网络文艺传播中心：《中国网络文艺发展研究报告（2020—2021）》，社会科学文献出版社 2021 年版，第 245 页。

生态得到明显好转：一是重拳整治新文艺行业乱象，整治"色情低俗""饭圈乱象"等突出问题，打击"天价片酬""偷税漏税"等问题，要求每部作品总片酬不得超过制作总成本的 40%，主要演员片酬不得超过总片酬的 70%，优化了成本配置比例，保障了更广大的影视业新文艺群体的切身利益。同时，加强行业自律，打造良好风气。声讨娱乐行业违法失德现象，表彰德艺双馨的文艺工作者作为榜样，并发出倡议风清气正的创作行为，大力提倡现实主义创作。

2. 文化产业激发市场主体活力，创造文化创作生产的"双高"时代

在文化经济时代，文化是重要的生产力要素。世界发达国家把文化产业作为重要发展战略，并享受了文化产业带来的巨大红利。我国在 21 世纪以来，把振兴文化产业作为战略，推动"文化产业跨越式发展，使之成为新的经济增长点、经济结构战略性调整的重要支点、转变经济发展方式的重要着力点，为推动科学发展提供重要支撑"，[①] 这也是繁荣和发展社会主义文化，不断满足人民日益增长的高质量文化生活需求，建设文化强国的必然选择。作为社会主义文化伟大实践之一的文化产业，如何在新时代生产出高质量的时代精品，克服有高原无高峰的现状呢？我们觉得还是要按照现代产业体系建设和发展蓝图，遵守文化产业发展规律和文化创新驱动规律，不断改革现存体制机制。

（1）加大文化产业法制建设力度，做好文化产业服务的"店小二"

虽然我们不断加大文化的立法建设，但文化领域的法律仅占全部法律的 1.7%。相对而言，文化立法总量少、层次低，与其他领域的立法形成很大差距，与发达国家相比有很大发展空间，和文化产业在国家经济、文化的重要

---

① 《中共中央关于深化文化体制改革推动社会主义文化大发展大繁荣若干重大问题的决定》，《人民日报》2011 年 10 月 26 日。

地位很不匹配。这都严重制约了我国文化产业创作和生产的良性健康发展，很多文化生产中暴露出来的问题是法制不健全带来的，容易滋生文化管理中的以权代法的现象。为解决文化法制领域的矛盾，要进一步加强文化法律制度建设，加快文化立法，以保护文化产业单位和法人的合法权益，保护现代文化企业的法人权、经营权，保护他们的知识产权等，让他们安心开展文化创作，投入新文化产品的研发，不断推动产业价值链的良性循环，在日渐复杂激烈的市场竞争中，提升产品的科技和文化内涵，实现文化产品的升级换代。同时，政府文化部门要甘当"店小二"。坚持需求导向、目标导向、精准发力，当好服务文化企业"有求必应、无事不扰"的"店小二"，以优良的营商环境保证企业独立自主经营，减少非必要成本和不必要的精力牵扯，心无旁骛搞创作生产，开拓文化市场；遇到困难和需求，政府及时提供"金手指"指导和帮助。通过释放体制活力来激发文化企业的生产与创造活力，促进文化产业的兴旺发达。在这一方面，文化产业的"浙江模式"探索出了一条又快又好的道路，杭州政府的"店小二"服务理念和机制，值得我们大力推广和发扬。健全的文化法制保障与"店小二"服务之道是保证文化产业创作生产的首要基本条件，也是招募原创性的高水平文化创意人才的法宝。

（2）大力推进文化科技创新，让科技为文化的创作生产赋能

科学技术是第一生产力，文化产业的创造创新离不开科技的进步。文化经济时代，文化也是重要生产力。如何让科技和文化联袂，生产出既有高科技含量，又有高质量文化内涵的文化产品，实现文化创造与文化生产的腾飞，这是现代文化企业的梦想，也是企业核心竞争力所在。国家把文化的科技创新作为发展目标，"依托国家高新技术园区、国家可持续发展实验区等建立国家级文化和科技融合示范基地，把重大文化科技项目纳入国家相关科技发展规划和计划。健全以企业为主体、市场为导向、产学研相结合的文化技术创新体系，培育一批特色鲜明、创新能力强的文化科技企业，支持产

学研战略联盟和公共服务平台建设"。[①]2019 年 8 月，国家科学技术部、中共中央委员会宣传部、国家互联网信息办公室等六部委联合发布《关于促进文化和科技深度融合的指导意见》，从八个方面提出科技与文化深度融合的具体意见和措施。科技创新，特别是人工智能、云计算、大数据等新一代技术，对包括网络文艺在内的各类文化产品的创造、生产、传播、消费等产生深刻影响。通过科技赋能，让优秀的传统文化以新的艺术形式样态出现，重新获得艺术生命力。通过新技术催生新的文艺形式、文化形态和业态。人工智能、5G 通信技术、大数据、VR/AR 等新一代技术已成为网络文化发展的驱动力，并形成了网络文化智能化创新的新技术语境，涌现出一大批以互联网、大数据和智能为基础的文化公司，如阅文集团、哔哩哔哩等，在今天的文化浪潮中独领风骚，深刻影响大众的社会生活方式和情感方式。

（3）重视创意教育，为现代文化产业发展培养创新创造人才

进入高质量发展阶段的中国社会需要创新驱动，习近平总书记强调要把理论创新、制度创新、科技创新和文化创新等放在"国家发展全局的核心位置"。现代文化产业的创新发展关键是创意人才。原创性人才和高端文化人才的紧缺是当前以上海为首的大都市打造文化之都、创意之都的短板。对于高端创意人才一个有效而快捷的方式是引进，但更为长久和有效的方式是自己培养，这就需要在我国大力发展创意教育。创意教育承认每个人都有创造潜能，创造能力更多是后天培养和训练而成的，通过创造力理论和方法，以创意写作的方式开展通识或专业教育，大力培养青年人的创造自信和创造素养能力，改革当前高校教育不适应文化市场需要的地方。考察欧美等创意产业发达的国家，我们不难发现这些国家同样是创意写作教育教学发达的国

---

① 《中共中央关于深化文化体制改革推动社会主义文化大发展大繁荣若干重大问题的决定》，《人民日报》2011 年 10 月 26 日。

家，比如在美国形成非常成熟的创意写作教育体系，在全美形成了包括工作坊、驻校作家制度、课程、学位和写作系统在内的完整的教育教学体系，在美国高校几乎都有创意写作课程。中国在振兴文化产业的同时，高校引进创意写作教育理念、教育尝试和国家文化创意产业战略同步，目前有 500 多所高校开设创意写作课程，创意写作快速实现了从引进消化到快速本土化的过程，却未能获得学科合法性地位，这亟待引起教育界的重视，基于政策等方面的大力支持，在全国持续推进创意写作的教育的理论与实践，来持续为文化产业培养创意人才。

（三）制度保障：完善和提升公共文化服务体系

公共文化事业发展的载体和路径主要靠公共文化服务体系，整个社会的文化创作和生产的机制体制的基础还是公共文化体系的建设与完善。经过近十年的努力，我国在 2021 年基本建成公共文化服务体系，保障了人民的文化参与、文化创作和享受文化创造等权益。但进入高质量文化发展的新历史阶段，基本水平和层次的文化服务体系远远不能满足人民对文化创作生产高水平和高质量的需求。有研究者总结我国当下的公共文化服务体系存在以下问题，成为新时代文化事业中的矛盾：政府文化管理的不平衡不充分、立法保障的不平衡不充分、基础设置保障的不平衡不充分、经费保障的不平衡不充分、文化资源保障的不平衡不充分、人才保障的不平衡不充分、文化活动及效能的不平衡不充分、公民文化素养的不平衡不充分、行业规范与业务指导的不平衡不充分、理论研究的不平衡不充分。[①] 当然，公共文化服务体系的完善与提升是全方位的和系统的，也有一个逐步完善的过程，它自身又包含了公共文化基础设施建设体系、公共文化组织管理体系、公共文化活动体

---

① 柯平、胡娟、刘旭青：《发展文化事业，完善公共文化服务体系》，《图书情报知识》2018 年第 5 期。

系三大体系。在体系性升级和优化建设过程中，就创作和生产领域而言，则需要重点做好如下两项完善与创新工作。

1. 健全文化产品创作生产的引导激励机制

要满足人民群众不断增长的文化生活需求，必须保证文化产品和生产的有效供给。把有效供给和真实需求结合起来，形成良性循环，这就需要通过公共文化服务良好开展的引导和激励机制了。文化部门要鼓励广大的文艺工作者放下身段、扎根人民，深入老百姓的实际生活中去，"人民生活中本来就存在着文学艺术原料的矿藏，人民生活是一切文学艺术取之不尽、用之不竭的创作源泉"。[①] 应该看到，这一百多年来，中国社会发生了深刻的变化，中国人民进行艰苦卓绝的新民主主义革命和社会主义革命，让中国人民站起来获得政治上的解放；中国人民进行了波澜壮阔的社会主义建设运动，特色是改革开放伟大实践，让 14 亿中国人民解决温饱走向小康，在经济上富裕起来；近十年国家开启实现中华民族的伟大复兴，建设社会主义强国的新征程。这些都是人类历史上前所未有的变化，给文学艺术提供了前所未有的丰富的素材，中国社会的巨变呼吁伟大的艺术创作，这也是广大人民群众渴望看到自己祖国和民族的奇迹的文学艺术。"文运与国运相通，文脉与国脉相连"，我们要通过形式多样的搭建平台，采用挂职锻炼、作家采风、资金扶持、项目采购、评奖激励等方式鼓励文艺生产者走出个人的小天地，走出书本，深入人民的火热生活，深入伟大的发生了的奇迹现实中，创造出高质量的艺术精品，满足人民的精神生活需要，体现社会主义文艺发展方向的双效精品。同时，积极引导文化企业把人民高质量的文化需求与表现中国社会深刻变革的文化生产结合起来，按照艺术生产规律，沉下心来，以十年磨一剑的志气做好文化产品的创新创造研发，打造核心文化产品和品牌，不是仅仅

---

① 习近平：《在文艺工作座谈会上的讲话》，《人民日报》2015 年 10 月 15 日。

为经济效益、为追求规模效应，走简单的文化产品扩大再生产，做大而不强的文化贩子。事实也充分证明，只要是反映人民真实文化需求，满足他们情感趣味的好的文化产品，一定会有很好的市场效应。文化部门要充分尊重文化企业的劳动价值，积极做好"店小二"式的服务，调动各方资源，做好文化伯乐，特别是在企业发展过程中，参与或组织多方力量做"天使投资"，让文化企业有"做精品文化产品是社会责任，也是企业发展之本"的信念和热情。我们有理由相信，在文化部门和组织机构对高品质文化创作、生产大力的扶持、引导和激励的工作机制下，文化精品会源源不断出现。

2. 加强文化领域的知识产权保护建设

近年来，随着文化在人们的生活中越来越重要，老百姓的文化生活比重大幅上升，文化领域的知识产权案件也越来越多，这给文化企业或文艺工作者带来很大损失。以网络文化类型为例，网络侵权给网络文学造成的损失每年约 40 亿至 60 亿元，数字音乐每年因盗版损失上百亿元，网络影视盗版率更高达近九成。在国家版权局和国家工商管理总局一年一度的评选案件中，40 个侵权案件中有 19 个涉及网络侵权盗版，几乎占到一半。① 应该说，在文化领域的知识产权法制建设上，我们在文化政策、对外文化交流管理、历史文化遗产、文化娱乐业、演出、艺术品经营等方面制定了一系列的法律、法规文件，先后出台了《著作权法》《专利法》《商标法》等主体法律及其实施条例，颁布了《非物质文化遗产法》《档案法》《文物保护法》《公益事业捐赠法》《文化产业振兴规划》，此外中国还加入了《伯尔尼公约》《保护世界文化和自然遗产公约》《保护非物质文化遗产公约》《保护和促进文化表现形式多样性公约》等国际公约，但是和发达国家相比，这是不够的，也不能满足日益变化的形势需要。目前文化实践中，存在大量的侵犯知识产权的现象，

---

① 参见高国庆：《我国文化领域知识产权的突出问题及策略》，《教育学》2018 年第 8 期。

比如盗版，山寨、低劣模仿、拼接等直接或间接侵犯知识产权的现象时有发生。一方面，这直接给被侵权的作者或生产者造成经济损失，严重挫伤了创作者和生产者的创造积极性，不利于其可持续发展和壮大；另一方面，也是更为关键的，因为文化的创意有容易学、好复制的特点，在适用法律上难以鉴定和量化评判，文化投机者的模仿抄袭简单易行，违法成本低，这就造成整个文化领域的文化保护成本高而效果不佳，因而部分企业不愿意花大力气做原创性文化开发，进而导致整个文旅市场同质化现象严重、原创力不足等弊端。这成为我国文化产业和文化事业的短板，也给文化领域的国际交流与合作带来障碍，这是我们需要花大力气来克服和改进的。

第三章
社会主义文化宣传：主流文化建设的体系格局

一、新形势下宣传思想工作的基本特点

文化和宣传互为条件、难分彼此：文化是宣传思想工作的重要对象，宣传思想工作又是文化建设必不可少的手段与方法，承担着繁荣发展文化的使命。习近平总书记在 2018 年全国宣传思想工作会议上强调，完成新形势下宣传思想工作的使命任务，必须"自觉承担起举旗帜、聚民心、育新人、兴文化、展形象的使命任务"，① 其中，"兴文化"就是五大使命任务之一。党的十八大以来，我们党把宣传思想工作摆在事关党执政兴国全局工作的重要位置，作出了一系列重大部署，提出了一系列富有创见的新思想新观点新论断新要求，全面推进宣传思想工作，不断巩固壮大主流思想舆论，为新时代中国特色社会主义建设提供了坚强的思想保证和强大的精神力量，为新时代文化发展繁荣作出了积极贡献。

（一）方针原则：树立大局意识，坚持党性和人民性相统一

宣传思想工作是党的一项极端重要的工作，做好宣传思想工作必须胸怀

---

① 习近平：《论党的宣传思想工作》，中央文献出版社 2020 年版，第 337 页。

大局，服务大局，坚持正确政治方向，坚持以人民为中心的工作导向，把实现好、维护好、发展好最广大人民群众根本利益作为全部工作的出发点和落脚点，确保宣传思想工作始终沿着正确方向坚定前行。

1. 以围绕中心、服务大局为根本任务

回顾中国共产党成立以来的百年奋斗历程可以发现，中国共产党逐步将宣传思想工作提升为党的意识形态建设的一项极端重要的工作，明确其围绕中心、服务大局的基本职责。习近平总书记在全国宣传思想工作会议上的讲话中强调指出："宣传思想工作一定要把围绕中心、服务大局作为基本职责，胸怀大局、把握大势、着眼大事，找准工作切入点和着力点，做到因势而谋、应势而动、顺势而为。"[①] 在各个不同历史阶段，我们党都会根据每个历史阶段的客观要求提出不同时期的中心任务，明确总任务的内容是什么、为什么要实现总任务、怎样去实现总任务、为了实现总任务我们每个人应该做些什么，也就成了宣传思想工作的根本任务。

在新民主主义革命时期，我党面临的主要任务就是反对帝国主义、封建主义、官僚资本主义。党的宣传思想工作的中心工作就是要领导和发动人民群众、团结一切可以团结的力量与不同时期的反对势力进行斗争，最终取得民族的独立和人民的解放。在这一时期我们党通过创办刊物，兴办各种形式的文化组织，印发传单、张贴标语、布告等形式多样的宣传方式，在全国各族人民心中点燃了革命的火炬，鼓起了革命的热情，树立起了革命的信心，取得了新民主主义革命的伟大胜利，彻底结束了中华民族任人宰割、饱受侵凌的历史，从此开启了新纪元。

新中国成立之初，面对复杂的国内外形势，党围绕巩固新生政权、恢

---

① 习近平：《胸怀大局把握大势着眼大事　努力把宣传思想工作做得更好》，《人民日报》2013 年 8 月 21 日。

复国民经济、镇压反革命集团、抗美援朝、实现过渡时期总路线、完成思想改造这一阶段党的中心任务开展意识形态宣传工作，通过大力宣传马克思列宁主义、毛泽东思想，肃清教育界、文学艺术界的资产阶级倾向，扫清封建主义、资本主义和帝国主义思想残余，摒除社会陋习和树立社会新风尚等举措，统一思想、动员群众，确立马克思主义在意识形态领域的指导地位。

社会主义革命和建设时期，党的主要任务是实现从新民主主义到社会主义的转变，意识形态宣传的中心任务也转变为最大程度地调动全国各族人民建设社会主义的积极性和创造性，通过摆事实、讲道理，说服教育，解决问题，动员最广大人民群众以最大的热忱投身社会主义建设。时任宣传部部长陆定一《在全国宣传工作会议上的讲话》中还重点讲述了要正确处理好党与知识分子的关系："使更多的知识分子在思想、感情上真心诚意地为工农服务。"[1]

1978 年党的十一届三中全会作出把党和国家工作中心转移到经济建设上来的历史性决策，宣传思想工作围绕并服务于经济建设、现代化建设的大局，为改革发展做好舆论工作，着力宣传党在社会主义初级阶段的基本路线、基本纲领和改革的具体方针、政策，帮助群众认识和克服改革道路上形形色色的思想困惑和祛除主观偏见，重新确立实事求是的思想路线，鼓舞人民立足初级阶段基本国情建设中国特色社会主义的斗志和信心。

中国特色社会主义进入了新时代，习近平总书记在党的十九大报告中指出："坚持和发展中国特色社会主义，总任务是实现社会主义现代化和中华民族伟大复兴，在全面建成小康社会的基础上，分两步走在本世纪中叶建成富强民主文明和谐美丽的社会主义现代化强国。"[2] 为这一历史任务和工作全

---

[1]　中国共产党中央宣传部办公厅、中国共产党档案馆编辑部编：《中国共产党宣传工作文献选编（1957—1992）》，学习出版社 1996 年版，第 22 页。

[2]　《中国共产党第十九次全国代表大会文件汇编》，人民出版社 2017 年版，第 15 页。

局提供思想支持和精神动力，是新时代宣传思想工作义不容辞的政治责任。

新时代宣传思想工作的使命任务就是要紧紧围绕时代主题和中心任务，自觉地服务于实现中华民族伟大复兴的战略全局，凝聚最大共识，进一步坚定全党全国各族人民团结奋斗的共同基础，不断深化新时代中国特色社会主义宣传：引导人们深刻地认识新时代中国特色社会主义的丰富内涵和重大意义；引导人们准确把握新时代我国社会主要矛盾的历史性变化使党和国家工作发生的全局性变化；引导人们辩证地看待新时代面临的机遇与挑战，正确地认识新的历史时期面临的新的斗争；引导全社会充分认识到确立习近平总书记党中央的核心、全党的核心地位，确立习近平新时代中国特色社会主义思想的指导地位的重要性；引导全社会坚定中国特色社会主义道路自信、理论自信、制度自信、文化自信，在新时代中国特色社会主义的伟大实践中，为决胜全面建成社会主义现代化强国和中华民族伟大复兴的中国梦而不懈奋斗，谱写新时代中国特色社会主义新篇章。

2. 坚持党性原则是宣传思想工作的根本原则

宣传思想工作必须坚持党性原则，这是马克思主义新闻观最基本最重要的观点。恩格斯曾在《瑞士报刊》中写道："在大国里报纸都反映自己党派的观点，它永远也不会违反自己党派的利益。"① 在这里恩格斯虽然用的不是"党性"这个词，但是明确指出了报纸具有鲜明的阶级性，是要捍卫本阶级的利益。中国共产党一成立就确立了宣传思想工作的党性原则。具体而言，党性原则包含两个方面的内容：

一是坚持党性原则就要坚持党管宣传思想工作的根本原则。我国是中国共产党领导下的社会主义国家，无论时代如何发展、媒体格局如何变化，只要是具有媒体属性和舆论动员功能的传播平台都必须始终坚持党管媒体的原

---

① 《马克思恩格斯全集》第 6 卷，人民出版社 1961 年版，第 209 页。

则和制度。针对在全媒体时代存在的"媒体社会公器论""第四权力""无冕之王"等杂音噪声，2016 年习近平在党的新闻舆论工作座谈会上再次强调道："坚持党性原则，最根本的是坚持党对新闻舆论工作的领导。"① 党的十九大报告指出："坚持党对一切工作的领导。党政军民学，东西南北中，党是领导一切的。"② 其中，"党管宣传、党管意识形态、党管媒体是坚持党的领导的重要方面"。③ 只有各级各类媒体的领导权都牢牢地掌握在忠于马克思主义、忠于党和人民的人的手里，才能确保党对媒体的主导权、管理权，媒体的主流声音才能更好服务于中华民族伟大复兴的大局。

二是坚持党性原则就是宣传党的纲领方针、传达党的精神。党章明确规定："党的各级组织的报刊和其他宣传工具，必须宣传党的路线、方针、政策和决议。""党报党刊一定要无条件地宣传党的主张。"④ 这是我国宣传思想工作的一项重要原则和政治纪律，也是每个宣传工作者必须始终坚持和遵循的基本要求和最高准则，始终牢记"党和政府主办的媒体是党和政府的宣传阵地，必须姓党。党的新闻舆论媒体的所有工作，都要体现党的意志、反映党的主张，维护党中央权威、维护党的团结，做到爱党、护党、为党；都要增强看齐意识，在思想上政治上行动上同党中央保持高度一致"。⑤ "绝不允许与中央唱反调，绝不允许吃共产党的饭、砸共产党的锅。"⑥ 习近平总书记针对当前在宣传思想工作领域内存在的党性意识淡薄的问题指出："现在，

---

① 习近平：《论党的宣传思想工作》，中央文献出版社 2020 年版，第 181 页。

② 习近平：《决胜全面建成小康社会 夺取新时代中国特色社会主义伟大胜利——在中国共产党第十九次全国代表大会上的报告》，人民出版社 2017 年版，第 20 页。

③ 习近平：《论党的宣传思想工作》，中央文献出版社 2020 年版，第 181 页。

④ 习近平：《论党的宣传思想工作》，中央文献出版社 2020 年版，第 182 页。

⑤ 《习近平谈治国理政》第 2 卷，外文出版社 2017 年版，第 332 页。

⑥ 习近平：《意识形态关乎旗帜关乎道路关乎国家政治安全》，载中国共产党中央文献研究室编：《习近平关于社会主义文化建设论述摘编》，中央文献出版社 2017 年版，第 36 页。

在一些单位和一些人那里，党的意识淡漠了，党性原则讲得少了。有的对党的政治纪律、宣传纪律置若罔闻，根本不当一回事；有的还专门挑那些党已经明确规定的政治原则来说事，口无遮拦，毫无顾忌，受到敌对势力追捧，不以为耻、反以为荣。党的宣传思想阵地不为党服务，党的宣传思想工作者不愿意甚至不敢坚持党性原则，岂非咄咄怪事？如果在坚持党性这个根本问题上没有明确观点和立场，那就是政治上不合格，就没有做党的宣传思想工作最起码的资格。"①并再次明确了如何坚持好宣传思想工作的党性原则："坚持党性，核心就是坚持正确政治方向，站稳政治立场，坚定宣传党的理论和路线方针政策，坚定宣传中央重大工作部署，坚定宣传中央关于形势的重大分析判断，坚决同党中央保持高度一致，坚决维护中央权威。这是大原则，决不能动摇。"②这"三个坚定""二个坚决"表明了宣传思想工作必须坚持党性原则的坚定立场，确保为中国特色社会主义事业的顺利发展提供正确的舆论导向，使中国特色社会主义事业真正做到"千磨万击还坚劲，任尔东西南北风"。

3. 坚持以人民为中心的工作导向

人民立场是中国共产党的根本政治立场，以人民为中心的工作导向是全心全意为人民服务的根本宗旨在宣传思想工作的具体要求。

坚持以人民为中心的导向就是要始终保持同人民群众的血肉联系，把实现好、维护好、发展好最广大人民群众的利益作为宣传思想工作的出发点和落脚点。"宣传思想工作的本质是做人的工作，本质上是群众工作"，③是党联

---

① 中国共产党中央文献研究室编：《习近平关于社会主义文化建设论述摘编》，中央文献出版社 2017 年版，第 24 页。

② 《习近平谈治国理政》第 1 卷，外文出版社 2014 年版，第 154 页。

③ 新华社通讯组课题组编：《习近平新闻舆论思想要论》，新华出版社 2020 年版，第 65 页。

系群众的重要纽带，也是党做好群众工作的重要渠道，必须始终坚持群众路线，从群众中来到群众中去，"把体现党的主张和反映人民心声统一起来"。① 我们党是工人阶级的政党，是为最广大人民群众谋求根本利益的党，党的宣传工作也必须讲人民性，只有站在人民的立场上，真实地反映人民愿望，才能真正地解决"为了谁、依靠谁、我是谁"的根本问题。② 习近平在学习贯彻党的十八大精神研讨班上指出："保持同人民群众的血肉联系，始终是我们党立于不败之地的根基。"③ "我们要适应新形势下群众工作新特点新要求，深入做好组织群众、宣传群众、教育群众、服务群众工作，虚心向群众学习，诚心接受群众监督，始终植根人民、造福人民，始终保持党同人民群众的血肉联系，始终与人民心连心、同呼吸、共命运。"④ 从中可见，宣传思想只有坚持以人民为中心的导向，植根于人民，保持同人民群众的血肉联系，才能找准前进的目标，找到工作的力量源泉。

宣传思想工作坚持以人民为中心的导向就要书写好"为了谁、依靠谁、我是谁"的时代答卷。人民群众的生动实践是宣传思想工作创造的源头活水，保持宣传思想工作的生机活力就必须深入群众、深入基层、深入实际去触摸时代脉搏，通过鲜活的故事、典型的细节、感人的场景展现新时代人民群众的精神风貌，书写反映时代气息的精品力作，增强宣传报道的吸引力、感染力。2013 年习近平总书记在全国宣传思想工作会议上明确提出："要树立以人民为中心的工作导向，把服务群众同教育引导群众结合起来，把满足需求同提高素养结合起来，多宣传报道人民群众的伟大奋斗和火热生活，多

① 中国共产党中央文献研究室编：《习近平关于社会主义文化建设论述摘编》，中央文献出版社 2017 年版，第 26 页。

② 中国共产党中央文献研究室编：《习近平关于社会主义文化建设论述摘编》，中央文献出版社 2017 年版，第 26 页。

③ 《习近平谈治国理政》，外文出版社 2014 年版，第 15 页。

④ 《习近平谈治国理政》，外文出版社 2014 年版，第 16 页。

宣传报道人民群众中涌现出来的先进典型和感人事迹，丰富人民精神世界，增强人民精神力量，满足人民精神需求。"①2016年在党的新闻舆论工作座谈会上再次强调要坚持以人民为中心的工作导向，要把对党负责和对人民负责统一起来，要更好地把党的理论和路线方针政策内化为人民群众的自觉行动，及时地把人民群众创造的经验和面临的实际情况反映出来，确保新闻媒体始终为人民服务，而不是为少数人服务。② 这一系列重要讲话鲜明地指出了宣传思想工作贯彻以人民为中心导向的工作要求，即宣传思想工作必须深深扎根于人民群众之中，聚焦于人民群众的伟大实践，让人民群众唱主角、发强音，多宣传报道人民群众平凡生活中涌现出来的先进典型，多宣传报道经济社会发展的亮点，多宣传报道时代发展的主流面貌，激发全党全社会团结奋进、攻坚攻难的强大力量，使宣传思想工作更好地发挥党密切联系群众的桥梁作用。

（二）"大宣传"：建立跨部门宣传联动大格局

宣传思想工作是一项非常复杂和庞大的系统工程，需要建立协同物质文明、精神文明、政治文明、社会文明和生态文明建设，通盘设计的跨部门联动机制。长期以来，我国宣传思想工作坚持主渠道、主阵地对意识形态进行宣传教育。树立"大宣传"工作理念，是中央在新形势下做好宣传思想工作的重大部署，也是新时代做好宣传思想工作的基本遵循。

1. "大宣传"理念的内涵

2013年10月21日习近平总书记在全国宣传工作会议上提出了"大宣传"的意识形态宣传新理念，指出："要树立大宣传的工作理念，动员各条战线各个部门一起来做，把宣传思想工作同各个领域的行政管理、行业管

---

① 《习近平谈治国理政》，外文出版社2014年版，第154页。

② 习近平：《论党的宣传思想工作》，中央文献出版社2020年版，第183页。

理、社会管理更加紧密地结合起来。"①"大宣传"理念的提出表明了我国的宣传思想工作迫切需要开创新局面。

"大宣传"理念具有丰富内涵，目前学术界还没有完整系统的阐述。从表面字义来看，"大宣传"是相对于"小宣传"而言的。"小宣传"是指单纯由宣传思想工作部门抓宣传思想工作，也表达出宣传思想工作的视野不够开阔、重点不够突出、工作覆盖面小、工作不够系统深入等。"小宣传"理念容易造成宣传思想工作在宣传思想工作部门内部上下或左右循环，或与各方面的建设缺乏关联、衔接不够，不能动员各方面广泛参与，客观上制约了宣传思想工作应有效能的正常发挥，这已远不能适应党和国家工作大局的需要。"大宣传"是指宣传思想工作跳出宣传思想工作部门的局限，打破宣传思想工作领域各方面工作的壁垒，打通宣传思想工作与经济建设、政治建设、文化建设、社会建设、生态文明建设以及党的建设甚至军队国防建设、外交等各方面的内在关联，形成全党动手抓宣传思想工作的大格局。概括来说，"大宣传"是对宣传思想工作的视野、思路、内容、手段、载体、机制、格局以及主客体等提出的全方位的新要求。②

2. "大宣传"理念下加强宣传思想工作的举措

意识形态从来不只是一个纯粹的理论问题，更是一个关乎国家的政权巩固与社会稳定，关乎一个民族的精神状态和价值观念的重大现实问题。做好宣传思想工作仅靠宣传思想部门是不够的，树立"大宣传"理念，汇聚起推动宣传思想工作的强大合力，做大做强主流舆论，让正能量更强劲，主旋律更高昂，是固本工程和铸魂工程。

（1）树立"大宣传"理念，须组织好"大合唱"

当前，我国意识形态宣传主旋律是培育和弘扬社会主义核心价值观，提

---

① 习近平：《论党的宣传思想工作》，中央文献出版社 2020 年版，第 18 页。
② 公茂虹：《大宣传理念的内涵及价值》，《思想政治工作研究》2014 年第 1 期。

高民众对中国特色社会主义道路、理论体系、制度和文化的认同。意识形态的建设是一项庞大的系统工程，必须突破传统的思想政治教育由思政课教师、政工人员等专职宣传工作人员组成的单一模式，建立一支由各级党员干部、思想理论工作者、宣传工作者、教育工作者、文艺工作者等全员共同参与的高素质的"大宣传"队伍。

中国共产党是我国的执政党，是共产主义思想和共产主义道德的实践者，重在以高尚的精神塑造人。思政课教师是宣传思想工作队伍中的主力军。新闻宣传文化部门是宣传思想工作的重要责任单位，切实做到守土有责、守土负责、守土尽责。文艺工作者则比理论工作者更贴近民众，负责为民众提供喜闻乐见、健康、积极向上、具有鼓舞力量的作品，以丰富民众日益增长的精神生活的需求，他们对社会消费观念的形成、社会道德的指引特别是对青少年的思想倾向能产生强大的示范作用。哲学、社会学、法学、经济学等其他学科的教育工作者担负着"认识世界、传承文明、创新理论、咨政育人、服务社会"的重要职责，是党和政府工作的"思想库"和"智囊团"。

正如一首歌尽管是由不同音符组成，但总在一个调上旋律才会动听，若是其中一些关键音符走音，甚至故意唱反调，那这首歌肯定不好听。在大力弘扬和培育社会主义核心价值观这一主旋律下，需要不同的声音，但更需要这些声音在同一个频率上引起"共鸣"，才能演奏出和谐的音律。

（2）建立跨部门联动的"大宣传"格局

阿尔都塞曾在《意识形态与意识形态国家机器》一文中指出，一个国家既包括军队、警察、法庭、监狱等强制性国家机器，也包括宗教、教育、家庭、法律、政治、工会、通讯、文化等意识形态国家机器，强制性国家机器和意识形态国家机器共同维护着社会的和谐有序，共同实施对劳动力的再生产，劳动力的社会规范的养成，对主导意识形态的接受和认同，不仅仅是通过教育体制，还通过其他场合和机构。①阿尔都塞的意识形态国家机器理论强调了意识形态工作犹如一个大合唱团，要求各成员间各部门间共同参与、彼此合作、各尽其职、各尽其能。

宣传思想工作的"大宣传"理念，要求树立整体思维、系统思维，跳出现有的"一亩三分地"狭隘的本位意识，打破目前单纯的以思政课教学为主渠道的工作局面，宣传工作和学生工作发挥各自的优势，整合资源，调动各方面的积极性、主动性和创造性，整体联动、密切协作、精准发力、形成合力。坚持党委书记主管思想政治和意识形态工作的优良传统，建立党委统一领导，党政各部门和工会、共青团、妇联等人民团体齐抓共管、各负其责的思想政治工作体制。"大宣传"格局在充分发挥这些人民团体的重要作用的同时，还要求分管思想政治工作的领导部门、牵头部门，充分发挥指挥作用，当好"领唱"，统筹兼顾，充分调动各方面的积极性、主动性和创造性，把思想政治工作同各个领域的行政管理、行业管理、社会管理更紧密地结合起来，建立一种全新的工作机制，使思想政治工作融于业务工作、社会日常管理工作之中，防止思想政治工作和行政事务工作之间互不搭界、"两张皮"的现象。

（3）树立"大宣传"理念，须善打"组合拳"

江泽民曾在中央思想政治工作会议上强调，宣传思想工作不仅仅是要发挥学校的主阵地作用，更要保证"从上到下的一切思想文化阵地，包括理论、新闻、出版、报刊、小说、诗歌、音乐、绘画、舞蹈、戏剧、电影、电视、广播、网络等，都应该成为我们宣传科学理论、传播先进文化、塑造美好心灵的阵地"。②从这段论述中可见，一切思想文化阵地既包括报刊、电影

---

① ［法］路易·阿尔都塞：《意识形态与意识形态国家机器》，载斯拉沃热、齐泽克等：《图绘意识形态》，方杰译，南京大学出版社 2002 年版，第 133—157 页。

② 《江泽民文选》第 3 卷，人民出版社 2006 年版，第 97 页。

电视、广播等传统媒体，也包括微博、微信等新兴媒体。"大宣传"理念下加强宣传思想工作，需要整合传统媒体和新兴媒体各自的优势，把一切具备传播功能和媒体属性的载体和平台作为传播渠道，主动占领意识形态高地。面对社会环境、舆论环境、传播环境的深刻变化，我们需适应信息技术迅猛发展的情况，充分发挥新兴媒体的宣传效能，打好宣传思想工作的"组合拳"，从而唱响主旋律，打好主动仗。

（三）媒体融合：构建全媒体传播新格局

随着信息社会不断发展，新兴媒体的影响越来越大，推动传统媒体和新兴媒体融合发展，"加快构建融为一体、合而为一的全媒体传播格局"[①]是新时代以习近平同志为核心的党中央为扩大宣传思想文化阵地、壮大主流思想舆论、筑牢全党全国人民团结奋斗的共同思想基础作出的一项重大战略部署，也是新时代繁荣和发展中国特色社会主义文化、为实现中华民族伟大复兴提供强大精神动力和舆论支持的必然要求。

1. 全媒体格局中传统主流媒体面临的挑战

随着互联网的快速发展，多媒体终端层出不穷，全媒体时代已经成为不可逆转的历史潮流。习近平在主持十九届中央政治局第十二次集体学习时深刻指出："全媒体不断发展，出现了全程媒体、全息媒体、全员媒体、全效媒体，信息无处不在、无所不及、无人不用，导致舆论生态、媒体格局、传播方式发生深刻变化，新闻舆论工作面临新的挑战。"[②]尤其是一些传统的主流媒体的舆论引导力面临前所未有的挑战。

（1）传统主流媒体的受众对象发生了深刻变化

根据中国互联网络信息中心发布的数据显示，截至 2022 年 6 月，10—19 岁、20—29 岁、30—39 岁、40—49 岁网民占比分别为 13.5%、17.2%、

---

① 习近平：《论党的宣传思想工作》，中央文献出版社 2020 年版，第 356 页。

② 习近平：《论党的宣传思想工作》，中央文献出版社 2020 年版，第 354 页。

20.3%、19.1%，[①] 这四个群体的总占比达到 70.1%，他们主要是通过网络获得新闻。网络视频已成为中国网民最主要的娱乐方式，截至 2022 年 6 月，我国网络视频（含短视频）用户规模达 9.95 亿，较 2021 年 12 月增长 2017 万，占网民整体的 94.6%。其中短视频用户规模为 9.62 亿，较 2021 年 12 月增长 2085 万，占网民整体的 91.5%。[②] 与之相对应的是传统媒体电视的开机率、节目的收视率在连年下降，"据统计，2008 年央视《新闻联播》在全国 35 城的收视率高达 25%，湖南卫视的品牌栏目在晚间黄金时段收视率能达到 20%，各省卫视的品牌栏目在本省的收视率都在 10% 以上。而 2018 年，湖南卫视、浙江卫视、东方卫视、北京卫视等头部频道的收视率在 0.15% 至 0.2% 之间。十年之间，收视率下降十倍"。[③] 据统计，看《新闻联播》的人群最大部分是党政领导及机关事业单位的，还有农村的党员干部及群众，以及退离休的老干部、老工人也占比很大。正因为此，2013 年 8 月 19 日，习近平在全国宣传思想工作会议上的讲话中提醒道："很多人特别是年轻人基本不看主流媒体，大部分信息都从网上获取。必须正视这个事实，加大力量投入，尽快掌握这个舆论战场上的主动权，不能被边缘化了。"[④]

（2）传统主流媒体议程设置权力弱化

新媒介技术深刻地改变了媒体信息生产和信息发布的格局，传统主流媒体的垄断地位被打破，信息发布权从传统的主流媒体向草根网民转移。尤其

---

① 中国互联网络信息中心：《第 50 次〈中国互联网络发展状况统计报告〉》，载中国互联网络信息中心，http://www.cnnic.net.cn/n4/2022/0914/c88-10226.html，2022 年 8 月 31 日。

② 中国互联网络信息中心：《第 50 次〈中国互联网络发展状况统计报告〉》，载中国互联网络信息中心，http://www.cnnic.net.cn/n4/2022/0914/c88-10226.html，2022 年 8 月 31 日。

③ 黄薇莘：《当下有为，未来可期：媒体格局变化中的广播电视》，《声屏世界》2019 年第 5 期。

④ 中共中央文献研究室编：《习近平关于全面深化改革论述摘编》，中央文献出版社 2014 年版，第 83 页。

是自媒体的兴起，借助于智能终端设备、通信技术、新型应用，任何个体都可以变成新闻事件现场的第一报道者，将信息通过具有全球联网功能的公共信息平台迅速传播到全球，新媒体所具有的这种强大的即时性、互动性、互融性的特点，使信息发布主体由社会精英层向普通大众层转移，使新媒体越来越成为广大普通群众表达心声、愿望、诉求的重要阵地，媒体议题更多涉及与普通大众衣食住行、生老病死相关的民生话题，这不仅重新界定了过去舆论场所谓"主流""非主流"和"权威""非权威"等概念，还改变了人们评价社会公共话题的参与模式，非主流的舆论更趋向自由化、个性化和复杂化，很大程度上消解了主流媒体的"注意力特权"，使主流媒体出现"边缘化"趋势，这也在一定程度上导致"传统主流媒体的专业新闻内容生产沦为众多信息主体中的一分子，失去了往日的主导地位"。①

（3）传统主流媒体单向传播难以满足受众的多元化和个性化需求

传统主流媒体面临的最大挑战是媒体直接传播信息给广大受众的点到面的单向传播模式。这种点到面的单向传播模式使受众无法根据个人兴趣爱好对信息进行筛选，媒体自身也无法便捷地获得受众对信息的评价与反馈，使传统主流媒体的宣传内容很难满足受众个性化和多元化的需求，通常陷入大水漫灌、千报一面的困境。受众也逐渐失去了对传统主流媒体的兴趣，导致纸媒的订阅量以及传统电视节目的收视率逐渐下降。《传媒蓝皮书：中国传媒产业发展报告（2021）》显示：2020年报刊市场持续萎缩，报纸、期刊广告收入持续下跌，分别下降28.2%、30.0%，报刊经营收入继续大幅收缩。纸质报刊发展身陷困境，进一步凸显了报刊业深度融合的紧迫性。②

---

① 张威：《传统主流媒体融合发展的挑战及应对策略探析》，《新闻研究导刊》2021年第11期。

② 《2020—2021中国传媒产业发展报告》，载传媒蓝皮书，https://baijiahao.baidu.com/s?id=1714035906084766906&wfr=spider&for=pc，2021年10月19日。

2. 全媒体格局中新兴媒体成为重要传播力量

互联网以超乎我们想象的速度迅猛发展，数据显示，截至 2022 年 6 月，我国网民规模为 10.51 亿，[①] 十多亿用户接入互联网，形成了全球最为庞大、生机勃勃的数字社会。尤其是数字杂志、数字报纸、数字广播、手机短信、桌面视窗、移动电视、数字电视、网络、触摸媒体等新媒体的快速发展，论坛、贴吧、微信、博客、播客、微博、抖音、直播等自媒体平台的爆发，不仅升级了人们的工作方式、转变了人们的思维模式，甚至在某些方面重新定义了我们的生活。新媒体成为大众获得信息、生活消费、交流情感、话语表达等日常生活中不可或缺场域，新媒体已经成为全媒体时代信息传播的重要力量和网民获取资讯的重要通道，对社会特别是青少年群体带来的思想观念的变革之大是难以估量的。

新兴媒体最大的优势在于以互动分享为主要特征的分众化、差异化传播让受众的自主性和参与性得到空前彰显。近年来，大数据、云计算、人工智能等新一代互联网技术、5G 高速传输网络和超高清显示屏技术，正在重构和再造节目的制作、宣发、购销、播出体系和流程。人工智能推荐是近年来新出现的一种广告或推销模式，与传统的利用产品、环境等外部客观因素来诱导受众的注意力方式不同，人工智能主要是借助云计算、大数据技术搜集海量的受众信息，包括性别、地域、受教育程度和观看偏好等，运用算法对用户进行痕迹管理，刻画出用户群像，分析和判断用户的习惯、喜好和即时需求，精准把握用户需求，进行信息和产品的定向推荐，从而获得用户的注意力。人工智能技术还可以大规模、自动化地改变受众的主观意识。一方面，这种掠夺注意力的方式更具隐蔽性，完全自动化的和带有自定义色彩的

---

① 中国互联网络信息中心：《第 50 次〈中国互联网络发展状况统计报告〉》，载中国互联网络信息中心，http://www.cnnic.net.cn/n4/2022/0914/c88-10226.html，2022 年 8 月 31 日。

推荐会让很多用户单纯地认为这是算法带来的便利，反而忽视注意力被固定和局限的事实。另一方面，这一机制也提升了注意力掠夺的成功率和效果。人工智能推荐机制基于用户个性化的兴趣和需求，会为不同用户筛选出更具针对性的推荐内容，所传递的文化和观念也可以因人而异。因此，这种从精准定位受众到量身定做、精准推送信息的传播方式极大地提升了新兴媒体传播的实效性，往往会获得更多用户的关注和更高的满意度，这也是对传统媒体单向的线性传播方式的巨大挑战。正因为此，习近平总书记在党的新闻舆论工作座谈会上强调："要适应分众化、差异化传播趋势，加快构建舆论引导新格局。"①

其次，新兴媒体的即时性和开放性也是其超越传统媒体的优势所在。新媒体突破了国别、区域边界的时空约束，实现了传播的跨越时空、超越疆界，即刻传递、海量传送、互动传播，公众可以即时获知正在发生的新闻事件，不受时间和空间的限制表达、交流意见和观点；互联网络的开放性意味着任何互联网用户都可以平等地接受来自各个方面的信息和在信息的海洋中平等自由地选择各类资讯，开阔视野，丰富精神生活，这在很大程度上削弱了传统主流媒体对信息的垄断，互联网的开放性也意味着任何个人、任何组织包括国家和政府都不能阻碍也难以阻碍他人获得信息的权益。总之，互联网络在中国已经成为公民参与公共事务的最重要的平台，成为公民自主性和公共性发育的最重要的空间，其监督和干预公共事务的能力不断增强。

因此，充分发挥传统主流媒体和新兴媒体各自的优势，规避不足，实现传统媒体和新兴媒体的融合发展，是新时代宣传思想文化领域深化改革的重要任务。

---

① 《习近平总书记党的新闻舆论工作座谈会重要讲话精神学习辅助材料》，学习出版社 2016 年版，第 7 页。

3. 推动传统媒体和新兴媒体深度融合

党的十八大以来，以习近平同志为核心的党中央高度重视媒体的融合发展，把推动传统媒体和新兴媒体融合发展，作为落实中央全面深化改革部署、推进宣传文化领域改革创新的一项重要任务。2019 年 1 月 25 日，中共中央政治局在人民日报社就全媒体时代和媒体融合发展举行第十二次集体学习，习近平总书记就加快推动媒体融合发展发表了重要讲话，并提出"导向为魂、移动为先、内容为王、创新为要"[①] 十六字要诀，为媒体融合指明了方向。

（1）导向为魂，坚持正确的舆论导向

互联网这一新兴的宣传思想文化阵地犹如一把双刃剑，用好了就能造福国家和人民，用不好就可能带来难以预见的风险和危害，因此，必须旗帜鲜明地坚持正确的政治方向、舆论导向和价值取向。[②] 在全媒体时代，有人把互联网视为法外之地和舆论飞地，习近平总书记在党的新闻舆论工作座谈会上的讲话中严重批评了类似错误思想："有人说，当下中国存在'两个舆论场'，一个是以党报党刊党台、通讯社为主体的传统媒体舆论场，一个是以互联网为基础的新媒体舆论场。有人说，现在是'资本为王'的'资本媒体''商业媒体'时代，是'人人都有麦克风'的自媒体时代，再提坚持党管媒体没有意义。有人说，坚持党管媒体，主要是对党和政府主办的重点新闻媒体而言的，对其他媒体并不适用。这些看法是错误的。"[③] 这种看法错在如果我们任由娱乐类、社会类新闻中和新媒体平台上弥漫着纸醉金迷、花天酒地、钩心斗角、炫耀财富、移情别恋、杀人越货等方面的内容，或充斥着有

---

① 习近平：《论党的宣传思想工作》，中央文献出版社 2020 年版，第 354 页。

② 习近平：《论党的宣传思想工作》，中央文献出版社 2020 年版，第 356 页。

③ 中共中央文献研究室编：《习近平关于社会主义文化建设论述摘编》，中央文献出版社 2019 年版，第 42 页。

关"大款"、老板、名人、明星等人物的八卦新闻，就难以对人民群众起到正面引导作用，甚至还有可能消解主流媒体传导的主流价值观。因此，传统媒体和新兴媒体应该实行一个标准、一体管理，不能搞两个标准、形成"两个舆论场"。传统媒体和新兴媒体都应该遵循团结稳定鼓劲、正面宣传为主的基本方针，以"主旋律更响亮、正能量更强劲"为总要求，以社会主义核心价值观为引导，"从建设社会主义先进文化、占领思想舆论阵地制高点的高度"，充分利用网络优势，形成网络正面舆论强势，[①] 主旋律和正能量不仅要主导报刊版面、广播电台、电视荧屏，也要主导网络空间、移动平台等新兴传播载体，以既符合政治标准又符合艺术标准的高品质的文化产品客观展示新时代我国蓬勃向上的态势和用心用情地集中反映社会民众健康向上的本质，以高品位的文化产品抵制"庸俗、低俗、媚俗"的娱乐内容，使宣传思想工作起到鼓舞士气、提振人心的作用，确保全媒体的正确舆论导向。

（2）移动优先，全力打造主流移动传播平台

坚持移动优先战略就是"让主流媒体借助移动传播，牢牢占据舆论引导、思想引领、文化传承、服务人民的传播制高点"。[②] 全媒体时代移动互联网已经成为信息传播主渠道，随着5G、大数据、云计算、区块链、物联网、人工智能等技术取得突破性发展，为内容优势凸显的主流媒体提供了风生水起的机会。如央视新闻从2012年正式启动新媒体业务，依托自身优势，以电视和新媒体的良性互动为出发点，做大做强微博、微信、客户端，同时打造出微视频、移动直播等强势品牌，形成了多层次、多形态共同发展的新媒体格局，"使央视新闻获得更具权威性的媒体地位、更强的舆论引导力和更

① 新华通讯社课题组编：《习近平新闻舆论思想要论》，新华出版社2020年版，第206页。
② 习近平：《论党的宣传思想工作》，中央文献出版社2020年版，第355页。

广阔的发展空间"。① 又如，根据中国记者协会发布的《中国新闻事业发展报告（2016 年）》，全国报刊数字出版转型示范单位中，超过 95% 的单位都开发了基于媒体品牌同名或异名客户端或微信公众号。②2014 年，上海报业集团结合互联网技术创新与新闻基本价值传承全力打造的澎湃新闻，为城市赋能，弘扬正能量。澎湃新闻通过图文、视频、VR、动画等全媒体新型传播方式的综合运用，迅速成长为中国媒体融合发展的领跑者之一。如今，澎湃新闻有 App、iPad、PC 和 Wap，兼具微信、微博、抖音、快手等多个平台，成为中国原创新闻平台中极具规模和特色的政务平台，其新闻内容全网分发，拥有很强的社会公信力、传播力、影响力。

在传媒格局深度调整的大趋势下，坚持移动优先战略是传统主流媒体在全媒体时代重获生存发展、提升舆论引导能力的必由之路。传统主流媒体只有顺应时代发展趋势，把握机遇，坚持移动优先战略，一方面充分利用采编能力、信息渠道、自身品牌等资源，发挥在专业性、权威性、公信力等方面的优势；另一方面，借助新媒体的传播优势，创新理念、内容、形式、方法、手段、业态，打造适合全媒体时代媒体传播的体制机制、组织结构和运营模式，使媒体的传播能力和综合实力实现新的飞跃，正面宣传质量和水平再上新台阶，舆论引导能力实现新的提升。

（3）内容为王，以"文化＋科技"模式生产高品位文化产品引领大众的文化趣味

互联网为信息、文化生产提供了广阔平台，新闻、影视、音乐、动漫、游戏等都变成了内容和产品。但在这个高速发展的社会，大众显然已经厌倦了一成不变的审美类型、文化模式，多样化、个性化的互联网内容服务才能

---

① 张月：《央视新闻移动网：移动优先　直播为核　联盟为形》，《传媒评论》2017 年第 3 期。

② 新华通讯社课题组编：《习近平新闻舆论思想要论》，新华出版社 2020 年版，第 225 页。

满足用户挑剔的心理期待。尤其是随着科技与文化融合的深入，互联网不仅提高了用户对内容产品的期望值，而且在网络上还激发了新的期望值、创意思维和意义生产模式。互联网上的内容产品必须持续不断地创新，将中华优秀传统文化、革命文化和社会主义先进文化、社会主义核心价值观作为内容生产的深层支柱，融入更多的文化创意元素，激发内容生产和内容创造的活力，依托大数据、云计算、"人工智能＋虚拟现实"、裸眼 3D、云传播等技术，加速推进内容业态的跨界融合，创造出更多富有创意的多模态、合理化、高级化的文化精品，通过魅力无穷的界面效果，给用户带来极致化的体验，从而提升网络文化产品的服务和价值引领。[1]比如《我在故宫修文物》纪录片就是文化创意产品深度融合的经典之作。为庆祝故宫博物院建院 90周年，央视拍摄了《我在故宫修文物》纪录片，没想到播出后没多久就在网络上爆红，"工匠精神"一词也随之走红并入选 2016 年十大流行语。《我在故宫修文物》成功的背后展示的是用现代传媒方式触摸神秘沧桑、源远流长的中华文明，将中国传统文化的博大、厚重、深邃等独特的韵味和气质通过现代传媒的方式展现出来，连接起古与今两个时空，传递着古人和今人的对话，从而感动无数华夏儿女，传递出属于我们自己的文化自信。

（4）创新为要，推动传统媒体和新兴媒体深度融合，打造新型主流媒体

全媒体时代传播环境和传播格局的深刻变化使党的宣传思想工作面临许多新问题新挑战，创新成为新闻媒体开创宣传思想文化工作新局面的必由之路。习近平在视察解放军报社时，要求新闻舆论工作"推进理念、内容、手段、体制机制等全方位创新"。[2]在党的新闻舆论工作座谈会上再次强调，"必须创新理念、内容、体裁、形式、手法、手段、业态、体制、机制，增强针

---

① 陈伟军：《创新互联网内容建设的路径》，《新闻战线》2020 年第 5 期。

② 《坚持军报姓党，坚持强军为本，坚持创新为要，为实现中国梦强军梦提供思想舆论支持》，《人民日报》2015 年 12 月 27 日。

对性和实效性"。① 这些重要论述既提出了全方面创新的总目标，又明确了全媒体时代媒体融合发展的重点和突破口。

近年来，主流传统媒体抓住历史机遇，紧跟时代潮流，以互联网思维引领创新发展，围绕媒介形态、内容生产、运行机制、话语方式等开展全方面创新，在新闻生产能力、信息技术运用、人力资源储备、体制机制创新等方面都取得了显著成绩，在推进传统媒体和新兴媒体融合发展上迈出了重要步伐。以央视的《新闻联播》为例，充分发挥中央新闻媒体内容资源优势，大胆地运用新媒体传播方式，积极拓展主流媒体的传播新阵地。2018 年 8 月 16 日《新闻联播》微信公众号上线，不到 10 天，官方微信公众号步入正轨，每天发布的推文都维持在 4 篇及以上。在公众号中下设了"直播""主播说联播""联播划重点"三大栏目，其中"主播说联播"栏目备受用户青睐。"主播说联播"作为《新闻联播》的衍生品，创新了编排方式，对《新闻联播》当天播出的某个重大时政新闻或热点事件的内容进行重新解读。在一分多钟的短视频节目里，主播们悉数登场，用平民化的语言、轻松的表达、精辟的点评、恰当的音乐，成功吸引了年轻群体的注意力，实现了对《新闻联播》的分众化、碎片化、年轻化传播，为中央广播电视总台打造"国际一流新型主流媒体"进行了有益的探索和尝试。②2019 年 8 月 24 日，《新闻联播》又开通了官方快手号，凭借主播李梓萌的"快手的老铁们，你们好！"这句在快手短视频 App 习以为常的经典开场就圈粉无数，粉丝的数量瞬间就飙升到 1210.9 万。在第一个视频中，李梓萌用网民喜闻乐见的网络流行语妙趣横生地说明了《新闻联播》加入快手的原因，据官方数据显示，该条短视频在快

---

① 《习近平总书记党的新闻舆论工作座谈会重要讲话精神学习辅助材料》，学习出版社 2016 年版，第 7 页。

② 刘涛：《传统主流媒体时政新闻短视频报道突围路径——以央视〈主播说联播〉为例》，《新闻世界》2021 年第 1 期。

手上仅仅发布一个小时后，播放量便达到了5400万。在开通快手号的同一天，还开通了官方抖音号。主播康辉录制的第一条短视频发布后，仅用一天的时间，粉丝数便逼近1500万，冲到了抖音热点第一名。[①]央视《新闻联播》这一主流传统媒体联袂微信公众号、抖音、快手这三大新媒体传播环境下最热门的发声器全方位地揽获了各行各业年龄迥异的受众，极大地提升了影响力和传播力。

再如"学习强国"学习平台是全媒体时代强化理论武装和思想教育的创新探索，这一平台坚持鲜明主题，突出思想性、新闻性、综合性、服务性，全面呈现习近平总书记关于改革发展稳定、内政外交国防、治党治国治军的重要思想，打造学习宣传习近平新时代中国特色社会主义思想全面、丰富的信息库。如今，这一平台已经打造成一个内容权威、特色鲜明、技术先进、广受欢迎的思想文化聚合平台，其海量的图文、音视频资源、特色专栏等可以满足不同年龄段不同职业不同阶层的多样化、个性化、智能化和便捷化需要。有网民调侃道，"学习强国"上用不完的资源，可以撑起从幼儿园到大学生的整个暑假，大批优质的资源可以陪娃"学""游""乐""活"过暑假。这一评价足以证明"学习强国"平台内容建设的巨大成功，获得用户高度认可。"学习强国"的初衷主要是打造一个为广大党员服务的网络平台，如今，每天上"学习强国"已经成为广大党员的一种习惯。如果我们能借鉴"学习强国"的做法，为不同人群打造出不同内容的网络平台，也就能牢牢地主导和引领新媒体舆论场，做强网上正能量的宣传。

总之，全媒体时代媒体融合是一场深刻的自我革命，也是一篇大文章，需要广大宣传思想工作者去细细挖掘传统媒体和新兴媒体各自优势，实现优

---

① 　向延桃：《新媒体环境下传统主流媒体的创新策略——以央视〈新闻联播〉为例》，《新媒体研究》2020年第20期。

化整合、深度融合，用心用力用情用功打造出一批形态多样，具有强大影响力、竞争力的新型主流媒体，扩大主流价值观的影响力版图，使主流声音更广泛地占领舆论阵地，为新时代文化繁荣发展发挥积极作用。

（四）创新方式：达到"好的宣传就是做得不像宣传"的效果

当前党的宣传思想工作所面临的困境是：在高度信息化社会里，实行简单的舆论控制和信息封锁，几乎成为不可能的事。同样，依靠传统僵化的意识形态宣传方式也使主流意识形态难以发挥其影响力。那么，主流意识形态以何种姿态出现、以何种方式传播，才能在丰富多彩的信息世界中，吸引受众的注意力，使受众不自觉地、无意识地接受主流意识形态，以达到"好的宣传就是做得不像宣传"的效果。要解决这一难题，必须创新意识形态的宣传方式，从而让党的声音传得更开、传得更广、传得更深入。

1. 创建贴近生活的意识形态话语体系

话语是思维的概括与反映，是意识形态内容的承载方式，任何一种意识形态都需要通过一定的话语体系表达出来，不同的话语体系，其表达效果不同，所起到的意识形态宣传效果也不同。创建一套贴近生活、富有时代气息的意识形态宣传话语体系，是实现"好的宣传就是做得不像宣传"的前提条件。

党的十八大以来，党的意识形态宣传话语体系创新取得显著成效，"伟大复兴的中国梦""社会主义核心价值观""不忘初心、牢记使命"等社会主义意识形态关键词成为热点词、高频词、核心词。根据《咬文嚼字》杂志社评选的年度十大流行语，自2013年以来，"中国梦""顶层设计""新常态""工匠精神""新时代""十九大""人类命运共同体""不忘初心、牢记使命""文明互鉴"等成为各年度的流行词和热点词。这些热点词的流行是意识形态宣传成果的缩影，通过打造富有时代气息、通俗易懂、凝心聚力的社会主义意识形态关键词，极大地推进了马克思主义大众化。但是，不少短板和问题还存在着，随着全球化进程的深入和各类新兴科技的不断涌现，媒体格局、舆论生态、受众的阅读习惯和接受信息方式发生了深刻变化，人民群众对精神文化内容质量和形式的要求不断提升，主流意识形态宣传的话语体系作为一套统一、完整、严肃的话语内容，存在时效性、针对性、可读性还不够强的问题，在宣传落实过程中"存在受众不爱看、不爱听的问题"。① 因此，新时代党的意识形态宣传在贯彻落实过程中必须大力弘扬贴生活、贴实际、贴群众的意识形态话语，针对不同的群体实现不同特点的话语转化，创造人民群众能理解、能认同的话语关键词，使其具有吸引力和感染力；要善于运用移动互联网实现网络词汇转化，使主流意识形态话语更具有时代气息和生活气息。正如习近平强调："讲的话群众喜欢听，写的文章群众喜欢看，这样才主动，才能得心应手。"② 理论只有说服人才能武装人的头脑，不贴近人民群众生活的意识形态话语只能束之高阁，无法起到真正的效果。

2. 运用"鲜活"语言表达意识形态话语

语言作为最基本的日常使用工具，产生于日常生活中，成熟于交往活动之中，"鲜活"的语言，是指意识形态宣传话语通俗易懂、积极向上。"话需通俗方传远。"在开展宣传思想工作时，一是要将学术话语转变为生活话语，变宏大叙事为平凡叙事，突出意识形态话语与群众生活话语的契合，通过深入浅出、生动形象的解读把晦涩难懂的理论转换成简明的观点、通俗易懂的和日常的生活化话语，使抽象理论生活化、通俗化；二是将官方话语转变为民间话语。意识形态话语体系建设必须走出传统的相对固定的文本模式，通过建立一定的转换机制将高大上的官方话语转换成符合群众思维习惯、语言

---

① 中国共产党中央文献研究室编：《习近平关于社会主义文化建设论述摘编》，中央文献出版社 2019 年版，第 39 页。

② 中国共产党中央文献研究室编：《习近平关于社会主义文化建设论述摘编》，中央文献出版社 2019 年版，第 32 页。

习惯、情感体验，易于群众理解和接受的民间话语，将中央精神和高层决策转换为客观的、务实的政策解读，将教条化的说教变为对现实问题的解释和利益矛盾的解决，采用幽默诙谐的语言进行宣传，从而使群众理解、接受和拥护，并自觉坚持与维护党的意识形态话语权，通过话语表达方式的创新，让党的创新理论"飞入寻常百姓家"。①

习近平总书记就是善于运用"鲜活"语言来宣传主流意识形态的典范。2013 年，习近平在莫斯科国际关系学院说："'鞋子合不合脚，自己穿着才知道。'一个国家的发展道路合不合适，只有这个国家的人民才最有发言权。"②"鞋子合不合脚，自己穿着才知道"，既通俗易懂又寓意深远，向国际社会鲜明地亮出坚持走中国特色社会主义道路的自信与决心；"绿水青山就是金山银山"这一脍炙人口的金句是习近平统筹经济发展与生态环境保护作出的重要论断；在 2015 年的新年贺词中他说，"我们的各级干部也是蛮拼的"，"我要为我们伟大的人民点赞"。"蛮拼的""点赞"都是网络上流传的富有时代气息的语言；在全国党校工作会议座谈会上谈到争取国际话语权时他说道："落后就要挨打，贫穷就要挨饿，失语就要挨骂。形象地说，长期以来我们党带领人民就是要不断解决'挨打''挨饿''挨骂'这三大问题。"③用"挨打""挨饿""挨骂"这一生理的体验形象地刻画出了近代以来的中国发展史，既言简意赅又贴切透彻。在治国理政的过程中，他常常通过中华传统故事和中国革命故事深入浅出地讲述治国之道，如《信仰的味道》《四知拒金》《要言妙道》等，《习近平讲故事》《平语近人》等书籍记录了总书记在不同会议上引用的故事，并对其延伸解读，通过这些图书的出版，有效地提高了宣传话语的可读性和通俗性。

---

① 习近平：《论党的宣传思想工作》，中央文献出版社 2020 年版，第 340 页。
② 《习近平谈治国理政》，外文出版社 2014 年版，第 273 页。
③ 习近平：《论党的宣传思想工作》，中央文献出版社 2020 年版，第 159 页。

3. 采用喜闻乐见的方式加以宣传

宣传方式是开展意识形态宣传工作必不可少的关键因素，极大地影响宣传工作的效果。采取群众所喜闻乐见的方式加以宣传，避免简单、僵化说教。弗洛伊德认为，人的心理保护机制"反抗从外部灌输"，"意识操纵成功的一半要取决于如何使个体和社会群体的心理保护手段不起作用和停止起作用的本领"。① 在意识形态宣传过程中，寓教于乐，使人们在潜移默化中不知不觉接受主流意识形态，也就是实现了心理学上所说的"好的宣传就是做得不像宣传"的效果。

纵观中国共产党的意识形态宣传史可以发现，我们党十分讲究意识形态宣传的方式方法：据粗略统计，从 1921 年 7 月到 1949 年 10 月，我们党使用过的宣传方式方法达到 60 种以上。除了常见的印发传单、小册子，张贴标语、布告，召开报告会、演讲会、读书会，创作各种类型的墙报、油印小报、铅印大报，组织各种形式的宣传队（宣讲队、演剧队、蓝衫团、秧歌队、歌咏队、巡回展览队、孩子剧团等等），还通过放幻灯、印鼓动画、写街头诗、贴"壁上新闻"、演活报剧、寄年贴、写慰问信、赠纪念品，甚至放孔明灯等形式进行宣传。对于不同的宣传对象或火线喊话，或上门谈心，或登台辩论，或即兴演讲，或激昂慷慨地鼓动，或对宣传观点进行严密的逻辑论证，或将宣传内容寓于各种生动活泼的文化娱乐活动中。② 我党创造的这些灵活多样的宣传方式方法，在长征时期展现得有声有色，只要有时间，战士及宣传员们就把标语写在任何可以写字的地方，如墙上、门上、石头上等；文艺作品的创作，则采用旧曲调填新词，用群众熟悉的曲调，配上革命的话语，既宣传了革命思想，又方便群众传唱，起到潜移默化的宣传效果。

---

① ［俄］谢·卡拉-穆尔扎：《论意识操纵》（上），徐昌翰译，社会科学文献出版社 2004 年版，第 92 页。

② 林之达主编：《中国共产党宣传史》，四川人民出版社 1990 年版，第 3 页。

在社会主义改造时期成功地塑造了一批活泼朗健的中国农民形象，充分利用街头诗、秧歌剧、朗诵诗、黑板报、战地通讯等相当原始的传媒，构建起意识形态宣传的公共空间，以人民群众喜闻乐见的方式、生动活泼的民族形式有效地提高传播效率。

今天，在开放的多元化的社会情境之中，受众的口味变得越来越挑剔，这给新时代做好宣传思想工作、传播主流思想带来了挑战，但是新兴媒体的兴起又为宣传方式的创新提供了广阔的舞台和无限想象的空间。比如《两会上的中国字》是重庆市委宣传部主管的主流媒体华龙网为报道2019年全国"两会"在宣传方式上的一次大胆尝试，创作团队借助音乐、短视频的表现形式，结合热门歌曲《生僻字》的旋律富有节奏感地把《政府工作报告》唱出来，让文字版的政策一下变得鲜活起来，让用户对"板正"的"两会"宣传报道一下子有了新鲜感。作品一经推出便因新颖的诠释方式、紧贴市场的宣传手段，收获了用户的好评，在各平台上的浏览量超过了1500万。[①] 这一案例给我们的启示是，党的理论方针政策只要用平实质朴的语言讲清楚、用人民群众乐于接受的方式说明白，我们的主流思想也能更好地走进人民群众，引起群众的兴趣和共鸣，实现情感认同和价值指引，达到"好的宣传就是做得不像宣传"的效果。

二、新时代党的新闻舆论工作的主要内容

新闻舆论工作是最前沿、最直接、最有影响力的意识形态工作，抓好新闻舆论工作是构建具有强大凝聚力和引领力的社会主义意识形态的关键面向，是我国社会主义文化得以繁荣发展的思想基底和根本保证。面对新时期中国舆论场所涌现的新特征和新变化，习近平总书记对新闻舆论工作作出了

---

① 周梦莹等：《华龙网入脑入心绘声绘色——〈两会上的中国字〉打破传统宣传方式》，《网络传播》2019年第5期。

一系列系统而深入的战略部署。这些来自理论和实践层面的指导思想、行动纲领和宝贵经验，为巩固我国宣传思想文化阵地、壮大主流思想舆论打下了坚实的基础。

（一）理论转向：从新闻宣传走向新闻舆论的科学指导思想

不同时期，围绕中国共产党的新闻实践活动先后产生过三种不同的理论范式与表达，分别是：宣传工作、新闻工作和新闻舆论工作。回溯历史，党的新闻事业经历了从建党初期的以宣传为本位的"宣传工作"，到20世纪40年代"新闻工作"这一提法的正式确立。然而，新闻工作在推进的过程中并未完全与宣传分离，"新闻宣传工作"这一用语在党的文件、通知、领导人讲话中沿用了四五十年。直到20世纪90年代，"新闻舆论工作"开始崭露头角。如今，迈入新时代，做好"新闻舆论工作"被党中央提升到了关乎治国理政、安邦定国的层面，作为党的工作的重要组成部分，直接服务于党的工作全局。这也标志着我们党的新闻工作从新闻宣传正式走向了以新闻舆论为指导思想的科学理论新高度。

建党之初，在党和国家颁布的各项正式文件、通知和领导人讲话中，"宣传"是使用频率最高的词汇。[1] 在中共一大通过的决议中，第二部分正是"宣传"，其中就包括由中央执行委员会经办杂志、日刊、书籍和小册子。[2] 中共四大则专门通过了"对于宣传工作之议决案"，正是在这份议决案中，确定从中央到各地成立宣传部。宣传部从此成为中国共产党各级组织的重要机关，成为领导党的宣传工作的系统机构。之所以将宣传工作放在首要位置，这与中国共产党在创立初期面临的内忧外患的局面密不可分。为实现推翻帝国主义、封建主义和官僚资本主义的革命斗争任务与目标，必须紧密联系和发动

---

[1] 秦绍德：《新闻舆论工作核心概念刍论》，《新闻大学》2021年第12期。

[2] 中国社会科学院新闻研究所编：《中国共产党新闻工作汇编》（上），新华出版社1980年版，第1页。

群众力量。因此，向民众做好宣传动员也就成为这一阶段的工作必然。

"新闻工作"作为一个独立词汇出现在党的重要文件、文章和讲话中，则要比"宣传"晚得多。[1] 伴随党报党刊和通讯社的创办与兴起，新闻工作逐渐成为一个专有名词、专业领域。抗日战争时期，在延安和大后方党创办了全国性报纸《解放日报》《新华日报》和新华通讯社，新闻机构由此从宣传部门中独立出来。1943 年 9 月 1 日，陆定一在《解放日报》上发表文章《我们对于新闻学的基本观点》，第一次将"新闻工作"这一命题提上党的议事日程。到了解放战争后期和新中国成立初期，一方面是新华通讯社对各分社关于新闻真实性、时效性和统一用语发布了一系列指令；另一方面，党和军队接管了包括报纸、广播和刊物在内的大量城市新闻机构，并开始着手管理和改造这些新闻机构。上述两条进路共同指向了正在形成过程中的党的新闻工作战线。直到 1949 年 11 月，中央人民政府新闻总署的成立，标志着党的新闻工作战线的正式形成。

即使新闻工作已经成为一个相对独立的领域，但当时的新闻工作始终与宣传工作密不可分，这一点从党的工作用语如"新闻宣传工具""新闻宣传事业"等提法[2]中便可窥见一二。直到 20 世纪 90 年代后期，一个新的用语"新闻舆论工作"开始频繁出现在党的文件中，并逐步替代了"新闻宣传工作"。1994 年 1 月 24 日，江泽民在全国宣传思想工作会议上首次提出"舆论工作"的概念，他指出"在党的基本路线指引下，掌握实际情况，正确引导舆论，是党的宣传思想战线非常重要的工作"。[3]此后，"新闻舆论工作""新闻舆论单位"开始在一些讲话中被引述和使用。在 2006 年 10 月召开的党的

---

[1] 秦绍德：《新闻舆论工作核心概念刍论》，《新闻大学》2021 年第 12 期。
[2] 中国社会科学院新闻研究所编：《中国共产党新闻工作汇编》(上)，第 189 页。
[3] 中共中央文献研究室编：《十四大以来重要文献选编》(上)，人民出版社 1996 年版，第653 页。

十六届六中全会第二次全体会议上，胡锦涛特别提到引导舆论和新闻工作的关系，要求"坚持以党报党刊、电台电视为主，有效管理整合都市类媒体、网络媒体等多种宣传资源，努力构建定位明确、特色鲜明、功能互补、覆盖广泛的舆论引导格局"。① 自此以后，"新闻舆论工作"一词越来越多地出现在党内文件和公开报道之中，使用了多年的"新闻宣传工作"出现的频率大大降低，"新闻舆论工作"大有替代"新闻宣传工作"的趋势。② 到了新的发展时期，习近平总书记在 2013 年 8 月召开的全国宣传思想工作会议、2014 年 8 月中央全面深化改革领导小组第四次会议、2014 年 2 月 27 日中央网络安全和信息化领导小组第一次会议、2015 年 12 月第二届世界互联网大会、2016 年 2 月党的新闻舆论工作座谈会和 2017 年 10 月党的十九大报告中多次专题性地提出有关党的新闻舆论工作的问题。像这样密集的对新闻舆论工作的关注在党的历史上也是少见的，充分说明新闻舆论工作的重要性已经到了足以影响全局的地步。

　　如今，让我们以历史的眼光重新对党的新闻实践活动进行梳理。"新闻舆论工作"一词由江泽民首次提出，奠定了"新闻"与"舆论"之间的关系基础；胡锦涛沿用并巩固了"新闻舆论工作"这一概念，强调"新闻"要正确引导"舆论"，同时就媒体机构的定位作出相关要求；党的十八大以来，习近平总书记第一次将"新闻舆论工作"提升到了科学理论的指导地位。他在多个重要会议上对新闻舆论工作作出重要部署，第一次系统性地阐述了新闻舆论工作的地位、作用和使命职责，第一次明确了新闻舆论工作的方针原则、任务要求以及根本保证，将新闻舆论工作的内涵、机制、意义完整地予以诠释和廓清。至此，我们党的新闻事业经历了从"宣传"本位，到

---

① 胡锦涛：《加强网络文化建设和管理》，载《胡锦涛文集》第 2 卷，人民出版社 2016 年版，第 529 页。

② 秦绍德：《新闻舆论工作核心概念刍论》，《新闻大学》2021 年第 12 期。

"新闻""宣传"不分家，再到以"新闻舆论"为工作中心的重大转向（参见图 3-1）。

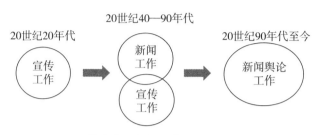

图 3-1　从宣传、新闻宣传到新闻舆论的嬗变

从"新闻宣传"走向"新闻舆论"，两字之差，看似微妙的变化，实则体现了我们党对于传播环境和舆论生态的精准把握与主动适应。从传播学角度来看，"宣传"即运用各种符号传播一定的观点，以影响和引导人们的态度、控制人们行为的一种社会性传播活动。曾经的"宣传"一词对应西方的"劝服"（propaganda），将新闻与宣传相结合，表明新闻活动的目的是为了扩大声势，鼓动、教育和输出某种观点或价值，使人们信服并随时行动。换句话说，新闻宣传是通过新闻机构或新闻报道向着预期目标进行的单向说服。它负责将观点传播出去，但对于受众在多大程度上接受这些观点关心较少；它负责多次反复地传递信息，但对于什么时间节点进行传播、如何根据受众反馈来调整传播策略考虑得较少。与新闻宣传不同，新闻舆论是"新闻传播过程中形成的一种与社会现实紧密联系、对社会产生巨大影响的意识形态"。① 既然与社会现实紧密联系，就意味着新闻舆论工作不仅要负责将信息观点传播出去，更要时刻关注人们在接收这些信息观点的过程中作出的反应，并根据社会舆论的走向重新制定和调整自身的新闻工作。习近平总书记高度重视新闻舆论工作，强调"新闻"与"舆论"相结合，这也传递出一种

---

① 全国干部培训教材编审指导委员会组织编写：《推动社会主义文化繁荣兴盛》，人民出版社 2019 年版，第 50 页。

新的信号：代表了过去单向度的、说教式的"劝服模式"已经无法满足当前复杂多元的社会秩序和各类思潮的碰撞，党的新闻工作正在从单向输出走向双向互动和反复交流，从说教式的灌输走向以老百姓喜闻乐见的方式循循善诱和及时引导，新闻工作的终极目的也从完成宣传任务走向了如何更好地影响人心、有力地推动社会治理与社会进步。

从新闻宣传转向新闻舆论，是党和国家领导人面对当今世界百年未有之大变局，面对意识形态领域错综复杂的斗争，面对新一轮技术革命引发的传播格局和舆论生态的重塑所作出的科学论断。这一转向的背后，充分说明了党中央对于新时代我国舆论生态格局新变化的清醒判断和把握。

（二）纵横博弈：新时代下的中国舆论场与新闻舆论工作的展开

媒介技术的演进、公民心态的变化和社会群体的结构性变迁，是影响中国舆论场的重要变量，时刻牵动社会舆论的效果与走向。具体而言，第一，互联网技术引爆全民传播，"万物皆媒"时代舆论的生成起点从一元走向多元；第二，以原子式个体、新消费主义和爱国主义为代表的新型公民心态，映射出舆论背后的情感与价值取向；第三，"中间阶层"和"Z世代"成为舆论场的中坚力量和活跃要素，作为网络空间的主要"议程设置"者和传播节点，他们的一言一行时刻牵动舆论的发展和走向。

1. 技术演进：舆论生成起点从一元走向多元

从印刷术的诞生，到电子媒介的兴起，再到互联网的广泛使用，每一次媒介技术的变迁都会带来人类交流范式的革命。作为舆论生成和传播的重要载体，媒介与舆论之间的关系密不可分。在传统媒体时代，主流意识形态的传播，是专业化媒介机构向普通民众单向传输大规模信息内容，以形成对全社会的信息覆盖。[①] 因此，在这一时期主流意识形态稳稳占据了舆论场绝对

---

① 李良荣：《新解释框架——主流意识形态网络传播的关键所在》，载人民网，http://theory. people.com.cn/n/2015/0728/c112851-27372098.html，2015 年 7 月 28 日。

的话语主导。然而，互联网技术的发展解构了原本大众媒体的媒介霸权，舆论的策源地从传统媒体转移到了快手、抖音、今日头条、微信等各类新媒体平台上，以互联网为代表的新媒体技术前所未有地改变了舆论生态格局。

根据中国互联网络信息中心（CNNIC）发布的第 50 次《中国互联网发展状况统计报告》，截至 2022 年 6 月，我国网民达 10.51 亿，互联网普及率达 74.4%，[①]互联网已与人们的日常生活深度互嵌。网络的普及为 10 亿网民打开全新空间，但也带来了传播资源的泛社会化和传播权力的全民化。[②]网民成为卡斯特"网络化社会"（network society）意义上真正的"节点"，在舆论场中没有谁是固定的节点，每个网民都有可能是下一个节点，节点与节点之间互为中心，此起彼伏，前呼后应，同声共享。互联网构筑了一个去中心化的、流动的、对话式的、多对多的、相对平等的公共空间。纵观互联网技术的发展史，从以门户网站为代表的 web1.0 时代的"全民看网"，到以博客、天涯社区为代表的 web2.0 时代的"全民写网"，再到以微博、微信、抖音为代表的 web3.0 时代的"全民织网"，信息传播模式从传统的"大众传播"（mass communication）转向了"大众自我传播"（mass self-communication）。在这一过程中，普通网民因互联网技术而赋权，曾经远在传播权力之外的"沉默的大多数"获得了空前的权力。舆论的生成和传播主体从机构媒介转向了社会个体，舆论场中的观点也从一元走向了多元。政府、媒体和公众之间的互动机制因网络技术而悄然改变，[③]重构了舆论生态格局。

依托互联网空间，舆论具备了自我生成和繁殖的能力，任何一条帖子、

---

① 《"数字"点亮美好生活——透视第 50 次〈中国互联网络发展状况统计报告〉》，载新华社，http://www.news.cn/politics/2022-08/31/c_1128965077.htm，2022 年 8 月 31 日。

② 李良荣：《新传播革命》，复旦大学出版社 2005 年版，第 6 页。

③ 汤景泰：《走出自由与管制的二元藩篱——论公共舆情治理》，《暨南学报》（哲学社会科学版）2014 年第 12 期。

留言、视频都可能引发一场舆论海啸，一个真正意义上充分而活跃的舆论场就此形成。一边是沉默的大多数不再沉默，借助留言板、评论区、弹幕等积极回应热点事件，成为主动言说的主体。另一边，对于热点事件的发布也不再是机构媒体的特权，任何具备新媒体素养的公民都是社会的"发声器"，自媒体抢占新闻第一落点、追踪跟进事件发展的例子不胜枚举。2022 年 1 月的"丰县八孩"事件中，当地政务机关"挤牙膏"式的案件通报，媒体报道纷纷止于对官方通报的转载及读解，这些都让民众的猜想持续发酵。面对这样一个官方、媒体与网民声讨所撕裂的舆论场时，反倒是一些自媒体第一时间前往云南，走访了事件主人公"小花梅"的多位同村好友，提供了更多未被披露的事实。[①] 这一现象充分说明，在自媒体时代，"社会个体的表达欲求被充分激活，原本'沉默的大多数'转变为'新意见领袖'"，[②] 主导甚至倒逼主流媒体的议程设置。

互联网技术的发展使得舆论表达的主体更为广泛，无论是普通人还是意见领袖，他们对舆论的生成和演变都具有很强的影响力。这也意味着，在互联网时代要做好新闻舆论工作，比以往任何一个时期都更具复杂性和挑战性。

2. 公民心态变迁：舆论背后的情感与价值取向

公民心态影响重大舆情及突发事件舆论的议题走向。自改革开放以来，公民心态伴随社会转型产生剧烈的变化：从改革开放初期人们对社会主义市场经济发展道路的疑惑，到改革带来的多元利益和中西方不同观念的碰撞和激荡，公民心态从原有的单一化、同质化走向了多元和复杂。伴随中国的现

---

① 参见自媒体"丁香医生"旗下矩阵号"偶尔治愈"：《我们去了丰县八孩母亲的老家，了解到了这些事》，载"偶尔治愈"微信公众号，https://mp.weixin.qq.com/s/wVx7H5pxUr8EVnUli4SYXg，2022 年 2 月 12 日。

② 张涛甫：《社会心态分化呼唤文化供给新格局》，《人民论坛》2016 年第 23 期。

代化不断推进，我国的社会经济、军事和政治实力显著增强，国际地位和国际话语权空前提升，共同推动公民加强对本民族文化的认同感与自信心。这一时期的公民心态主要表现为：凌驾于集体主义，消费主义超越节俭、朴素等传统美德，以爱国主义为核心的民族精神空前高涨，并不断消解社会上的负面情绪。新时代下各种不同的社会心态相互杂糅和碰撞，从而产生了多元且碎片化的舆论格局。

（1）从集体优先转向注重个人的表达

有学者指出："市场经济以'思想'无法抗拒的力量带来了价值观的深刻嬗变，甚至将'思想'本身也市场化了。"[①] 随着资本主义现代化全球扩张步伐的加快，改革开放背景下中国社会心态的西方现代性特征明显。西方现代化的理性精神与强调个体价值的立场被放置前列，理性思考、关注个人发展成为当代中国公民的一种普遍心态。[②] 改革开放以前，公民心态的一个重要特征是集体主义，作为集体的一分子，公民会站在政府、单位、组织的整体立场来思考问题。但随着经济主体的多元性和社会资源分配的多样化，极大地调动了社会的整体积极性，公民的自主意识不断增强，关注焦点由"我们"转向了"我"，人们更加关注自身在社会中的成长空间。

近几年来舆论场中频频提及的一些热词，如代表竞争白热化的"内卷"便是一种典型公民个体意识的表达。"内卷"意指人们在方方面面拼尽全力，挤占他人的生存空间，造成精神内耗和浪费。"内卷"的使用场景被不断扩大，从职场、教育、家庭到婚恋等领域，网友纷纷感慨"万物皆内卷"。内卷的流行背后，是公民对于生存环境和个体未来的焦虑与担忧。除"内卷"外，还有诸多与"内卷"享有相同逻辑的热词，例如"996""打工人""尾款

---

① 廖小平：《改革开放以来价值观演变轨迹探微》，《伦理学研究》2014 年第 5 期。
② 参见钟怡：《改革开放 40 年：社会变迁与舆论》，人民出版社 2018 年版。

人"等，公民以一种调侃戏谑的方式表现出他们对于竞争压力、个体价值、生活目标的批判与反思，在这些热词的背后离不开人们对"我"这一个体生存状态的密切关注。

（2）从勤俭朴素转向消费主义

党的十九大报告指出，"中国特色社会主义进入新时代，我国社会主要矛盾已经转化为人民日益增长的美好生活需要和不平衡不充分的发展之间的矛盾"。物质的丰富带来了公民生活观念和消费观念的巨大变化，人们开始不再强调凡事都要勤俭节约，而是崇尚通过消费来享受人生。

一段时间以来，各大商家的"开盲盒"活动受到消费者的热烈追捧，人们从消费中获得的惊喜和乐趣要远胜于对物品本身的刚需。一批网络红人的笔记分享和直播带货，为舆论场注入了"买它""精致的猪猪女孩""所有女生""我是农民的儿子"等彰显个性的话语表达，更是引发了粉丝对于美妆、瘦身、医美、健身等消费话题的围观与讨论。对如何享受美好生活，人们的态度也更为积极、理性和宽容。以短视频类 App 为例，在抖音 TOP2000 账号中，23.9% 属于剧情或搞笑账号，在快手这一占比更是超过 30%，人们通过娱乐化的内容消磨闲暇时间。各大平台的美食类、运动健身类视频播放量优势持续扩大，① "好好吃饭""运动打卡"成为现代人疏解压力、彰显精致生活的方式。娱乐、刷剧、购物、美妆、美食和运动构成了公民美好生活的关键词。在这一过程中，消费主义正在超越和消解节俭、朴素等传统美德。如今的人们更愿意围绕日常生活体验、生活态度和生活品质展开讨论。舆论场中既有对社会重大事件的探讨，亦不乏对美好生活、品质追求的意见分享。

---

① 《从内容、营销、电商 3 个板块，看 2021 年短视频的"风"往哪吹？》年终总结，载"卡思数据"微信公众号，https://mp.weixin.qq.com/s/khO8AQNCRFGld_qhx3PY6w，2021 年 2 月 2 日。

（3）从西方崇拜转向爱国主义

亨廷顿认为，中国等非西方社会正在沿着介于现代化和西方化之间的路线前行[①]（参见图3-2）：在早期阶段，西方化促进了现代化，非西方社会吸收了西方文化，并在走向现代化中取得了缓慢进展；但到了后期阶段，现代化提高了社会的总体经济、军事和政治实力，在大幅提振民族文化复兴与文化自信的同时，也强化了公民对本土文化的信奉，此时西方化的比率开始逐渐下降。

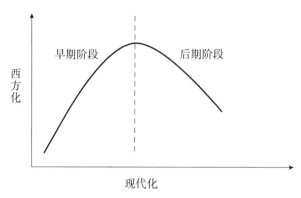

图 3-2　中国等非西方社会对于西方影响的回应

亨廷顿预言了中国的发展情况。改革开放以来，伴随中国的现代化程度的不断加深，我国综合国力显著提升，国际地位和国际形象日益改善，人民对本国文化和民族的认同感稳步提高，以爱国主义为核心的民族精神空前高涨，人们对于西方世界所鼓吹的意识形态也从接受转向了质疑和批判。从抗击"非典"到应对"新冠"，从抗击汶川特大地震到众志成城抵御南方雪灾，从应对亚洲金融危机到应对国际金融危机，中国战胜了一系列艰难险阻，创造了令世人瞩目的奇迹。"我和我的祖国""厉害了我的国"接连刷屏，网友纷纷为国家点赞，民族自豪感空前高涨，线上线下都呈现出强大而热烈的爱

[①]　［美］塞缪尔·亨廷顿：《文明的冲突与世界秩序的重建》，周琪、刘绯、张立平、王圆译，新华出版社 2010 年版，第 54—55 页。

国主义声浪。其中，较为引人瞩目的是以"小粉红"群体为代表的新生代网民，他们朴素而热烈的爱国情感也在逐步重塑网络舆论的基本形态。在"帝吧出征"反"台独"、表情包大战、南海仲裁事件等涉及爱国表达的热点事件中，"90 后"用轻松活泼、娱乐化的表现方式展现出了强大的自我动员与组织能力，① 这种超强的行动力正是源于年轻一代对国家深沉的热爱和信赖。

3. 社会群体变迁：舆论重心发生偏移

中国社会的人口构成正在发生结构性转变。其中，最为显著的是"中间阶层"和"Z 世代"的崛起。前者代表了中国舆论场的中坚力量，后者则勾勒出未来舆论生态的发展方向。社会群体的变化构筑了中国舆论空间的新生态。

（1）"中间阶层"及其舆论偏好

随着改革开放的深入，我国社会结构日渐呈现"橄榄形"，一个新的社会群体——"中间阶层"的轮廓愈发清晰。根据不同学者对"中间阶层"的定义，大致可将其概括为以"70 后""80 后"和一部分"90 后"为主，② 拥有"中等收入"且具有"中产心态"的群体。③ 据统计，目前我国中等收入群体超过 3 亿人，占全球中等收入群体的 30% 以上，占全国人口的 30% 左右。④ 这一比例仍在不断扩大，并且在向成为社会的主力阶层靠拢。伴随"中间阶层"的崛起，舆论议题和舆论表达也出现了相应的变化。

在物质层面，"中间阶层"属于中等收入群体范畴，他们大多是改革开放的受益者，因此也是政府坚定的支持者。"中间阶层"大部分来自农村，

---

① 李良荣、袁鸣徽：《中国新闻传媒业的新生态、新业态》，《新闻大学》2017 年第 3 期。

② 单凌：《中间阶层的觉醒：中国舆论场新生态》，《新闻大学》2017 年第 3 期。

③ 参见钟怡：《改革开放 40 年：社会变迁与舆论》，人民出版社 2018 年版；李强：《关于中产阶级和中间阶层》，《中国人民大学学报》2001 年第 2 期；刘建伟：《争论中的中国中间阶层：问题与焦点》，《天府新论》2011 年第 4 期。

④ 《中等收入群体超 3 亿，迈向"橄榄型"社会》，《新京报》2018 年 1 月 10 日。

凭借自身努力和奋斗实现了阶层的跃升，但由于父辈、祖辈无法为他们提供任何支撑，其抗风险能力也相对较弱。[①] "中间阶层"清晰地认识到，自己所处的社会地位和财富均来之不易，因此他们非常缺乏安全感，难以接受任何意外。围绕"中间阶层"的境遇和切身利益，舆论议题也开始由原来"三低人群"（低年龄、低收入、低学历）所构成的"仇富仇官仇精英"的底层抗争逻辑，逐步转向以各类"安全"作为关键词的核心议题。近年来，围绕安全议题展开的舆论热点呈现上升趋势，例如涉及财产安全的"6月股市暴跌""A股熔断机制"，涉及食品安全的"毒豆芽事件""双汇瘦肉精事件"，涉及人身安全的"雷洋案""毒跑道事件"，涉及医疗安全的"魏则西事件""山东疫苗事件"等。《2016年中国互联网舆情报告》显示，"中间阶层"关注的人身财产安全、人格尊严和法律保障等议题超越吏治反腐，成为舆论焦点，舆情也从利益受损群体开始向"中间阶层"扩散。[②]

在精神层面，高等教育和西方思潮共同构筑了"中间阶层"的三观，这也促使他们对于舆论的探讨往往更加趋于科学和理性。相较于"三低人群"面对舆情事件时"成见在前、事实在后，情绪在前、客观在后，话语在前、真相在后，态度在前、认知在后"[③]的特点，"中间阶层"参与舆论讨论，不仅是为了表达情绪，他们通过调度自身的知识结构和学习能力来论证舆论事件的每一个步骤，分析造成事件的原因、预测事件的可能走向。近几年，"知乎"网友提问、"高赞"回答和自媒体公众号推文屡屡引爆舆论热点，引发大量网友围观热议。"刑法老师罗翔"在哔哩哔哩视频网走红、"三一博士"在今日头条半年涨粉50万，知识类垂直领域带动泛科普、泛知识类内容成

---

① 钟怡：《改革开放40年：社会变迁与舆论》，人民出版社2018年版，第91页。

② 参见人民网舆情监测室：《2016年互联网舆情分析报告发布》，载中国社会科学网，http://ex.cssn.cn/shx/201612/t20161227_3359069.shtml，2016年12月27日。

③ 张华：《"后真相"时代的中国新闻业》，《新闻大学》2017年第3期。

为视频创作热点，[1] 备受网友追捧与喜爱。网络社区中有越来越多的人"拥有知识和专业特长"，并且"喜欢用认真、负责的态度来分享知识、经验和见解"。[2] 以"中间阶层"为代表的"高知"群体更青睐专业权威的解答，他们希望通过舆论来引起社会对相关议题的关注，推动社会议题向纵深发展，进而引导问题的解决和社会的变革。

（2）"Z世代"及其舆论偏好

如果说"中间阶层"代表了正在迅速壮大的一支队伍，他们是解读中国舆论场一把重要的钥匙，那么"Z世代"或"新生代"群体则代表着未来的舆论生态的发展方向。"Z世代"（Generation Z，即"95后"）是互联网的原住民，同时也是互联网文化的主要创造者。截至2020年11月，中国移动互联网"Z世代"活跃设备数量近3.25亿，已经成长为移动互联网中不可忽视的新势力。[3] 对于"Z世代"而言，新闻不仅意味着公民应该知道的信息，而且必须是有趣和具有娱乐性的可视化信息。"Z世代"对于公共事务的兴趣并不浓厚，但对二次元、国风国潮、潮玩酷物、新健康文化等十分在意。在物质层面，优渥的生活条件造就了"Z时代"更高的消费实力和消费意愿，消费主义苗头容易在传播过程中与用户行为相结合，从而引发消费主义思潮在互联网中进一步传播的风险。

在精神层面，"Z世代"希望以一种与之相关且个人化的方式理解世界。比起传统媒体，他们更愿意相信和接受经由算法推荐的信息，"千人千面"的内容推送显然更符合"Z世代"彰显自我个性的特征。然而，令人感

---

[1] 参见李明德、王含阳：《2020年中国互联网中视频发展报告》，载《中国新媒体发展报告（2021）》，社会科学文献出版社2021年版。

[2] 王秀丽：《网络社区意见领袖影响机制研究——以社会化问答社区"知乎"为例》，《国际新闻界》2014年第9期。

[3] 《QuestMobile2020"Z世代"洞察报告》，载澎湃新闻网，https://www.thepaper.cn/newsDetail_forward_10758067，2021年1月13日。

到担忧的是，当前的算法推荐主要依据阅读量、点赞量、完播率等数据和用户画像标签来决定推荐内容。这种技术逻辑一旦与人们在碎片化时间内对娱乐和消遣内容的本能需求相结合，容易导致算法推荐结果走向低俗化、泛娱乐化，真正具备人文关怀、思辨精神以及价值导向的优质内容因数据不佳而被机器过滤。① "Z世代"正处于人生观与价值观塑造的关键阶段，长期处于"信息茧房"中的年轻一代被不断强化其固有观点，难以吸纳多元意见，最终导致网络舆论更加分散，社会共识的达成也更加困难。

新时代下的中国舆论场正在经历一场巨变，互联网的深度嵌入带来了权力的下沉与泛化，导致舆论的生成起点从一元走向多元。个体主义、消费主义和爱国主义共同构成了当下公民心态的三个关键词，映射出民间舆论场的三重变化：从聚焦社会重大事件转向关注个体的生存际遇与生命价值，从提倡勤俭节约的传统美德转向及时行乐的新消费主义理念，从缺乏文化认同和文化自信转向强烈的民族自豪感及荣誉感。伴随"中间阶层"和"Z世代"两个新型社会群体的崛起，他们的价值观和话语体系也将极大地重塑重大舆情及突发事件舆论议题的走向。毫无疑问，当今的中国舆论场在面对如此众多要素的变动与冲击之下，必然会呈现出许多新的特征、新的生态和新的问题。在这样的背景下，党的新闻舆论工作的指导思想也需要与时俱进，在理论和实践层面找到新的契合点和解决思路。

（三）路径举措：十八大以来党对新闻舆论工作的领导

迈入中国特色社会主义新时代，面对技术变迁带来的多样化表达渠道、公民心态的复杂多元、社会群体的结构性变迁等因素共同作用而成的中国舆论场，对党的新闻舆论工作的开展提出了更高要求。在此背景之下，习近平

---

① 参见李明德、王含阳：《2020年中国互联网中视频发展报告》，载《中国新媒体发展报告（2021）》，社会科学文献出版社2021年版。

总书记高度重视新闻舆论工作，将新闻舆论工作上升到了空前的科学理论高度。2016 年 2 月 19 日，习近平在党的新闻舆论工作座谈会上强调，"党的新闻舆论工作是党的一项重要工作，是治国理政、定国安邦的大事"。[①] "做好党的新闻舆论工作，事关旗帜和道路，事关贯彻落实党的理论和路线方针政策，事关顺利推进党和国家各项事业，事关全党全国各族人民凝聚力和向心力，事关党和国家前途命运。"[②] 这五个"事关"，既是对历史经验的深刻总结，又是对职责使命的明确把握，既立足党和国家事业的历史方位，又放眼国际国内面临的诸多机遇与挑战，把我们党对于新闻舆论工作重要性的认识提升到了一个新的高度。[③] 党的十八大以来，经过十年的实践，党在新闻舆论工作方面采取了多项有效措施、积累了大量成功经验，这些举措主要表现在以下五个方面。

1. 牢牢守住党性这一根本原则，党性原则是习近平关于新闻舆论工作的重要论述的鲜明主线

习近平总书记强调："党和政府主办的媒体是党和政府的宣传阵地，必须姓党。"[④] 坚持党性原则，坚持党对新闻工作的领导，关乎执政安全，关乎党和国家的命运。新闻宣传一旦出了问题，舆论工具一旦不掌握在真正的马克思主义者手中，不按照党和人民的意志、利益进行舆论引导，就会带来严重的危害和巨大的损失。[⑤] 在全国宣传思想工作会议上，习近平指出："所有

---

① 《习近平总书记党的新闻舆论工作座谈会重要讲话精神学习辅助材料》，学习出版社 2016 年版，第 1—2 页。

② 《习近平总书记党的新闻舆论工作座谈会重要讲话精神学习辅助材料》，学习出版社 2016 年版，第 5 页。

③ 新华通讯社课题组编：《习近平新闻舆论思想要论》，新华出版社 2017 年版，第 25 页。

④ 《习近平总书记党的新闻舆论工作座谈会重要讲话精神学习辅助材料》，学习出版社 2016 年版，第 6 页。

⑤ 新华通讯社课题组编：《习近平新闻舆论思想要论》，新华出版社 2017 年版，第 3 页。

宣传思想部门和单位，所有宣传思想战线上的党员、干部都要旗帜鲜明坚持党性原则。"①在视察解放军报社时，他强调必须"在恪守党性原则上坚持最高标准、最严要求"。②在党的新闻舆论工作会议上，习近平对"牢牢坚持党性原则"进行了深刻阐述，强调"坚持党性原则，最根本的是坚持党对新闻舆论工作的领导"，③"党管媒体的原则和制度不能变"。④坚持党管媒体，严格落实政治家办报要求，确保党的新闻媒体始终姓党、始终抓在党的手里、始终成为党和人民的喉舌，是对开展新闻舆论工作的主体的精准把握。

2. 凡事皆要讲导向，正确导向是习近平关于新闻舆论工作的重要论述的基本要求

"文者，贯道之器也。"新闻报道不是简单的信息发布和信息传播，报什么、不报什么、怎么报、报到什么程度都体现着鲜明的舆论导向。作为新闻信息的"把关人"、新闻传播的主导者，新闻工作者承担着辨忠奸、明善恶、澄谬误、扬正气的使命职责。当前，我国正处在中国特色社会主义进入新时代的关键时期，各种挑战、考验纷繁复杂，各种矛盾、问题叠加呈现。人们思想活动的独立性、选择性、多边性、差异性明显增强。以互联网为中心的传播新格局已经形成，自媒体、"大 V"、平台媒体纷纷加入抢占信息高地的混战，一时间各种真假新闻、谣言杂音和意识形态鱼龙混杂。因社会转型、社会变迁而衍生的多元社会心态与新的媒介技术赋予的多种表达渠道的结合，使得这一时期的舆论比以往任何一个时代都更为分散和复杂，新闻工作者肩上的担子前所未有的重。

---

① 《习近平谈治国理政》，外文出版社 2014 年版，第 154 页。

② 《坚持军报姓党，坚持强军为本，坚持创新为要，为实现中国梦强军梦提供思想舆论支持》，《人民日报》2015 年 12 月 27 日。

③ 《习近平总书记党的新闻舆论工作座谈会重要讲话精神学习辅助材料》，学习出版社 2016 年版，第 6 页。

④ 《习近平关于全面建成小康社会论述摘编》，中央文献出版社 2016 年版，第 125 页。

面对新的时代条件和新的转折点，习近平指出，新闻舆论工作各个方面、各个环节都要坚持正确舆论导向。他强调："各级党报党刊、电台电视台要讲导向，都市类报刊、新媒体也要讲导向；新闻报道要讲导向，副刊、专题节目、广告宣传也要讲导向；时政新闻要讲导向，娱乐类、社会类新闻也要讲导向；国内新闻报道要讲导向，国际新闻报道也要讲导向。"[①] 舆论导向正确，是党和人民之福；舆论导向错误，是党和人民之祸。坚持正确的舆论导向，是新闻舆论工作的核心和灵魂。习近平指出，党的新闻舆论工作的职责和使命是：高举旗帜、引领导向，围绕中心、服务大局，团结人民、鼓舞士气，成风化人、凝心聚力，澄清谬误、明辨是非，联接中外、沟通世界。这"48 字方针"深刻蕴含着政治方向、舆论导向、新闻志向、工作取向的要求。新闻工作者必须把坚持正确的舆论导向作为神圣职责和根本方针，切实贯彻到新闻采写编评的每一个环节之中。必须遵循"坚持团结稳定鼓劲、正面宣传为主"[②] 这一基本方针，深入宣传中国道路、中国理论、中国制度、中国文化。全面展示昂扬向上的社会主流，深刻揭示光明进步的社会本质，大力宣传党领导人民创造美好生活的伟大实践，为开创党和国家事业发展新局面提供有力的舆论支持。[③]

3. 一切以人民为中心，为民情怀是习近平关于新闻舆论工作的重要论述的深沉底色

人民是历史的创造者，是决定党和国家前途命运的根本力量。做好新闻舆论工作，必须解决"为了谁、依靠谁、我是谁"这个根本问题，必须始终

---

① 《习近平总书记党的新闻舆论工作座谈会重要讲话精神学习辅助材料》，学习出版社 2016 年版，第 6—7 页。

② 《习近平总书记党的新闻舆论工作座谈会重要讲话精神学习辅助材料》，学习出版社 2016 年版，第 7 页。

③ 新华通讯社课题组编：《习近平新闻舆论思想要论》，新华出版社 2017 年版，第 84 页。

坚持以人民为新闻报道的主体和服务对象。① 习近平在全国宣传思想工作会议上指出："要树立以人民为中心的工作导向，把服务群众同教育引导群众结合起来，把满足需求同提高素养结合起来，多宣传报道人民群众的伟大奋斗和火热生活，多宣传报道人民群众中涌现出来的先进典型和感人事迹，丰富人民精神世界，增强人民精神力量，满足人民精神需求。"② 他在党的新闻舆论工作座谈会上再次强调，要"坚持以人民为中心的工作导向"，③ 确保新闻媒体人始终为人民服务，而不是为少数人服务。

人民群众是党的新闻舆论工作的对象，党的舆论工作要取得良好的效果，就必须贴近群众。著名记者黄远生在总结新闻记者应该具备的基本能力时，提出"脑筋能想、腿脚能奔走、耳能听、手能写"④ 的"四能说"，至今仍然是新闻工作者自我对标的实践准则。在黄远生看来，落笔撰写报道前，十分重要的一环就是"腿脚的奔走"，记者唯有俯下身、沉下心、扎根基层，才能察实情、说实话、动真情，写出有思想和有品质的新闻作品。决不能不抵达现场、不深入一线，每天待在指挥部或办公室里信口开河、闭门造车，写出各种"客里空"式的虚假空洞新闻。2016 年 2 月 19 日，习近平在新华社考察时同正在基层采访的记者视频连线，他语重心长地说："基层干部要接地气，记者调研也要接地气。"只有扎根人民生活、扎根实践沃土、扎根基层实际，锤炼过硬的脚力、眼力、脑力、笔力，新闻舆论工作者才能不断获得丰厚的养分，才能采写出无愧于时代和人民的好作品。

---

① 新华通讯社课题组编：《习近平新闻舆论思想要论》，新华出版社 2017 年版，第 4 页。

② 《习近平谈治国理政》，外文出版社 2014 年版，第 154 页。

③ 《习近平总书记党的新闻舆论工作座谈会重要讲话精神学习辅助材料》，学习出版社 2016 年版，第 2 页。

④ 黄远生：《忏悔录》，《东方杂志》1915 年 11 月 10 日。

4. 提高新闻舆论传播力、引导力、影响力、公信力，是习近平关于新闻舆论工作的重要论述的衡量标准和总体目标

党的十九届六中全会通过的《中共中央关于党的百年奋斗重大成就和历史经验的决议》强调，要坚持"提高新闻舆论传播力、引导力、影响力、公信力"。从全面深化改革领导小组第四次会议讲话到率领中央政治局集体到人民日报社学习，这是习近平总书记第四次强调提高新闻舆论的"四力"建设。"新闻舆论是借助于新闻传媒的力量而形成的舆论"，① 是"通过或经由媒体表达的社会意见"。② 在新闻舆论工作实践中，新闻舆论的主体集中体现为新闻媒介组织。③ 新闻媒体是社会舆论的发射器、放大器，无论哪个年代，新闻媒体总是一股重要的力量。尽管互联网技术正在对舆论场造成巨大冲击，但就整体格局而言，新闻媒体尤其是主流媒体，仍然是形塑舆论空间、传播主流声音、确保上情下达的主干力量和通道。唯有牢牢抓住新闻媒体这个"根"，切实提升新闻媒体的"四力"建设，我们党的方针政策和先进思想方能在舆论场中落地生根、枝繁叶茂。迈入中国特色社会主义新时代，锻造中国新型主流媒体，凝聚社会共识，都需要新闻舆论"四力"提供支撑。新闻舆论工作开展得好不好，主要看新闻媒体及其新闻作品是否传播得足够远，是否能够引导舆论场的观点走向，是否具有触动乃至改变受众思想行为的能力，是否能够赢得受众的高度信任。唯有达到上述四条标准，我们的新闻舆论工作才算开展得扎实到位。提高新闻舆论传播力、引导力、影响力、公信力，是中共中央在新闻舆论工作战线上的战略部署，也是主流媒体未来发展的重大战略选择。

---

① 丁柏铨：《中国当代理论新闻学》，复旦大学出版社 2002 年版，第 211 页。
② 王雄：《新闻舆论研究》，新华出版社 2002 年版，第 14 页。
③ 杨保军、许鸿艳：《论我国党媒体系新闻舆论的特殊价值》，《南昌大学学报》（人文社会科学版）2018 年第 4 期。

5. 高度重视传播手段建设和创新，推动媒体融合发展，是习近平关于新闻舆论工作的重要论述实践的现实抓手

面对媒体格局、舆论生态、受众结构、传播技术的巨大变迁，面对受众阅读习惯和信息需求的深刻变化，一些媒体还是按照老办法、老习惯写报道、讲故事，表达方式单一、传播对象过窄、回应能力不足，存在受众不爱看、不爱听的问题。① 在这样的背景下，传统媒体走到了新闻改革的"十字路口"，推动媒体融合发展，锻造新型主流媒体，成为应对全媒体时代机遇挑战、实现新闻媒体新旧动能转换的迫切需要。

以习近平同志为核心的党中央深刻把握时代发展大势和媒体发展规律，高度重视传播手段建设和创新，作出一系列推动传统媒体和新兴媒体融合发展的战略部署：从"内容创新是根本"到"推进理念、内容、手段、体制机制等全方位创新"；从"适应分众化、差异化传播趋势"到"加快构建舆论引导新格局"；从"推动传统媒体和新兴媒体融合发展"到"扎实抓好县级融媒体中心建设"，再到"推动媒体融合向纵深发展"的重要战略部署，以习近平同志为核心的党中央指引我国主流媒体进行了一场场"刀刃向内"的自我革命。从内容、体裁、形式、方法、手段、业态、体制、机制上进行改革创新，为加快推动传统媒体和新兴媒体深度融合，为新闻媒体重新占领信息传播制高点，为牢牢掌握党的新闻舆论工作主动权开辟了全新的路线。

党的十八大以来，习近平总书记对加强和改进新闻舆论工作作出以上五个方面的重大部署，科学回答了事关党的新闻舆论工作长远发展的根本性、战略性、全局性问题。② 习近平总书记在新时代治国理政的大局中思考和探

---

① 新华通讯社课题组编：《习近平新闻舆论思想要论》，新华出版社 2017 年版，第 223 页。
② 新华通讯社课题组编：《习近平新闻舆论思想要论》，新华出版社 2017 年版，第 2 页。

讨新闻舆论工作，指明了党的新闻舆论工作在新时代的方向，这是对新闻舆论工作的新思考和新论断，反映了新时代中国共产党执政的政治思维、实践导向和问题意识，具有鲜明的中国特色和时代精神。这些先进的理念和宝贵的思想，为新时代的新闻舆论工作提供了基本遵循，为做好新形势下党的新闻舆论工作提供了科学理论指导和行动指南。

（四）经验成效：主流意识形态深入人心推动我国先进文化宣传建设

新闻舆论工作一直以来都是党的意识形态工作的重要组成部分，也是坚持党对意识形态主导权的核心举措。建设具有强大凝聚力和引导力的社会主义意识形态，关系到社会主义文化前进的方向和发展道路。[①]党的十八大以来，在以习近平同志为核心的党中央领导下，我国新闻舆论工作取得显著成效，巩固和发展了主流意识形态，主旋律更响亮，正能量更强劲，阵地意识明显提升。具体而言，在新闻舆论工作的制度建设方面，针对网络舆论生态变化出台多项新规，确保新兴舆论阵地可管可控。在新闻舆论工作的成效评估方面，把人民群众满不满意作为衡量工作成效的根本标准，推出大量民众喜闻乐见的新闻产品。在新闻舆论工作的能力建设方面，媒体融合转型走向纵深，主流媒体发挥主流价值引领；县级融媒体蓬勃发展，基层舆论阵地凝心聚力。在新闻舆论工作的目标导向方面，推动"四力"建设贯穿主流媒体生产全流程，新闻舆论的传播力、引导力、影响力、公信力得到全面提升。

1. 党管媒体原则贯穿互联网场域，营造清朗健康的网络空间

近年来，随着各类客户端、自媒体、网络直播平台、问答社区以及智能算法平台等新的媒介形式层出不穷，网络发声的主体也从以"两微一端"为

---

① 全国干部培训教材编审指导委员会组织编写：《推动社会主义文化繁荣兴盛》，人民出版社 2019 年版，第 64 页。

主，逐步走向各类新媒体平台百花齐放的多元格局。其中一个值得注意的新趋势是视频类应用的崛起，短视频和直播正在成为舆情的重要信息源。① 新的媒介形式构成了越来越复杂的"融合舆论场"，网络舆论对政治、经济、生活秩序和社会稳定的影响与日俱增。面对互联网这个舆论管控的"最大变量"，通过加强网上信息管理，规范和引导网络舆论传播行为，经过一段时间的不懈努力和经验积累，我国在确保互联网可管可控方面取得显著成效。

2017 年 1 月，为深入整治"标题党"问题，国家互联网信息办公室印发《互联网新闻信息标题规范管理规定（暂行）》，北京市网信办对新浪、搜狐、网易、凤凰和焦点五家违规网站依法给予行政处罚，② 有效遏制了网络空间中恶意篡改标题炒作和蓄意制造舆论"热点"的乱象。5 月，国家互联网信息办公室发布《互联网新闻信息服务管理规定》，约谈多家网站，责令采取有效措施整治渲染演艺明星绯闻隐私、炒作明星炫富享乐等问题，网络空间中积弊已久的新闻娱乐化、庸俗化现象得到改善。7 月，中宣部、中组部、中央网信办联合印发《关于规范党员干部网络行为的意见》，要求党员干部发挥模范带头作用，走好网上群众路线，规范网络行为。2022 年 1 月，国家互联网信息办公室、工业和信息化部、公安部、市场监督管理总局联合发布《互联网信息服务算法推荐管理规定》，要求提供互联网新闻信息服务的算法平台，应当依法取得互联网新闻信息服务许可，规范开展互联网新闻信息采编发布服务、转载服务和传播平台服务，不得生成合成虚假新闻信息，不得传播非国家规定范围内的单位发布的新闻信息。③ 该项规定的出台为有

---

① 刘鹏飞、曲晓程、杨卫娜：《2020 年中国互联网舆论场分析报告》，载《中国新媒体发展报告（2021）》，社会科学文献出版社 2021 年版，第 121 页。

② 《国家网信办整治"标题党"》，载新华社，http://www.xinhuanet.com/politics/2017-01/13/c_129445753.htm，2017 年 1 月 13 日。

③ 《互联网信息服务算法推荐管理规定》，载中国网信网，http://www.cac.gov.cn/2022-01/04/c_1642894606364259.htm，2022 年 1 月 4 日。

效遏制今日头条、一点资讯、抖音、快手等各类平台媒体因缺乏新闻专业理念（即缺乏"新闻媒介必须以服务大众为宗旨，新闻工作必须遵循真实全面客观公正的原则"的理念）和信息"把关人"而导致不当新闻言论的传播，因任意攫取和转发主流媒体报道而在客观层面造成的主流媒体传播力、影响力的下降，因强化"信息茧房"效应而带来的民众意见走向极化现象，及时提供了相关法律层面的保障措施，实现了国家管控个性化资讯平台的零的突破，具有跨时代的意义。上述规定和意见的出台，为推动形成健康向上、风清气正的网络环境提供了基本的法律遵循。

2. 从群众中来到群众中去，新闻报道与人民心贴心

人民群众是党的舆论工作的对象，党的舆论工作要取得良好的效果，就必须贴近群众，以人民为中心。在这一层面，新闻舆论工作的经验和成效大致可以归纳为三个方面：一是新闻宣传和舆论引导的内容紧密围绕人民的利益和人民的需求。老百姓关心什么、期盼什么，新闻舆论工作就抓住什么、推进什么。新闻报道真正讲出人民的心里话，因此也收获了良好的宣传效果。近年来，围绕住房、医疗、教育、生育等议题的新闻报道获得人们的广泛关注。党的十九大报告强调"房子是用来住的，不是用来炒的"，一下击中百姓心中最为关注的议题，同时也给出了最符合人民利益和需求的回应。在上海抗击疫情过程中，本地媒体和中央媒体及时报道攸关百姓生活的"米袋子、菜篮子、药罐子"方面的"急难愁"问题，不少新闻媒体主动开通热线电话和网上反馈平台，成为缓解和安抚群众情绪的有效通道。大批记者深入方舱医院、快递小哥宿舍、居村干部工作点，记录下了平凡人不平凡的抗疫故事，产生了大量与民众同呼吸共命运的新闻报道。唯有呼应人民关切，才能赢得人民支持，因顺应民心之所向，故深入人心。

二是在新闻实践中，深入到群众中去开展调研，对人民群众的需求也有了更加深入和及时的了解。在 2017 年新华社开展的"新春走基层"活动中，380多名新华社记者深入31个省区市的基层一线采访调研，走进田间地头、城市街区、工厂车间、春运一线、边疆哨所，采写了一篇篇感人至深的报道。[①] 为撰写报道《3岁的等待与33岁的归途》，记者乘火车、坐汽车，跟随农民工兄弟回到湘西老家进行田野式观察，镜头记录下在村口等待父亲归来的男孩，在看到父亲回家后，父子默默对望这一感人瞬间。至深的亲情戳中无数人的泪点，全网浏览量超过1.5亿次。各新闻媒体单位的"走转改"新闻报道常做常新，每年来自各个不同媒体、不同条线的记者深入全国各地开展调研，在调研中接触群众、了解群众，做出大量"接地气"的报道。

三是在表达方式上，用受众喜闻乐见的语言，赋予新闻报道亲和力与亲切感。各大新闻媒体的微信公众号和客户端密切结合民间场域的热词，寻找与受众的共鸣点，激发受众对新闻的关注和参与意识。2021年7月6日，钟南山在上海科技大学毕业典礼上发言时说，"我们没有办法在中国做第三期临床试验，因为没有病人了"。[②] 人民日报微信公众号抓住这一细节，推送新媒体报道《最骄傲的凡尔赛》，巧妙地将"凡尔赛"贬义词褒用，一语切中网友的爱国情怀和民族自豪感，微信阅读量瞬间突破10万，点赞超过5.3万，网友纷纷留言"地表最强凡尔赛发言""中国疫苗，香！"像这样紧扣时代脉搏，亲民化、口语化的新闻标题，更是为主流媒体所驾轻就熟。例如新华社微信公众号推出报道《家长们被这道小学数学题套路到哭！不服来虐！》，人民日报微信公众号的报道《被圈粉了！海军特种部队首部官方宣传片发布，霸气十足！》《中国女排大逆转！对手送出这个手势，网友：yyds》，新华网微信公众号的报道《PUA到底有多可怕！古人其实早在文学作品里就告诉你了》……各类标题妙笔生花、引人入胜，牢牢吸引了网民的注意力，

① 新华通讯社课题组编：《习近平新闻舆论思想要论》，新华出版社2017年版，第69页。
② 《最骄傲的凡尔赛》，载"人民日报"微信公众号，https://mp.weixin.qq.com/s/jh3kDIcBnWTgC8wZQzxpWw，2021年7月6日。

也极大激发了公众对于公共事务的兴趣。

近年来，主流媒体改变惯性思维，有意识地贴近群众语言，多讲群众的身边事，做到官话民说，硬话软说、长话短说、空话不说，真正做出了人民群众愿意看、看得懂，愿意听、听得进的新闻报道。主流媒体报道在群众中引发巨大反响，主流声音真正传递到了民间场域，并与人民同频共振。

3. 媒体融合纵深发展，主流舆论阵地不断巩固壮大

以互联网为代表的新媒体技术正在重构舆论格局，"两微一端"、今日头条、抖音、快手等自媒体和网络平台，打破了以往传统媒体一枝独秀的局面。无论是发行量还是影响力，传统媒体日渐式微成为不争的事实。面对舆论场发生的深刻变化，党的舆论引导工作必然要寻找新的传播高地，进行创新和变革。2014 年 8 月 18 日，中央深改小组第四次会议通过《关于推动传统媒体和新兴媒体融合发展的指导意见》，指出"要打造一批形态多样、手段先进、具有竞争力的新型主流媒体，形成立体多样、融合发展的现代传播体系"。① 通过引导传媒业主动与新媒体进行融合发展，打造新型主流媒体，将其塑造为舆论空间中"再中心化"的关键节点。2020 年 9 月 26 日，中共中央办公厅、国务院办公厅印发《关于加快推进媒体深度融合发展的意见》。不难看出，从 6 年前的"推动"到"加快推进"，从"融合发展"到"深度融合发展"，标志着中国媒体的融合进程在国家战略层面实现了新的跨越。② 伴随新型主流媒体的升级发展，主流媒体重回舆论高地，主流声音在舆论场中不断巩固壮大。

表现在平台融合方面，主流媒体新渠道、新终端用户渐成规模。人民网发布的《2021 全国党报融合传播指数报告》显示，全国 366 家党报在微博、

① 《推动主流媒体在融合发展之路上走稳走快走好》，《人民日报》2014 年 8 月 21 日。

② 参见黄楚新、许可：《2020 年中国媒体融合发展报告》，载《中国新媒体发展报告（2021）》，社会科学文献出版社 2021 年版。

微信、聚合新闻客户端、聚合视频客户端的入驻率均接近 90%；[①]78.7% 的党报建设了自有新闻客户端，百万级以上党报客户端增长到 70 个，占比 22%。党报抖音号平均粉丝量为 98.7 万，平均每个省级和地市级党报抖音号日均发布短视频 3.6 条。党报开通的 213 个快手号发布的视频单条平均评论次数为 367 次，平均点赞量为 1.1 万次。[②]

　　表现在内容融合方面，主流价值影响力版图持续扩大。如果说新媒体技术是"新瓶"，那么主流媒体的此次转型绝非"新瓶装旧酒"，而是真正意义上的"新瓶装新酒"。在将党媒原先的品牌优势、人才优势移植到新媒体上的同时，主流媒体积极利用新媒体思维重新塑造传播内容。2017 年建军节，人民日报客户端开发的 H5 产品"军装照"在微信朋友圈刷屏，从 7 月 29 日至 8 月 2 日 17 点，浏览次数达到 8.2 亿。[③]火爆的背后，是党媒敢于自我革新，改变传统的内容生产方式，运用"互联网 +"思维重新打造符合新媒体技术特点和传播规律的新闻产品。武汉抗疫期间，主流媒体深入疫情一线，利用各种新媒体技术记录和再现了"最美逆行者"的感人事迹。《南方都市报》摄影记者跟随第二批援助湖北医疗队进入武汉，拍摄了前方医护人员的肖像特写，照片中的医护人员脸上满是口罩和护目镜留下的印痕，令无数网友潸然泪下。此后，《南方都市报》还推出多种融媒体报道，包括海报《你们摘掉口罩的样子，很美！》、长图《印记》、图文报道《千言万语尽在脸上》、H5"疫痕"在线照相馆等，全网阅读量超过 1.1 亿。其中，单条微博"# 最美逆行者 #　你们摘掉口罩的样子，很美！"阅读量 1379 万、"疫痕"

---

① 《2021 全国党报融合传播指数报告》，载人民网，http://media.people.com.cn/n1/2021/1229/c14677-32319846.html，2021 年 12 月 29 日。

② 《2021 全国党报融合传播指数报告》，载人民网，http://media.people.com.cn/n1/2021/1229/c14677-32319846.html，2021 年 12 月 29 日。

③ 晓夕：《人民网评：爆款"军装照"，举国同怀军队情节》，载人民网，http://media.people.com.cn/n1/2017/0804/c40606-29448910.html，2017 年 8 月 3 日。

在线照相馆互动总量超过 1500 万。

打造新型主流媒体是一项长期的系统工程，主流媒体一方面充分运用采编能力、信息渠道、自身品牌等优势资源，发挥其在专业性、权威性、公信力等方面的传统优势；另一方面，主流媒体成功拥抱新媒体技术，创新理念、内容、体裁、形式、方法和业态，完成了信息内容、技术运用、平台终端、人才队伍等的共享融通。经过这几年的转型融合，主流媒体的综合实力实现新的飞跃，舆论引导能力显著提升。

4. 县级融媒体蓬勃发展，基层舆论阵地凝心聚力

如果说主流媒体是信息传输和舆论引导的"主动脉"，那么县级融媒体就是直接面向基层个体、反映属地化舆情的"毛细血管"。在全国 2800 多个县区级区域，生活着约 70% 的总人口，拥有全国 80% 的 GDP 总量。[1] 大量的群体性事件和社会冲突都发生在县一级，在冲突得不到地方政府和媒体的恰当回应和解决时，遂以群体性事件的形式以期获得大众媒体和更高一级政府的关注。因此，作为"最后一公里"的县域治理能力建设，需要承担非常重要的沟通政府与民众的任务。[2]

在此背景下，2018 年中央全面深化改革委员会第五次会议审议通过了《关于加强县级融媒体中心建设的意见》，标志着我国县级融媒体中心建设全面展开。2018 年我国先行启动建设 600 个县级融媒体中心，2020 年底已基本实现县级融媒体中心的全国覆盖。县级融媒体的主要任务是上情下达、下情上传，把党中央的声音及时传播给当地老百姓，同时把当地老百姓的诉求、心声、愿望上传到上一级媒体，让省级领导、党中央听到。面对全球肆

---

① 王锡锌：《地方治理的"在地化"与国家治理能力建设》，《中国法律评论》2016 年第 1 期。

② 应松年：《加快法治建设促进国家治理体系和治理能力现代化》，《中国法学》2014 年第 6 期。

虐的新冠疫情，县级融媒体承载了对上传递和巩固主流媒体声音，对下发挥基层宣传的民间智慧、及时辟谣稳定民心的功能。例如浙江磐安县发行 30 余万份"战疫特刊"，推出《主播说防控》《决战决胜 2020》等专题栏目和纪录片，及时传递党中央有关疫情防控的政策文件，充分发挥了基层主流媒体定盘星和压舱石的作用。河北武强县融媒体中心通过"智慧大喇叭"方言喊话，湖南浏阳市 322 个村社借助"村村响"播报疫情防控信息和知识，积极打通防疫宣传"最后一米"。鄞州融媒体中心借助"鄞响"客户端推出"千企万岗"和"鄞企复工权威指南"，为群众复产复工提供信息服务，及时缓解了人民群众面对疫情的负面情绪。[①]

我国县级融媒体中心从挂牌起步，到承担起完善舆论阵地、综合服务平台和信息枢纽的三项职能，再到探索自我"造血"的可持续发展模式，在一步步探索过程中，逐步实现了高质量发展的"三级跳"。县级融媒体中心积极运用信息技术打通社会治理和媒体大数据，实现功能联通和数据共享，真正打造了一大批扎根基层，具备政务服务、便民惠民、新闻资讯等多元功能的县域综合服务平台。在探索实践的过程中，已经有越来越多的县级融媒体中心实现创收，它们的成功试水为县级融媒体全面实现自我可持续发展奠定了基础。

5. 主流媒体传播力、引导力、影响力和公信力全面提升

党的十八大以来，以习近平同志为核心的党中央高度重视新闻舆论工作，在经过一系列破釜沉舟式的改革举措后，"四力"建设贯穿主流媒体生产的全流程，新闻舆论的传播力、引导力、影响力、公信力得到空前提升。

传播力是将新闻舆论信息传递扩散出去的能力。新闻舆论传播力面临的主要挑战是来自不同自媒体、客户端、算法平台等新媒体因抢占信息高地而

[①] 黄楚新、刘美忆：《2020 年县级融媒体中心建设现状、问题及趋势》，《新闻与写作》2021 年第 1 期。

引发的受众分化现象，主流媒体的话语权不断被新媒体所弱化和解构。面对这一挑战，在党中央的指导下，传统媒体纷纷开展新闻内容生产的供给侧结构性改革，一大批传统媒体试水融合转型。目前，我国已经建成一批旗舰式的新型主流媒体，《人民日报》、央视新闻、侠客岛、长安街知事、澎湃新闻等依托传统媒体转型而来的主流媒体微信公众号、新闻客户端等重新成为公众新闻信息获取的首要选择，牢牢占据社会舆论生成演化的中枢位置。与此同时，以县级融媒体中心建设为抓手，党与人民群众之间的信息传播渠道时刻保持畅通，打通基层新闻舆论工作的"最后一公里"。主流媒体与基层平台相联动，错位传播与集束传播相协调，有效提升了我国新闻媒体的整体传播力。

引导力是新闻舆论引领人、指导人的力量，是引领和疏导舆论，使之朝着预期方向运动发展的能力。在改革攻坚期、社会转型期与矛盾凸显期的叠加影响之下，各种谣言和虚假新闻刺激舆论失控，受众陷入认知误区的情况时有发生，更有别有用心者在处心积虑地争夺新闻舆论阵地，将一些孤立事件和民生问题进行政治化炒作。① 面对错综复杂的舆论环境，我国重点提升新闻舆论引导力在三个方面的建设能级：第一，全面加强对互联网空间的管控和治理力度，对那些发起毁信心、散民心、寒人心、造离心的文化冷战和价值观渗透的不法分子，采取法治手段追究责任，还民众一个清朗健康的网络空间。第二，主流媒体积极建立各类辟谣平台，对热点事件予以全程追踪，对不实信息第一时间澄清谬误。第三，主流媒体强化服务中心工作、精心设置议题，根据推进党和国家事业全局和当前重点工作的需要，抓住涉及治国理政的战略问题、广大群众关注的现实问题、海内外发生的焦点问题，让该热的热起来、该冷的冷下去、该说的说到位、该澄清的解释到底。完善

---

① 李习文：《提高新闻舆论传播力影响力公信力》，《解放军报》2019 年 2 月 11 日。

的法治体系、及时的信息干预和积极的议程设置，三方并举促进我国新闻舆论引导力迈上一个新台阶。

影响力是新闻舆论触动乃至改变用户思想、行为、态度等的能力。互联网深刻地重构了整个舆论格局，面对主流媒体影响力滑坡的现实困境，习近平总书记作出关于"从时度效着力、体现时度效要求"①的指示，引导新闻媒体通过遵循新闻规律来扩大自身的影响力。"时"就是时机、节奏，讲究全天候、全过程、全方位，讲究零时差、零距离；"度"就是力度、分寸，讲究因时制宜、因事制宜，讲究精准研判、掌握火候；"效"就是效果、实效，讲究群众口碑、社会共识，讲究策略、方法和艺术。②新闻媒体深刻领会"时度效"的内在要求，在多个国际级会议报道、重大典型报道、热点事件专题报道过程中，主流媒体在正确的时间节点，用恰当的笔力在众声中凝聚共识，涌现了大量现象级的爆款新闻作品，这些作品的阅读量突破亿级，并且在舆论场中广泛流传、经久不衰。依托传统媒体的品牌优势和资源合力，主流媒体依然能够生产出令其他新媒体平台望洋兴叹的现象级新闻产品。

公信力是媒体应具有的一种被社会公众所信赖的内在力量和社会信任资源。③公信力是新闻舆论传播力、引导力和影响力的存在基础，缺乏公信力的新闻媒体就不可能具有良好的传播力、引导力和影响力。在信息爆炸的时代，新闻界出现劣币驱逐良币的现象，走市场化道路的机构媒体需要自负盈亏，加之平台媒体、自媒体等烙印着商业资本基因的新媒体强势崛起，对本就岌岌可危的机构媒体造成巨大压力。有些新闻从业人员为追求点击量而

---

① 《习近平总书记党的新闻舆论工作座谈会重要讲话精神学习辅助材料》，学习出版社 2016 年版，第 7 页。

② 李习文：《提高新闻舆论传播力影响力公信力》，《解放军报》2019 年 2 月 11 日。

③ 中国传媒大学党报党刊研究中心课题组：《提高新时代党报传播力、引导力、影响力、公信力》，《新闻与写作》2018 年第 1 期。

违背新闻专业原则，各类标题党、眼球新闻、反转新闻屡禁不绝。在这样的背景下，习近平总书记强调"真实性是新闻的生命，要根据事实来描述事实"。党的十八大以来，新闻媒体自觉从四个方面积极践行新闻的真实性原则，守住基本底线不放松：第一，确保内容符合真实、客观、全面等新闻专业标准，成为全社会遵循新闻传播规律的表率；第二，尽量满足用户在公信力上的渴求，在各种重要舆论热点上不缺位、不失语；第三，担负起为全社会求证事实的责任，在各自领域发挥"明辨是非、澄清谬误"的主体作用；第四，规范经营工作底线，杜绝有损新闻从业人员公信力的有偿新闻。在党和政府、记协、媒体单位以及全社会的监管之下，新闻媒体的公信力近年来不断提升，民众对主流媒体的信任程度稳步提升。根据"2021 媒体公信力调查"，作为传统媒体的报纸、广播、杂志、电视牢牢占据公众心中公信力最强的媒体类型前四位，而微博、自媒体、微信等新媒体的公信力均居于主流媒体之后。①

新时代，中国舆论场正在经历一场巨变。一方面是 21 世纪初互联网飞速发展带来的传播革命，使得舆论的构成主体发生了重大变化；另一方面，社会深度转型使得中国的社会结构和公民心态发生了巨大的变化，人们的思想观念、价值体系以及社会思潮等众多维度在这个过程中都被重构了，在此基础之上形成的公众舆论也随之不可避免地发生了改变。面对多元复杂的舆论新生态，以习近平同志为核心的党中央将新闻工作从"新闻宣传"上升到了以"新闻舆论"为中心的科学指导思想，完成了新闻舆论思想的重大理论转向。与此同时，习近平总书记对新闻舆论工作作出了一系列系统深入的理论阐述和高瞻远瞩的战略部署，深刻指出了新闻舆论工作的地位作用、

---

① 《2021 媒体公信力调查：传统媒体仍是"信息正餐"》，载澎湃新闻，https://m.thepaper.cn/baijiahao_14027027，2021 年 8 月 13 日。

职责使命、方针原则、任务要求、根本保证。党的十八大以来，我国新闻舆论工作在多个方面都取得了令人瞩目的重大成就：党管媒体原则贯彻到新媒体领域，所有从事新闻信息服务、具有媒体属性和舆论动员功能的传播平台都纳入管理范围，所有新闻信息服务和相关业务从业人员都实行准入管理。新闻报道坚持以人民为中心，坚持党的群众路线，把火热的生产生活实践作为报道的主题，把人民群众作为报道的主角，真正做到为人民采写、为时代放歌。媒体融合发展持续向纵深推进，主流媒体积极发挥主流价值引领作用，正向引导实现"最大增量"。基层舆论阵地凝心聚力，极大增强了网络空间正能量的内容供给，引领移动互联网主流价值。主流媒体的传播力、引导力、影响力和公信力在新时期得到了全面提升，新型主流媒体所传递的主流意识形态和主流声音响彻整个舆论空间。

随着我国新闻舆论工作的有序展开和扎实推进，民众的制度认同和文化自信也进一步强化，展望未来，全体民众信心倍增。美国爱德曼公司发布的《2020年信任度报告》显示，中国民众对政府信任度达到95%，连续三年在受访国家中排名第一。相比之下，美国民众对本国政府信任度仅48%，在受访国中列倒数第二。[①] 一方面是中国民众对政府的信任程度稳中有进，另一方面是中国民众面对西方世界时也越来越抱以"平视"的态度。与过去五年相比，中国年轻人对西方国家"平视"的比例上升了6%，而"仰视"西方的比例下降了30%。[②] 中国的年轻人不仅对美国的外交政策感到愤怒，而且对西方最根本的社会和政治理念越来越不屑。[③] 中国人民高度认同本国的

---

① 《美国信任度调查报告显示中国民众对政府信任度达95%》，载人民网，http://world.people.com.cn/n1/2020/0727/c1002-31798642.html，2020年7月27日。

② 《调查：中国年轻人对西方的态度真的变了》，载人民日报网，https://wap.peopleapp.com/article/rmh20013553/rmh20013553，2021年4月20日。

③ 《美媒文章：中国年轻人面对西方时愈加自信》，载参考消息，https://baijiahao.baidu.com/s?id=1695104813456591392&wfr=spider&for=pc，2021年3月24日。

制度优势和文化优势，中国人民的民族自尊心、自信心与爱国热情又一次被极大地激发。新时代，在党中央的坚强领导下，我国新闻舆论工作必将走上一个新台阶。主流媒体和各条战线上的新闻舆论工作者将以更加昂扬的斗志和更加扎实的作风，牢牢把握正确舆论导向，唱响主旋律、壮大正能量，做大做强主流思想舆论，共同守好意识形态阵地，推动社会主义文化走向繁荣兴盛！

三、完善和坚持正确导向的舆论引导机制

中国改革开放 40 余年，传媒技术体系、传媒生态、传媒制度发生了深刻的历史变迁。21 世纪前后，传媒事业与传媒产业并举、主流媒体主导、多元所有制传媒企业格局形成，传媒市场体系初步确立，传媒监管机构趋于融合型重构，全球化趋势愈来愈明显。

最近 10 余年，随着传媒领域多层次全方位创新加速，全球化、数字化、网络化、移动化、融合化、人工智能化成为传媒行业主潮，传媒技术融合，新兴网络传媒层出不穷，传统与新兴传媒融合，传媒产业内与产业间融合，传媒与非传媒行业联合，融合文化与融合产业风起云涌。与此同时，社会媒介化特征日趋显著，当代信息社会特征渗透社会生活方方面面，传媒融合监管体系脱颖而出。1987 年国家信息中心成立，2010 年加挂"国家电子政务外网管理中心"牌子，2011 年国家互联网信息办公室（国务院）建立，2014年中央网络安全和信息化领导小组成立，2018 年中央网络安全和信息化领导小组与国家互联网信息办公室合署办公，直属中共中央。至此，信息监管融合体系建构而成。与此同时，国家其他文化机构相继整合，2018 年国家文化和旅游部成立。同年，国家电影局、国家新闻出版局成立，归属中共中央宣传部，省级相关部门也随之实施了机构重组。这是一个与舆论引导相关的监管网络融为一体，并且与司法等部门耦合，以适应传媒行业与传媒技术的演

进态势，尤其是社会媒介化进程。

无论是传媒行业事业或产业体制，还是国家传媒行政监管体系，皆随之处于结构演变过程。党的十八大、十九大实施全面深化改革方针，统筹推进经济、文化、社会、生态文明、科学—民主—依法执政等一系列体制改革，提出文化强国战略。在此历史大变局，舆论引导的重要性愈增愈强，构成了实现文化强国战略的重要组成部分。就繁荣新时代中国特色社会主义文化而言，正确有效的舆论引导，一方面是新时代中国特色社会主义文化可持续繁荣的重要保障；另一方面，舆论空间本身就构成了新时代中国特色社会主义文化建设的主要领域之一。

习近平指出："随着互联网媒体属性越来越强，网上媒体管理和产业管理远远跟不上形势发展变化。特别是面对传播快、影响大、覆盖广、社会动员能力强的微客、微信等社交网络和即时通信工具用户的快速增长，如何加强网络法制建设和舆论引导，确保网络信息秩序和国家安全、社会稳定，已经成为摆在我们面前的现实突出问题。"[1] 当今新的历史条件下，随着传媒技术、传媒生态、传媒体制转型发展，亟待深化舆论引导机制变革，以准确有效引导舆论。在舆论引导领域，传媒技术设施、传媒行业生态、传媒体制无疑发挥了基础作用。然而，舆论引导归根结底是内容引领，内容引领要有机制保障，关键在于要对广大民众有强大的吸引力，尤其是对青年。对此，习近平指出："现在，媒体格局、舆论生态、受众对象、传播技术都在发生深刻变化，特别是互联网正在媒体领域催发一场前所未有的变革。"[2] "很多人，特别是年轻人，基本上不看主流媒体，大部分信息都从网络上获取。必须正

---

① 习近平：《关于〈中共中央关于全面深化改革若干重大问题的决定〉的说明》，《人民日报》2013 年 11 月 16 日。

② 《坚持军报姓党，坚持强军为本，坚持创新为要，为实现中国梦强军梦提供思想舆论支持》，《人民日报》2015 年 12 月 27 日。

视这个事实，加大力量投入，尽快掌握这个舆论战场上的主动权，不能被边缘化了。"①

　　在网络传播占据优势的传媒生态历史性语境下，舆论引导一方面要顺应并推进民众参与舆论的积极性；另一方面，要正确引领舆论方向，重视议题设置，适度管控。就舆论引导而言，当今传媒生态以网络传播为主，既为新时代中国特色社会主义全过程人民民主参与提供了巨大的机遇，同时舆论引导也面临严峻挑战，不仅涉及监管力度精准有效、受众素养提高、法律法规完善等学界高度关注的重要问题，而且涉及网络社会历史演进与舆论引导机制创新和范式转型这一深层次变革问题，涉及舆论引导多元内涵的再认识，涉及信息社会舆论引导的历史新特征，涉及舆论引导如何适应并融入当代中国社会深层次变迁等社会结构性问题，这一系列重大问题彼此共存互动。

（一）历史变迁：新时代舆论发展的态势及其特点

　　中国正向第二个百年奋斗目标迈进。在此背景下，中国特色社会主义以独特的社会制度形态进入信息社会新阶段，其本质是在中国共产党的全面领导下实现中国式现代化。

　　曼纽尔·卡斯特揭示了网络社会的基本特征："作为一种历史趋势，信息时代的支配性功能与过程日益以网络组织起来。网络建构了我们社会的新社会形态，而网络化逻辑的扩散实质性改变了生产、经验、权力与文化过程中的操作和结果……社会演变与信息技术的汇聚，创造了整个社会结构活动展现的新物质基础。在网络中建造的这个物质基础标示了支配性的社会过程，因而塑造了社会结构自身。"② 基于信息主义（知识与信息构成几乎一切发展方式的关键因素）、全球化、网络化的新经济、网络企业、网络就业方

---

　　① 《习近平关于全面深化改革论述摘编》，中共中央文献出版社 2014 年版，第 83 页。

　　② ［美］曼纽尔·卡斯特：《网络社会的崛起》，夏铸九、王志弘译，社会科学文献出版社 2006 年版，第 434—435 页。

式、真实虚拟文化、时间主导空间等一系列曼纽尔·卡斯特所谓的网络社会本质属性正在重塑舆论领域及其引导机制，网络的开放性、跨区域、全球性、流动性、多节点、即时性、超链接、高度弹性、线上线下集成、易获得性等态势日趋凸显。随着新兴传媒融入社会全行业，层出不穷的网络企业嵌入"多种制度性环境中的多重网络之网"，[①] 社会媒介化与媒介移动化以及人工智能化重度耦合，一方面无论显性还是隐性，社会管控能力急剧增强；另一方面，传媒技术、传媒生态、传媒体制的非线性化与线上线下形形色色非理性、另类潮汐汹涌。这一切使得大众传媒时代科层形态的舆论引导方式不再完全符合时宜。

当今，中国社会舆论格局的历史变迁归根结底源自网络社会迅疾来临，政府宣传部门统领之下的舆论引导一方面扩展到社会方方面面，重要性与日俱增；另一方面，一系列交错重叠的适应困难不期而遇。如何由传统的文化宣传部门管理向全社会思想、心理、文化治理转变？如何综合采取多种方式，以统筹舆论引导各个方面，并主动出击，有针对性地引导舆论？社会化传媒，其行业平台结构极其复杂，规模远超主流文化宣传系统，舆论议题与走向非常不确定，如何予以管控？如何通过调控政府与主流媒体系统内外传媒组合而成的传媒生态，以正确有效地引导舆论？如何凭借、嵌入、统筹多元多样的行政监管体系，以形成舆论引导的治理合力？这些舆论引导方面的重大问题迫在眉睫。归根结底，在继往开来的历史条件下，亟待更好地实现习近平提出的新时代中国特色社会主义新闻舆论工作目标："党的新闻舆论工作的职责和使命是：高举旗帜、引领导向，围绕中心、服务大局，团结人民、鼓舞士气，成风化人、凝心聚力，澄清谬误、明辨是非，连接中外、沟

---

① ［美］曼纽尔·卡斯特：《网络社会的崛起》，夏铸九、王志弘译，社会科学文献出版社2006年版，第186页。

通世界。"①

　　形形色色的传媒，尤其是新闻传媒，是舆论引导的基础设施。随着传媒技术、传媒生态、传媒体制的结构转型，网络社会舆论引导种种不适应性集中表现在种类繁多的主流传媒与民营传媒领域。民间网络传媒领域，新闻去专业化，反转新闻与舆论反复无常时有所闻，虚构事实，真假难辨，叙事流于事实表象，而无真相，自我中心主义的、非理性的民粹主义言论泛滥，信息茧房、群体极化等导致舆论偏激，②公共领域虚化严重，娱乐当道，危害显而易见。尼尔·波兹曼说："随着印刷术退至我们文化的边缘以及电视占据了文化的中心，公众话语的严肃性、明确性和价值都出现了危险的退步……但是，对于同种情况下可能出现的好处，我们也应该保持坦诚的态度。"③相对于电视时代，网络传播语境下舆论领域的这一系列弊端有过之而无不及。与此同时，在主流传媒上也有所反映。就即时性与丰富性而言，主流传媒相当滞后于网络民间传媒。

　　究其原因，舆论领域生产与传播结构正处于裂变过程，除了管理制度、产权体制、市场竞争、产业生态等原因外，新闻采、写、编、评等专业层面也同样经历了结构剧变。

　　一是数字传媒技术愈来愈容易获得，而且非常廉价。与此同时，各类传媒，尤其是社交媒体、视频网络、自媒体发展迅疾，其结构交错纵横，通信、娱乐、商业、教育、科研、政务等功能紧密融合，几乎渗透个人生活与社会生活所有重要方面。因此，一方面媒介技术获取与使用便捷便宜，另一

---

　　①《习近平总书记党的新闻舆论工作座谈会重要讲话精神学习辅导材料》，学习出版社2016年版，第5—6页。

　　②［美］凯斯·桑斯坦：《网络共和国》，黄维明译，上海人民出版社2003年版，第10—14，47—59页。

　　③［美］尼尔·波兹曼：《娱乐至死》，章艳译，中信出版社2016年版，第33页。

方面媒介获取与使用因与日常生活紧密相连而激活了强烈的需求驱动，两者汇聚与激荡，从而造就了数量极其庞大、源源不断入场的舆论参与者。因此，传统大众传媒一对多的舆论引导模式自然效果不佳。

二是舆论热点不仅高度分散，而且踪迹偶然。由于媒介与经验彼此直接嵌入，日常生活遭遇一触即发，容易与生活经验交互成威力巨大的社会事件，常常集合成情绪化与碎片化的符号浪潮。网络与生活交互，愈演愈烈，网络极化刺激社会极化，后者又反作用于前者，媒介事件与社会事件彼此耦合，泾渭常常并不分明，而且充斥着强烈的非理性情绪，绝大多数内容肤浅。20世纪90年代初，学界就清晰地意识到新兴媒体特性迥然有别于传统大众传媒，以计算机运行为基础，具有融合、流动、受众取向、碎片化聚合、内涵弱化、深度趋浅、多样化、互动性、使用满足导向、网络化、娱乐取向强烈等诸多特征，[1] 积极因素与消极因素混杂与交织，呈现大量似是而非、似非而是的矛盾性，冲突林林总总。[2]

三是由于上述原因，民众空暇时间自觉或不自觉地实际参与新闻制作。进入21世纪，此类网络业余记叙者与主流传媒专业记者结构功能还是学界、业界争论焦点问题之一。实际上，网络传播孕育了所谓的数字新闻，已经深刻改变了传统新闻专业，业余与专业边界日趋流动。[3] 与此同时，政界也愈来愈关注业余网络记叙者在舆论激发与塑造过程中的重要作用。尽管中国实行严格的新闻采访制作许可制度，但是，由于网络空间与参与者浩瀚，如何有效落实这一许可制度，困难重重，亟待建构切实可行的机制。如果监管绝

---

[1] Merrill Morris and Christian Ogan, "The internet as mass medium", in *McQuail's Reader in Mass Communication Theory*, Sage Publications Ltd, 2002.

[2] Ronald E. Rice, "Artifacts and paradoxes in new media", in *McQuail's Reader in Mass Communication Theory*, Sage Publications Ltd, 2002.

[3] Steen Steensen and Laura Ahva, "Theories of Journalism in a Digital Age", *Journalism Practice*, Jul. 2014.

对严丝合缝，缺乏必要的动态随机性，网络社会也难以为继。然后，这一网络监管进退维谷状况，实际上也在造成舆论引导问题。因此，亟待完善网络监管体系及舆论引导机制。

四是跨区域、跨界乃至全球化趋势下文化变迁显著。当代传媒及其传播过程，参与者的自我认同、生活方式极其多样，尤其是在场与不在场的因素以非与生俱来的方式影响日常社会生活，从而造就了“日常生活非嵌入化”的后传统社会。[①] 因此，无论个人还是社会，无论职业传媒工作者还是业余传媒使用者，变得高度流动、偶然随机、跨时空链接，媒介意义在超文本勾连与转换过程中不断生成与变化。如何驾驭上述这一所谓的后传统社会网络空间，成为当今舆论引导可能性与有效性的关键之一。

五是就传统专业新闻传媒而言，20世纪80年代以来，国际社会也发生了重大的历史变迁，卫星电视、互联网相继流行，新闻行业愈来愈复杂多样。[②] 在中国，20世纪末期有所滞后。然而，进入21世纪，中国传媒状况迅速与世界同步。最近10余年，无论主流传媒还是民营传媒，网络传媒皆占据优势地位。在媒介融合、传媒生态结构持续转型过程中，传统的采、写、编、评等专业角色变得丰富多样。仅就主流传媒而言，不同类型传媒，采、写、编、评等专业生产与传播异彩纷呈。

六是当代传媒与粉丝社群融合构成融合文化，深刻改变了传媒生产与流通，传媒公司节目制作与营销模式经历了范式转变，粉丝成为传媒专业制作与销售过程的主导力量之一。与此同时，粉丝也利用传媒公司资源，创造自

---

① ［英］安东尼·吉登斯：《生活在后传统社会中》，载《自反性现代化》，赵文书译，商务印书馆2001年版，第133—134页；［英］安东尼·吉登斯：《现代性与自我认同》，赵旭东、方文译，三联书店1998年版，第246—247页；［英］安东尼·吉登斯：《现代性的后果》，田禾译，译林出版社2011年版，第67页。

② Jo Bardoel, "Beyond journalism: a profession between information society and civil society", *European Journal of Communication*, Sept. 1996.

己的文化，两种文化之间的联系千丝万缕。① 同样，当代融合文化也深刻影响舆论领域，主流传媒与社会传媒不仅彼此融合，而且主流传媒与专业或商业网络传媒征用、吸纳、活用、诱导社会传媒力量，与社会传媒相勾连的形形色色社群与个人成为主流传媒与专业或商业网络传媒的重要力量。基于数字传媒技术快速发展的社会多层次全方位媒介化，融合文化也构成了当今中国传媒生产与流通、传媒内容传播、传媒生态的主导方式，使得舆论领域的传统结构与角色发生历史性变迁，舆论引导因此亟待转变方式，以顺应当代融合文化。

七是除了传媒与舆论领域的施者与受众，传媒技术、传媒文化，以及当代社会各色社会势力，尤其是商业资本与政治权力，皆深度影响传媒与舆论领域结构。对此，尤尔根·哈贝马斯有过深入阐述，② 而米歇尔·德塞都与皮埃尔·布迪厄则从日常生活实践或社会实践角度讨论了"博弈"与"抵抗"的可能性。③

总而言之，当今中国舆论生产与传播主体类型繁杂，数量巨大，流动不居，经由网络跨界汇合，彼此博弈，互相冲突，舆论局势十分复杂，致使舆论引导机制亟待调整，以更好地适应当今舆论领域错综复杂的局面。

基于网络社会理论，菲利普·N.霍华德阐述了卡斯特的媒介网络视角研究框架三个假设：第一，"分析单元应该不限于大集团或组织"；第二，"无

---

① ［美］亨利·詹金斯：《融合文化——新媒体和旧媒体的冲突地带》，杜永明译，商务印书馆 2015 年版，第 1—16，28—58 页；参见 Henry Jenkins, *Fans, Bloggers, and Games*, New York University Press, 2006。

② ［德］尤尔根·哈贝马斯：《交往行为理论》，曹卫东译，上海人民出版社 2005 年版，第 260—320 页；［德］尤尔根·哈贝马斯：《作为"意识形态"的技术与科学》，李黎、郭官义译，学林出版社 1999 年版，第 84—117 页。

③ 参见［法］米歇尔·德塞都：《日常生活实践》，方琳琳译，南京大学出版社 2009 年版；［法］皮埃尔·布迪厄、华康德：《实践与反思》，李猛、李康译，邓正来校，中央编译出版社 1998 年版。

论是组织、个人，还是内容，分析单元之间的链接都比分析单元本身更具有启发意义"；第三，"网络结构为社会行动者提供了空间，也提供了约束"。① 与此同时，他还指出媒介网络视角下处置网络中心与边缘关系的极端重要性："互联网实际上并不是一个去中心化的网络。相反，全球数字媒介有一个清晰的核心和边缘……网络社会的中心地位不仅是要成为一个节点或与其重要节点紧密地结合在一起，而且是核心和边缘之间链接分布。"② 网络社会控制力与占据形形色色网络中心节点息息相关，曼纽尔·卡斯特高度重视网络节点的重要意义，诸如大学、研发机构聚集区、政府、重要国际组织、网络公司、新产业集群、跨国公司、国际网络、全球城市、信息化超级城市等，深刻影响全球经济，而全球经济是"其核心成分具有制度性、组织性和科技的能力，可以即时或在特定时间内以全球为规模而运作的经济"。③ 这一媒介网络视角可以为我们变革与完善舆论引导机制提供研究视野与研究路径。

　　值得指出的是，无论是网络社会理论，还是媒介网络研究视角，尽管一定程度上也适用于中国社会，但是，就中国舆论引导机制研究而言，理论盲点显而易见。鉴于中国特定国情，除了媒介网络研究视角，诸如尤尔根·哈贝马斯、彼得·L. 伯格、托马斯·卢克曼等所谓的社会结构研究视角具有更重要的方法价值。④

———————

　　① ［加］菲利普·N. 霍华德：《卡斯特论媒介》，殷晓蓉译，中国传媒大学出版社 2019 年版，第 2—5 页。

　　② ［加］菲利普·N. 霍华德：《卡斯特论媒介》，殷晓蓉译，中国传媒大学出版社 2019 年版，第 6 页。

　　③ ［美］曼纽尔·卡斯特：《网络社会的崛起》，夏铸九、王志弘译，社会科学文献出版社 2006 年版，第 93 页。

　　④ 参见［德］尤尔根·哈贝马斯：《合法化危机》，刘北城、曹卫东译，上海人民出版社 2000 年版；［美］彼得·L. 伯格、［美］托马斯·卢克曼：《现实的社会建构》，吴肃然译，北京大学出版社 2019 年版。

（二）引导机制：宗旨引领，方针明确，创新驱动

在网络社会新的历史条件下完善舆论引导，关键在于坚持党的领导，恪守"以人民为中心的工作导向"的舆论引导宗旨，宣传党的路线方针，实事求是，坚守历史唯物主义与唯物辩证法，弘扬主旋律，加强舆论监督，形成畅所欲言、生气蓬勃、团结一心的舆论氛围，顺应传媒技术、传媒产业生态、传媒制度历史演变潮流，深化变革，完善舆论引导机制的与时俱进，创新舆论引导机制。

习近平全面阐述了新闻舆论引导的工作宗旨、基本目标、方式方法、依法治理等一系列重大问题。

党性与人民性相统一是新闻舆论引导的宗旨："坚持党性原则，最根本的是坚持党对新闻舆论工作的领导。"① 与此同时，"要树立以人民为中心的工作导向，把服务群众同教育群众结合起来，把满足需求同提高素养结合起来，多宣传人民群众的伟大奋斗和火热生活，多宣传报道人民群众中涌现出来的先进典型和感人事迹，丰富人民精神世界，增强人民精神力量，满足人民精神需要"。②

坚持党性与人民性统一，就是为了实现新闻舆论引导的基本目标：营造良好的舆论氛围，不是粉饰太平，一派莺歌燕舞，更不是假大空，而是要"反映时代精神"，③ "引导人们更加全面客观地认识当代中国、看待外部世界"。④ 新闻舆论引导要扎根生活，贴近民生："'引导舆论'，就是要促进形成良好舆论氛围和社会预期，引导广大群众树立勤劳致富改善生活的理念，

---

① 《习近平总书记党的新闻舆论工作座谈会重要讲话精神学习辅导材料》，学习出版社 2016 年版，第 6 页。

② 《习近平谈治国理政》，外文出版社 2014 年版，第 154 页。

③ 《坚持军报姓党，坚持强军为本，坚持创新为要，为实现中国梦强军梦提供思想舆论支持》，《人民日报》2015 年 12 月 27 日。

④ 《习近平谈治国理政》，外文出版社 2014 年版，第 155 页。

使改善民生既是党和政府工作的方向，也会是人民群众自身奋斗的目标。"①为此，新闻舆论引导要凝聚共识："为了实现我们的目标，网上网下要形成同心圆。什么是同心圆？就是在党的领导下，动员全国各族人民，调动各方面积极性，共同为实现中华民族伟大复兴的中国梦而奋斗。"②新闻舆论引导的目标是在党的领导之下实现人民利益，而提高人民群众的思想认识水平、凝聚共识也是人民利益所在。归根结底，"要坚持为人民服务、为社会主义服务，坚持百花齐放、百家争鸣，坚持创造性转化、创造性发展，不断铸就中华文化新辉煌"。③一言以蔽之，"让互联网更好造福人民"。④

新闻舆论引导要注重实效："要注意舆论的社会效果，克服片面性。"⑤为了达到舆论引导效果，要坚持历史唯物主义与唯物辩证法，一分为二看待问题："我们要坚持'两点论'，一分为二看问题，既要看到国际国内形势有利的一面，也看到不利的一面，从坏处着想，做最充分的准备，争取较好的结果。"⑥在舆论引导方式方法上，习近平特别重视运用毛泽东在《矛盾论》与《实践论》中阐述的哲学思想："善于厘清主要矛盾和次要矛盾、矛盾主要方面和次要方面，区分轻重缓急，在兼顾一般的同时紧紧抓住主要矛盾和矛盾的主要方面，以重点突破带动整体推进，在整体推进中实现重点突破。"⑦"要遵循对立统一规律、质量互变规律、否定之否定规律，善于把握发展的普遍性和特殊性、渐进性和飞跃性、前进性和曲折性，坚持继承和创新

---

① 《习近平关于全面建成小康社会论述摘编》，中央文献出版社2016年版，第130页。

② 习近平：《在网络安全和信息化工作座谈会上的讲话》，人民出版社2016年版，第7页。

③ 习近平：《决胜全面建成小康社会　夺取新时代中国特色社会主义伟大胜利——在中国共产党第十九次全国代表大会上的报告》，人民出版社2017年版，第41—42页。

④ 习近平：《在网络安全和信息化工作座谈会上的讲话》，人民出版社2016年版，第2页。

⑤ 习近平：《摆脱贫困》，福建人民出版社1992年版，第87页。

⑥ 《中国共产党中央召开党外人士座谈会　习近平主持会议并发表重要讲话》，《人民日报》2012年12月7日。

⑦ 《习近平关于全面建成小康社会论述摘编》，中央文献出版社2016年版，第204页。

相统一，既求真务实、稳扎稳打，又与时俱进、敢闯敢拼。"① 要透过现象发掘真相："从凌乱的现象中发现事物内部存在的必然联系"，②"进行去伪存真、由表及里的分析，正确把握掩盖在纷繁表面现象后面的事物本质"，③"既看存在问题又看其发展趋势，既看局部又看全局"。④由此可见，历史唯物主义与唯物辩证法不仅是新闻舆论引导党性与人民性原则的指导思想，也是新时代实现正确有效的舆论引导的基本方法。

新闻舆论引导为了"让互联网成为我们同群众交流沟通的新平台，成为了解群众、贴近群众、为群众排忧解难的新途径，成为发扬人民民主、接受人民监督的新渠道"，⑤要依法治理，保障自由，维护秩序，清除污泥浊水，"网络空间同现实社会一样，既要提倡自由，也要保持秩序。自由是秩序的目的，秩序是自由的保障。我们既要尊重网民交流思想、表达意愿的权利，也要依法构建良好网络秩序，这有利于广大网民合法权益"。⑥

遵循马克思主义、坚持新闻舆论引导的党性与人民性相统一的宗旨、依法治理舆论领域、凝聚共识、营造风清气正的舆论氛围是习近平新时代中国特色社会主义思想的重要组成部分，奠定了新时代中国特色社会主义新闻舆论引导机制建设的指导思想。

依据当前新闻舆论引导的宗旨、目标、任务以及政策策略，有必要依据网络社会基本特征，完善舆论引导机制。正如习近平反复强调的那样："创

---

① 《习近平关于全面建成小康社会论述摘编》，中央文献出版社 2016 年版，第 204 页。

② 习近平：《在纪念毛泽东同志诞辰 120 周年座谈会上的讲话》，《人民日报》2013 年 12 月 27 日。

③ 习近平：《在党的群众路线教育实践活动总结大会上的讲话》，人民出版社 2014 年版，第 29 页。

④ 习近平：《在哲学社会科学工作座谈会上的讲话》，人民出版社 2016 年版，第 14 页。

⑤ 习近平：《在网络安全和信息化工作座谈会上的讲话》，人民出版社 2016 年版，第 8 页。

⑥ 习近平：《在第二届世界互联网大会开幕式上的讲话》，《人民日报》2015 年 12 月 17 日。

新为要"，① 必须创新驱动，深化改革引领。就目前状况而言，党政宣传部门有必要开展三项舆论引导机制建设。

1. 立足于网络社会，确立"大网络"观念，贯通"全社会"，线上线下联动，实现"大宣传"战略

以往，所有大众媒体机构归属党政事业机构，由党的宣传部门直接领导，属于内部管理。与此同时，跨国传媒贸易与交流也归口党政部门。在此体制之下，舆论引导机制内部管理主导，层级分明，党政宣传部门统筹舆论生产与流通。随着中国改革开放，20 世纪 80、90 年代，民营影视等传媒产业逐步发展，党政宣传部门所属大众传媒逐步与民营机构进行经营合作。21世纪初，民营影视与文化产业化进程加快，网络传媒公司崛起，传媒融合，通信、电子商务、文化娱乐与传统内容产业跨界融合，文化宣传系统外的国企民企传媒产业迅速占据中国传媒行业绝对多数地位，而且成为最重要的国民经济部门。②

更值得注意的是，随着社会高度媒介化，融合传媒渗透全行业以及社会生活方方面面，产业事业单位逐步形成传媒部门，传媒就业遍及社会全行业，由此凸显了网络社会特征。因此，社会媒介化与网络化为舆论贯穿与渗透全社会提供了人类历史上未曾有过的庞大基础设施。除了遍及社会领域的机构参与舆论，个人凭借日新月异的网络技术，尤其是无线网络技术，源源

---

① 《坚持军报姓党，坚持强军为本，坚持创新为要，为实现中国梦强军梦提供思想舆论支持》，《人民日报》2015 年 12 月 27 日。

② 就信息化程度最高的美国而言，21 世纪初以来，以传媒为主体的版权产业分别占据 GDP 与就业的 6% 左右，不仅属于国民经济最大部门，而且抗御重大经济危机能力最强，2008—2012 年美国战后最大经济危机期间，其版权产业是唯一保持增长的产业。如果考虑美国社会高度媒介化、传媒产业渗透全行业的话，版权产业及其关联产业在美国经济占比远超 10%。中国近年经济与社会中不仅也出现这一网络社会特征，而且网络经济在中国经济中占比比美国更显著。美国版权经济可以参见 *Report of Copyright Industries in US Economy 2000* 年迄今的历年统计。

不断、日甚一日地涌入舆论领域。"通讯过程的网络逻辑使之成为一个高容量的通信渠道，但是，同时又伴有很大程度的个性化和互动性。从这个意义上说，无线网络广泛的个体自主性会作为信息来源有效地削弱大众媒体系统，并创造一种新型的公共空间。"① 大众传媒时代，驾驭舆论比较容易。网络传媒时代，社会经济、政治、文化以及民众生活所有方面皆可能汇聚成舆论热潮，大众传媒驾驭舆论的传统方式遭遇严峻挑战。

网络社会，一方面造就了纵横沟通的便捷，为及时解决重要的社会问题提供了有效途径；另一方面，政府与社会如果不能及时、准确、妥善处理舆论，舆论"脱轨"也可能造成社会政治、经济、文化、生活等各个领域的严重问题。网络社会既是社会重大进步，也是当今社会风险所在。乌尔里希·贝克于20世纪70年代提出了风险社会概念，其风险呈现全球化趋势："危险成为跨国界的存在。"② 这一风险社会既是当代社会持续解决问题的历史演进结果，也孕育并激发了新型社会风险。③ 就此而言，舆论风险超过以往，而且往往跨界、跨区域、跨国孕育而成。当然，风险社会并非意味着当今信息社会比以往传统社会更危险。恰恰相反，今天人类防范与抵御风险能力更强。然而今天可能风险更大也更多，"风险这一概念与可能性和不确定性概念是分不开的"。④ 在市场经济与民主政治影响深刻的社会里，舆论具有愈来愈重要的作用，风险社会不仅使得舆论所致风险更不确定，而且影响也更

---

① ［美］曼纽尔·卡斯特、［西］米里亚·费尔南德斯-阿德沃尔、邱林川、［美］阿拉巴·赛：《一定通讯与社会变迁：全球视角下的传播革命》，傅玉辉、何睿、薛辉译，清华大学出版社2014年版，第158页。

② ［德］乌尔里希·贝克：《风险社会》，何博闻译，译林出版社2004年版，第7页。

③ ［德］乌尔里希·贝克：《再造政治：自反性现代化理论初探》，载《自反性现代化》，赵文书译，商务印书馆2001年版，第4—71页。

④ ［英］安东尼·吉登斯：《失控的世界》，周红云译，江西人民出版社2001年版，第18页。

大。因此，舆论引导就成为网络社会的重大领域。

由此而论，在中国社会政治、经济、文化和民众日常生活，以及传媒设施格局巨变的历史性条件下，舆论引导极其重要。要正确有效引导舆论，必须牢固树立"大网络"观念，线下线上贯通，适时及时，以配合与促进习近平提出的全党动员、管好用好传媒的"大宣传"格局。

2. 掌控全局问题，创新宣传部门职能，占据社会网络重要节点

网络社会深刻改变了中国传媒生态与传播格局，习近平指出："随着互联网媒体属性越来越强，网上媒体管理和产业管理远远跟不上形势发展变化。特别是面对传播快、社会动员能力强的微客、微信等社交网络和即时通信工具用户的快速增长，如何加强网络法制建设和舆论引导，确保网络信息传播秩序和国家安全、社会稳定，已经成为摆在我们面前的现实突出问题。"[①] 要"不断提高对互联网规律的把握能力、对网络舆论的引导能力、对信息化发展的驾驭能力、对网络安全的保障能力，把网络强国建设不断推向前进"。[②]

当今社会，舆论现象气象万千，纷繁复杂。要适时及时正确有效地引导舆论，必须依据网络社会特征，灵活机动地占据重要网络节点。

目前，中国已经建立了适合网络社会治理的多层次全方位管控体系，以国家网信办为核心，形成了辐射全社会的治理网络，这为舆论引导提供了世界化的良善管理制度。党政宣传部门是舆论引导的责任主体，在新的历史条件下单兵作战效果不大。网络社会具有去中心化与节点集成两者共存的基本特征，网络节点成为网络最重要的力量，如政府、重要的企业与组织，包括巨型城市、新工业集群等。然而，与此同时，网络节点之所以可以发挥巨大

---

① 《习近平谈治国理政》，外文出版社 2014 年版，第 84 页。

② 《加快推进网络信息技术自主创新　朝着建设网络强国目标不懈努力》，《人民日报》2016 年 10 月 10 日。

作用，是因为节点与节点以任务导向、问题导向适时及时联合、合作乃至集成。迄今，网络社会最重要的节点是政府。中国特色社会主义制度基本条件下，政府更具有网络节点集成优势。如何依托以国家网信办为核心、辐射方方面面的管控体系，与时俱进，按照迫切而又重要的舆论引导实际任务，掌控全局问题，勾连与汇聚相关网络节点的重要力量，以解决舆论领域重要问题。当前，舆论引导工作要着重抓住以下两个方面：一方面作为舆论引导主体的党政宣传部门应未雨绸缪，及时与相关网络节点建立有效联动或协作的多元机制；另一方面，借鉴数字经济中的粉丝文化，主动设置议题，汇聚创意力量，不断培育理性的舆论参与者，使之成为热心于舆论引导的重要社会力量。网络社会节点，除了具有物理形态的各种机构与组织这类"硬"节点，还有诸如粉丝及其社群等一类由文化与趣味主导的"软"节点。实现网络社会重要的"硬"节点与"软"节点有机结合，这是舆论引导工作亟待持续探索的重要方面。

如果说以国家信息办为核心的信息治理体系属于传统结构权威（政治、经济、文化等主要社会结构），那么统筹网络节点的能力就构成了新兴网络权威，后者以知识导向、网络化、互动性、分化与集成融合、流动性、超链接、跨区域与解域化并存等为主要特征。① 两者既有差异，也存在交错融合。与国际社会相比，建构与维护这一舆论引导的双权威体系，在中国更有制度资源保障，而这一权威体系是舆论引导机制重要的组织创新所在。目前，舆论引导更多的是运用结构权威或网络权威的"硬"节点，诸如过滤、删除、关闭、屏蔽等，如何妥善地运用网络权威中的"软"节点力量，更有效地利用网络权威的网络特性，亟待探索与加强。

---

① ［美］曼纽尔·卡斯特：《网络社会的崛起》，夏铸九、王志弘译，社会科学文献出版社2006年版，第26—28页。

3. 遵循群众路线，注重调查研究，充分利用数据库，完善舆论引导机制

如果说，社会结构与新兴网络的双权威建构属于舆论引导机制组织建设，那么中国共产党的群众路线及其调查研究的理论与方法则是舆论引导机制建设最重要的伦理规范与工作惯例。

群众路线是中国共产党在革命与建设的长期历史过程中形成的三大法宝之一。毛泽东指出，群众路线基于"人民，只有人民，才是创造世界历史的动力"的唯物史观，[①] 集中体现了"全心全意为人民服务，一刻也不脱离群众"的立党宗旨。[②] 在中国革命与建设的长期历史过程中，毛泽东阐述了"在我党的一切实际工作中，凡是正确的领导，必须从群众中来，到群众中去"的群众路线原则，并且不断完善群众路线的理论与方法。[③] 邓小平在党的八大《关于修改党章的报告》中指出："群众路线是我们党的组织工作中的根本问题，是党章中的根本问题，是需要在党内反复进行教育的。"群众路线是中国共产党指导思想、科学精神、组织原则的集中体现，是马克思主义普遍真理同中国革命与建设实践相结合的实现路径。

"没有调研，没有发言权"是毛泽东同志 1930 年提出的著名论断。[④]1961年中共中央《关于认真进行调查工作问题给各中央局、各省、市、区党委的一封信》总结道："一切从实际出发，不调查没有发言权，必须成为全党干部的思想和行动的首要准则。"调查研究是中国共产党群众路线的基石，体现了邓小平所阐述的"实事求是"这一马克思主义精髓。[⑤]

中国共产党的群众路线及其调查研究的理论与方法仍然是当今舆论引导

---

① 《毛泽东选集》第 3 卷，人民出版社 1991 年版，第 1031 页。

② 《毛泽东选集》第 3 卷，人民出版社 1991 年版，第 1094—1095 页。

③ 《毛泽东选集》第 3 卷，人民出版社 1991 年版，第 899 页。

④ 参见《毛泽东选集》第 1 卷，人民出版社 1991 年版，第 109 页。

⑤ 参见邓小平：《在武昌、深圳、上海等的谈话要点》，载《十三大以来重要文献选编》（下），中央文献出版社 1993 年版，第 366 页。

的工作准则，偏离党的群众路线及其调查研究理论与方法，舆论引导工作终将一筹莫展，甚至造成重大损失。

在网络社会的历史语境下，群众路线的调查研究方法需要与时俱进，发掘调查研究的新资源，可以充分利用数据库，以拓展研究路径。

数据库是网络社会主要基础之一。当代信息社会理论先驱之一马克·波斯特论述了知识与数据库在当代新传媒时代具有核心意义。具体而言，数据库是知识集成，是当代独特的信息方式，导致信息时代的"主体建构"，深刻影响了信息时代的政治经济文化，有利于人的解放。"数据库为当今政府提供了非常巨大的关于其所有人民的可利用信息，这有助于制订各种维持稳定的政策。"[①] 尽管囿于西方信息社会实际，马克·波斯特有关当代信息社会的一些观点不一定适合中国实际，但是，其有关知识与数据库的观点的确揭示了当代信息社会普遍特征。因此，受到国际学术界的高度重视。[②] 实际上，当今重要数据库，无论公开与否，皆属于网络社会极其重要的节点。控制与利用数据库极大地有助于舆论引导，因为数据库很大程度上决定了舆论预测力、舆论生产力、舆论竞争力、舆论公信力。随时掌握具有规模与质量优势的数据库，就可以预测社会舆论走势，设置强大的舆论关注点，从而在舆论竞争中胜出。

当今社会，党政宣传部门拥有主流传媒。然而，就数量而言，主流传媒在整个传媒生态中占比很小，其优势形成，除了归结于占据重要网络节点，也在于能否具有数据库利用方面的优势，能否整合网络节点优势与数据库优势。有时候，尽管占据网络节点优势，尤其是社会结构优势位置，但是党政宣传部门的舆论引导实际效果并不明显，甚至严重滞后，很大程度上原因就在于此。

---

① ［美］马克·波斯特：《第二媒介时代》，范静晔译，南京大学出版社 2000 年版，第 127 页。

② ［英］弗兰克·韦伯斯特：《信息社会理论》，曹晋、梁静、李哲、曹茂译，北京大学出版社 2011 年版，第 324—326 页。

要能够妥善利用数据库，必须创新舆论引导机制。党政宣传部门与大型主流媒体要通过与大型数据库合作或协作，形成多元灵活的联动机制，以大大提升舆论引导过程数据库运作能力。这类合作协作既是建立与相关数据库机构联动关系，包括科研、企业、社会组织、政府部门等，而且还要形式多样地凝聚数据库运作人才，并且建立多元多样的聘用制或参与制，规模愈来愈大的弹性就业与粉丝文化成为网络社会主要特征之一，弹性就业者、志愿者、热心者等皆是可以凝聚的相关人才。当然，在数据库人才建设方面，首先要加快建设现有党政宣传部门内部数据处理机构与队伍。与此同时，适度运用商业模式，在舆论引导工作中利用各类数据库。由此，从数据资源、组织、专业人员三方面推进舆论引导数据库机制建设。

值得指出的是，舆论引导数据库机制建设要善于开展创造性转化。当今国际国内，传媒机构特别是大型传媒机构或企业，愈来愈重视利用传统采写编评等专业优势以开展咨询业务。可以转化传媒机构咨询能力以协助舆论引导工作。就国内而言，大型主流传媒要重视咨询业务。实际上，这也是传媒机构应该承担的重要社会责任，实现商业与公益相结合。

（三）发展方向：秉持原则，恪守专业，范式转型

正如党的群众路线及其调查研究的理论与方法依然是当今舆论引导机制的伦理规范与工作惯例一样，党性、人民性、真实性的高度统一既是新闻事业，也是舆论引导机制的政治原则与专业原则的根本所在。

党性、人民性、真实性的高度统一是马克思主义新闻观的基本原则，党的领导是党性原则的实质，人民史观、人民立场、人民传媒是人民性的基本内涵，[①] 党性与人民性辩证统一。列宁依据马克思、恩格斯的党性观，在《论

---

① 1948 年在《毛泽东对〈晋绥日报〉编辑人员的谈话》中深刻阐述了"群众办报"理论，奠定了人民传媒的思想内核。

党的组织》与《党的组织和党的出版物》两篇历史性文献中明确阐述了马克思主义报刊党性的极端重要性，①与此同时，论述了党性原则内涵自由讨论的辩证观念："除了行动一致外，还必须最广泛地、自由地讨论和谴责我们认为有害的措施、决定和倾向。只有这样进行讨论，通过决议，提出异议，才能形成我们党的真正公众舆论。"②20世纪40年代末，毛泽东全面阐述了新闻的党性原则。③邓小平凝练地概括了列宁主义、毛泽东思想的报刊党性原则："党报党刊一定要无条件地宣传党的主张。对党的工作中的缺点和错误，党员当然有权利进行批评，但这种批评应该是建设性的批评，应该提出积极的改进意见。"④江泽民、胡锦涛、习近平一贯强调新闻党性原则。⑤中国共产党的党性与人民性高度统一的新闻原则是马克思列宁主义同中国革命与建设实践相结合的产物，是新闻舆论监督的根本原则。

在新闻活动中，党性、人民性与真实性有机统一。"真实性是新闻的生命"，⑥李良荣结合新闻实践界定了新闻真实性，"新闻真实性是在新闻报道中的每一个具体事实必须符合客观实际，即表现在新闻报道中的时间、地点、人物、事情、原因和经过都经得起核对"。⑦概括而言，新闻真实包括尊重事实，揭示真相。⑧客观性则是新闻真实性的古典哲学基础，也构成20世纪新闻专业传统的主要原则之一。迈克尔·舒德森一方面揭示了新闻客观性在美

---

① 《列宁选集》第12卷，人民出版社1987年版，第79页。

② 《列宁选集》第13卷，人民出版社1987年版，第62页。

③ 《毛泽东选集》第4卷，人民出版社1991年版，第1318页。

④ 《邓小平文选》第2卷，人民出版社1994年版，第272页。

⑤ 李良荣：《新闻学概论》，复旦大学出版社2021年版，第173—176页。

⑥ 《习近平总书记党的新闻舆论工作座谈会重要讲话精神学习辅导材料》，学习出版社2016年版，第7页。

⑦ 李良荣：《新闻学概论》，复旦大学出版社2021年版，第39页。

⑧ Theodore Peterson, "The social responsibility theory", in *Four Theories of the Press*, University of Illinois Press, Urbana, 1956, pp.39–72.

国新闻界的艰难遭遇，透视了这一观念的内在矛盾性；另一方面，肯定了新闻客观性理想性：新闻从业者与机构要"包容不确定性，承受风险，一心求真。这一点做起来也许艰难，然而却事关新闻业的生死存亡，它体现在新闻从业者日复一日的说服中，并最终成为我们共同的理念"。[①]20世纪80年代公共新闻崛起，鼓吹新闻的社区立场与民众价值。[②]至90年代初，公共新闻运动趋于式微，究其原因，也在于公共新闻基于的社区民众价值与新闻客观理念难以协调。值得指出的是，西方新闻真实性与客观性原则理论上蕴含深刻矛盾，即"事实意见相分离"与"媒体应该代表公众并为其利益代言，以保持政府是负责的"之间存在尖锐冲突。对此，西方学术界也有所意识，[③]又主要偏向于质疑。[④]按照马克思主义新闻观，西方新闻真实性与客观性理念的内在矛盾就在于偏离了新闻活动与新闻事业的人民性立场与人民利益，而党性、人民性、真实性的辩证统一才能保障新闻真实。

无论就实质还是基本内容而言，舆论引导就是新闻舆论引导。因此，中国特色社会主义舆论引导及其新闻舆论监督必须遵循马克思主义新闻观的党性、人民性、真实性的辩证统一。

网络社会，社会媒介化成为主要特征。在此历史性语境下，主流传媒所占数量比重很小，社交媒体、自媒体、视频网站等汪洋恣肆，无论中外皆

---

① ［美］迈克尔·舒德森：《发掘新闻》，陈昌凤、常江译，北京大学出版社2009年版，第143、194页。

② Theodore L. Glasser, "The idea of public journalism", in *The Idea of Public Journalism*, edited by T. Glasser, Guilford Press, New York, 1999.

③ ［美］迈克尔·舒德森：《新闻的力量》，刘艺娉译，展江、彭桂兵校，华夏出版社2011年版，第20—29页。

④ Harvey Molotch and Marilyn Lester, "News as purposive behavior: on the strategic use of routine events, accidents, and scandals", *American Sociological Review*, Vol. 39, 1974; Maxwell E. McCombs and Donald L. Shaw, "The agenda-setting function of mass media", *Public Opinion Quarterly*, 36(2), 1972.

然。大众传媒时代传媒"把关人"逐渐向"瞭望者"范式转型。

传统传媒"把关人"模式强调的是，新闻采写与编辑过程筛选信息，从而实际上控制了大众传媒受众的接受活动。① 随着数字传媒技术发展，网络传播迅速成为传媒主流，传媒生态与传媒制度也随之剧变，传统主流传媒遭遇数字传媒的汪洋大海，其舆论引导力急剧下降。在中国，这一现象虽不如欧美等国那么凸显，但也显而易见。网络上，反转新闻、新闻事件极化等现象多次出现，甚至程度不一地影响主流传媒。与此同时，就新闻敏感度与活跃度而言，主流传媒有时不再具有绝对优势。大众传媒时代，传媒模式是一对多，主流传媒可以通过对信源与报道等把关，比较容易引导舆论。而今，网络传媒占据绝对多数，网络传媒生产与传播模式极其多样，诸如一对多、一对一、多对一、多对多等。与此同时，民众媒介使用时间主要花费在网络传媒，青年人基本不直接阅读或观看主流传媒，至多接受网络转播的主流传媒内容。

在此传媒演化的历史变局过程中，传媒传统"把关人"模式产生分流，"把关人"模式仍然延续，新的传媒"瞭望者"模式脱颖而出。所谓"瞭望者"模式，就是主流传媒除了通过"把关"，控制自己所办传媒之外，还关注线上线下新闻舆论，尤其是网络新闻舆论，积极介入网络新闻舆论，利用专业优势，提供信息服务，乃至设置议题、引导舆论，扩大影响效果，提升竞争力，重塑公信力。继艾克塞尔·勃隆斯提出传媒"瞭望者"概念，雷欧·波曼反思了"瞭望者"模式，"新媒体时代，新闻记者所面临的严峻挑战是，其专业实践是否，以及如何调适，以应对新的在线互动形式，以便公民参与到新闻制作中去"，通过发掘与弘扬传统传媒追求公共利益的专业特

---

① 1950 年戴维斯·怀特在《把关人》中较早系统阐述了新闻把关人概念，以后大量学者予以研究，帕梅拉·J. 休梅克梳理了这一理论来龙去脉，并予以评论，参见［美］帕梅拉·J. 休梅克：《大众传媒把关》，张咏华注释，上海交通大学出版社 2006 年版。

长，提供信息优势，以弥合传统传媒与新媒体之间的鸿沟。①换而言之，"瞭望者"模式强调的是，守住自身传媒，主动出击网络传媒，通过此种双向资源整合，以求在网络社会再次崛起，获得新闻舆论生产与流通的竞争优势。

由于具备体制与专业优势，包括占据社会结构与新兴网络权威优势，我们舆论引导也要促进与加快传媒"把关人"向传媒"瞭望者"范式转型，集合传媒"把关人"传统与网络语境下"瞭望者"模式，充分利用数据库与人工智能等信息手段与社会资源，主动介入网络场域，正确有效引导舆论。如此，舆论引导必然实现大飞跃，舆论引导竞争力会有极大提升，从而不仅产生即时的显著社会效果，而且可以不断塑造党政宣传部门与主流传媒的强大公信力。

为了集成传媒"把关人"与"瞭望者"优势，有必要针对网络受众特征，在传统舆论引导的宣传、报道、监督范畴中增强"讨论"与"协商"因素，一方面激发民众参与热情，另一方面，潜移默化，尤其是引领民众在思考与解决自己在遭遇困难与问题过程中的理性参与，加强舆论素养，自觉全面准确看待社会发展。当代，无论政界还是学界皆高度重视协商民主。"协商"，核心是慎议。当今，网络社会充满了不确定，大机遇与大挑战并存。在此历史性条件下，慎议在舆论领域就极端重要。无论"讨论"，还是"慎议"，皆基于"摆事实，讲道理"的要义，是提升宣传、报道、监督的关键要素。由此，舆论引导也容易水到渠成。宣传、报道、监督、讨论、协商融会贯通，有助于舆论引导集成"把关人"与"瞭望者"的综合优势，不断加强舆论引导的竞争力与公信力，达到舆论引导正确而有效。

值得指出的是，制度安排可以在一定程度上保障舆论领域的必要秩序。然而，仅仅靠制度安排难以保障舆论领域动态平衡的良好秩序，因为舆论领

---

① Leo Bowman, Re-examining, "Gatekeeping", *Journalism Practice*, Vol. 2, No.1, 2008.

域相当程度上具有自发性与随机性，而社会信息化、网络化、媒介化、全球化、超链接趋势更加强了此种自发性与随机性。舆论领域这一自发性与随机性，一方面有助于提升舆论领域民众参与度，有助于社会问题的解决；另一方面，也可能构成舆论领域社会风险。制度与舆论引导实践彼此有效协调，才能够最终保障舆论领域良好氛围，以及促进社会与人理性的可持续涵化。

完善舆论引导机制，这是一项系统工程，是以中国特色社会主义基层民主变革而产生的责任意识与习惯为社会基础的，舆论引导机制创新应该与中国特色社会主义基层民主治理相结合。

总而言之，要完善坚持正确导向的舆论引导机制，就必须直面新时代中国特色社会主义舆论格局的历史变迁，高举习近平新时代中国特色社会主义思想伟大旗帜，遵循党的新闻舆论引导宗旨，大政方针明确，创新驱动，秉持马克思主义新闻原则，恪守新闻专业操守，促进新闻舆论引导范式转型，宣传、报道、监督、讨论、协商融会贯通。

第四章
社会主义文化发展：话语权与文化软实力的提升

一、发展党的文化创新理论

2022 年 10 月 16 日，习近平在党的二十大上指出："全面建设社会主义现代化国家，必须坚持中国特色社会主义文化发展道路，增强文化自信，围绕举旗帜、聚民心、育新人、兴文化、展形象建设社会主义文化强国，发展面向现代化、面向世界、面向未来的，民族的科学的大众的社会主义文化，激发全民族文化创新创造活力，增强实现中华民族伟大复兴的精神力量。"①习近平高瞻远瞩，牢牢把握党在新时期坚持中国特色社会主义文化发展道路的时代脉搏，在党的二十大报告中，关于激发全民族文化创新创造活力的论述对建设有着中国特色社会主义的文化事业有着重要意义。党在各个阶段的文化事业中，坚持从实践中吸取经验，坚持理论创新，不断促进自身文化事业建设能力与文化理论创新能力，使我们的社会主义文化不断繁荣发展。

新中国建立后，跨入了社会主义革命和建设的年代，特别是 1978 年以来，中国进入了现代化建设和改革开放新时期。中国特色社会主义建设与发

---

① 习近平：《高举中国特色社会主义伟大旗帜　为全面建设社会主义现代化国家而团结奋斗——在中国共产党第二十次全国代表大会上的报告》，《人民日报》2022 年 10 月 26 日。

展成为我们国家的时代主题，中国在政治、经济、文化等各个领域都发生了前所未有的深刻变化，这种变化即是社会实践的结果，也是党的理论不断创新所推动的实践上的新变的结果。而这种变化着的社会实践又对理论提出了新的问题与要求，进而推动理论不断进行革新。应当说，理论上的创新与不断创新，是当代中国不断取得进步与发展，不断取得文化建设新成果的原因之一。

在党的领导之下，当代中国的马克思主义在文化实践中不断发展，也不断进行创新，而且创新之路在于：反映时代愿望、体现时代精神、回答时代课题，积极推进理论创新、引领时代潮流。文化创新最集中也最鲜明的战线，在文艺领域，而最能反映党的文化创新理论的领域，就是党在文艺领域之中的理论创新。

（一）把握时代脉搏：党的文化理论创新的基本内涵

习近平曾指出："一个国家、一个民族不能没有灵魂。文化文艺工作、哲学社会科学工作就属于培根铸魂的工作，在党和国家全局工作中居于十分重要的地位，在新时代坚持和发展中国特色社会主义中具有十分重要的作用。"[①] 任何一种文化，都是一定时代的特定产物，对这种文化的理论阐释产生并扎根于某个特定时代的社会状态中，并以这个时代的特定任务为自己的主要任务和基本方向。这是历史唯物主义在文化领域内的必然体现，这一普遍真理也鲜明地体现在文化事业的具体领域之中，并且具体化为党的文化创新理论，其基本内涵有三点：人民性是党的文化创新理论的支撑；实事求是与应答时代是党的文化创新理论的根源；文化自信、时代脉搏，人民中心、创作精品，以明德引领风尚，是新时代中国特色马克思主义文化创新理论的

---

① 习近平：《坚定文化自信把握时代脉搏聆听时代声音　坚持以精品奉献人民用明德引领风尚》，《人民日报》2019 年 3 月 5 日。

核心，以上党的文化创新理论的最新与最集中的理论表达，是习近平关于文艺工作的相关论述。

1. 文艺的人民性

文艺的人民性是党领导下革命文艺的根本性质和主导范式，直接关系到文艺的发展方向和历史使命。习近平继承和坚持了党的文艺方针，认为文艺的人民性是中国特色社会主义文艺的本质属性和根本方向。

2014 年，习近平在文艺工作座谈会上明确指出："社会主义文艺，从本质上讲，就是人民的文艺。"2016 年，习近平在中国文联十大、中国作协九大开幕式上的讲话中，进一步指出："一切优秀文艺工作者的艺术生命都源于人民，一切优秀文艺创作都为了人民。"2017 年，习近平在党的十九大报告中论述"中国特色社会主义进入了新时代"这一新的历史方位时，再次强调："社会主义文艺是人民的文艺，必须坚持以人民为中心的创作导向，在深入生活、扎根人民中进行无愧于时代的文艺创造。"这就更深刻地阐明了人民性是中国特色社会主义文艺的本质属性，为新时代的文艺工作指明了正确的方向。

习近平还强调指出："人民是文艺创作的源头活水，一旦离开人民，文艺就会变成无根的浮萍、无病的呻吟、无魂的躯壳。"[1] 正是人民对艺术和审美的追求，使文艺与人民的需求紧密结合，文艺为人民提供丰富的营养和充沛的活力，从而激发人民的文化自信，促进人的自由全面的发展。正是由于对文艺的人民性的强调，习近平进而提出了构建"人类命运共同体"的理论主张。他高瞻远瞩的政治理念彰显的是一种国际视野的思想高度。这一思想肯定了在经济全球化的时代，人类有超越国家、民族、地域、制度、阶级阶层等限制的某些共同利益、共同需要和共同命运，这是对马克思主义人

---

① 习近平：《在文艺工作座谈会上的讲话》，《人民日报》2015 年 10 月 15 日。

学理论的重要发展，也是对以人为本、人的全面发展观念的深化。构建"人类命运共同体"是习近平在世界视野基础上提出的重要理论，对于处理中外关系、国际事务，具有极为重要的指导意义，也是世界人民共同关注的热点话题。

2. 文艺的民族性和文明互鉴

在坚持文艺的人民性的同时，习近平特别强调文艺的民族性，把弘扬民族精神提到前所未有的高度，他说："坚定文化自信，是事关国运兴衰、事关文化安全、事关民族精神独立性的大问题。"① 如今，中国正走入世界的舞台中央，中国文艺走向世界、面向国际是发展的必然趋势。一个国家、一个民族的文艺是人民的集体记忆和精神标志，文艺思想的确立是一个国家和民族身份、地位确立的关键之所在，文艺思想体现一个国家、一个民族、一个政党在历史变迁中保持自身文化价值取向、心理认同和信念坚定与否的关键。

文艺的民族性可从爱国主义、文化自信、人类命运共同体这三个层面上得到强调与深化。

首先是文艺与爱国主义的关系。习近平关于文艺工作的重要论述将"中国精神"明确为社会主义文艺的灵魂。他强调"要把爱国主义作为文艺创作的主旋律，引导人民树立正确的历史观、民族观、文化观，增强做中国人的骨气和底气"。将爱国主义作为文艺创作的主旋律，增强了中国文艺工作者表达对祖国、民族、人民、历史崇高的情怀，把倡导"主旋律"的思想提到新的高度。习近平明确提出"中国精神是社会主义文艺的灵魂"，精神立则国家立，精神强则国家强。因此，我们文艺创作必须着重做四个方面工

① 习近平：《在中国文联十大、中国作协九大开幕式上的讲话》，《人民日报》2016 年 12 月 1 日。

作：聚焦中国梦的时代主题、培育和弘扬社会主义核心价值观、唱响爱国主义主旋律、把中华优秀传统文化血脉融注在文艺创作中；同时文化传统是中华文艺复兴、文化复兴寻找到发展和永不枯竭的源泉，它是中国精神培育的土壤，也是中国精神成长的内在源泉，社会主义文艺要创作出有温度、有筋骨、有气节、有情感的优秀作品必须要有中国精神的支撑。

其次是中国文艺的文化自信观。习近平认为，坚定文化自信，离不开中华民族对优秀历史文化的弘扬，离不开华夏儿女对民族精神的传承。党的十八大以来，习近平发表了一系列关于文化自信的重要讲话，多次强调文化自信，形成了完整的文化自信观。如，在中央政治局对弘扬中华传统美德、培育与弘扬社会主义核心价值观进行学习时，习近平强调："要弄清楚华夏优秀文明的历史渊源、发展走向，弄清楚华夏文化的价值内涵和独有特征，提高中华民族精神的价值观和文化自信。"[1]在文艺工作座谈会上，习近平表示："作为中华民族精神的命脉所在，社会主义核心价值理念从中华优秀传统文化中吸取了丰富的营养，这也是让华夏儿女得以在越来越复杂和激荡的世界格局中昂首挺胸、屹立不倒的原因所在。只有提高文化自信，才能让我们拥有更高的制度自信、理论自信和道路自信。"[2]

最后是文明互鉴视野下传承和弘扬中华优秀传统文化。这可以说是人类命运共同体理论在人类文明互鉴问题上的展开和运用。习近平在提出文艺事业要更好地繁荣发展，就必须在坚持、弘扬中国精神和民族文化的同时，又强调我们不能陷入盲目排外的民粹主义局限中，"不能排斥学习借鉴世界优秀文化成果"。[3]为此，习近平创造性地提出了文明交流互鉴的理论："文明因交流而多彩，文明因互鉴而丰富"，"文明交流互鉴，是推动人类文明进

---

① 《文化自信——习近平提出的时代课题》，《人民日报》2016 年 8 月 5 日。

② 《习近平谈文化自信》，《人民日报（海外版）》2016 年 7 月 13 日。

③ 习近平：《在文艺工作座谈会上的讲话》，《人民日报》2015 年 10 月 15 日。

步和世界和平发展的重要动力"，"只有交流互鉴，一种文明才能充满生命力。……中华文明是在中国大地上产生的文明，也是同其他文明不断交流互鉴而形成的文明"。

同时，文明互鉴既要对外来文明、文化一分为二，有批判地加以借鉴吸纳，又要对自己的传统文化一分为二，借鉴其优秀成果，扬弃其糟粕成分。"坚持洋为中用、开拓创新，做到中西合璧、融会贯通。"①中外思想文化的碰撞，会激发出智慧的火花，中外文艺的交流、互鉴，会让双方都焕发出新的光彩。从新文化运动到新民主主义革命再到中国特色社会主义建设，中华民族的文化与西方文化在交织碰撞、交流互鉴中不断更新发展。

3. 现实主义文艺观的深化与社会主义核心价值观指引下的文艺价值论

在文艺创作中，现实主义的方法一直是党的文艺创作观的核心内容，但究竟什么是文艺创作的现实主义原则和方法，对这个问题的回答也始终处在一个具体的历史进程中。而习近平关于现实主义方法的观念，把现实主义的方法论与社会主义的价值观结合起来，立足文艺的当代性，创造出以社会主义核心价值观为指引的现实主义文艺观，为当代社会主义文艺的发展在创作上指明了方向。

习近平关于文艺工作的重要论述继承了马克思主义的现实主义文学观的基本精神，又从社会主义价值观的角度对这一文艺观进行了创新发展，体现出了强烈的时代性和中国特色的社会主义性。

习近平高度重视文艺的当代性，并且从时代精神的高度强调文艺的社会功能和地位。在党的十九大报告中，习近平指出："要繁荣文艺创作，坚持思想精深、艺术精湛、制作精良相统一，加强现实题材创作，不断推出讴歌党、讴歌祖国、讴歌人民、讴歌英雄的精品力作。发扬学术民主、艺术民

---

① 习近平：《在文艺工作座谈会上的讲话》，《人民日报》2015 年 10 月 15 日。

主，提升文艺原创力，推进文艺创新。"①时代的发展使人们的审美能力逐渐提升，对文艺作品提出更高的要求，大浪淘沙，缺乏感染力、生命力，经不起考验的文艺作品必将被淹没。这个观念的针对性在于，随着时代的进步，人类的发展，在当今的部分文艺作品中，文艺与时代的疏离越发明显，现实主义精神在社会主义的现实生活中需要吐故纳新。文艺创作者要弘扬现实主义精神，首先要将自己的思想融入现实生活，用自己真情实感的笔触和思想描绘人民生活的喜怒哀乐，体验人民生活的现实性、介入现实生活，对现实生活中的人或物进行典型性的塑造，创作出伟大优秀的文学作品。

习近平关于文艺工作的重要论述立足于以人民为中心，弘扬中华民族优秀文化，结合我国当前文艺思潮现实发展的状况，在继承马克思主义和毛泽东、邓小平、江泽民和胡锦涛等几代党的领导人的文艺思想观念的基础上，创造性地发展了中国化的马克思主义文艺理论，是新时代以来马克思主义文艺理论中国化第三阶段的划时代成果。习近平将文艺纳入治国理政的重要战略布局中，不但对中国特色社会主义文艺发展起了推动作用，同时，也为实现中华民族伟大复兴的中国梦提供了重要指导，构成了习近平新时代中国特色社会主义思想不可分割的重要组成部分。

（二）实事求是与应答时代：党的文化创新理论的根源

习近平在党的二十大报告中回顾党在意识形态与文化事业建设工作上的重大成就："我们确立和坚持马克思主义在意识形态领域指导地位的根本制度，新时代党的创新理论深入人心，社会主义核心价值观广泛传播，中华优秀传统文化得到创造性转化、创新性发展，文化事业日益繁荣。"②党何以能

---

① 习近平：《决胜全面建成小康社会　夺取新时代中国特色社会主义伟大胜利——在中国共产党第十九次全国代表大会上的报告》，人民出版社 2017 年版，第 66 页。

② 习近平：《高举中国特色社会主义伟大旗帜　为全面建设社会主义现代化国家而团结奋斗——在中国共产党第二十次全国代表大会上的报告》，《人民日报》2022 年 10 月 26 日。

够取得如此重大的成就？回顾党在文化理论创新的历史，结合习近平在新时代形成的一系列关于文化事业创新发展的论述，我们不难发现，党善于从文化事业的实践中总结经验，善于在理论上进行创新，并使理论创新能够落实在具体实践上，使理论创新能够回答新时代的新需求。习近平文艺观是对马克思主义文论中现实主义基本精神的继承，又是其针对新时代文艺事业的新特点所作出的具有新气象的创新性表述，其中蕴含的对现实性与当代性的强调正与党的文化创新理论的根源——实事求是与应答时代息息相关，是党促进文化事业繁荣发展的又一伟大创见。

经典马克思主义文论认为文化是对现实的能动反映，但究竟这个"能动反映"应当怎么实现，这构成了文论家们和党的文艺路线制定者们思考的重要问题。在过去40多年的文论中，党根据现实情况的变化而调整对应的文艺方针，逐渐克服由原来的实践所催生的，但脱离了当下实践的僵化的文艺观的束缚，深化了对文艺与现实应有关系的认识。

首先，不断深化理解历史唯物主义的内涵，秉持辩证的、开放的方法论立场，避免迟滞僵化的文艺观束缚，为文艺理论的不断创新奠定坚实的基础。

新中国成立以来，对于历史唯物主义一直有一种生硬的理解——把它总纲式地、简单地理解为经济基础决定上层建筑，包括决定作为上层建筑一部分的意识形态；同时它们也在一定程度上反作用于经济基础。按这一总纲，文艺被简单地理解为一种意识形态，当然直接受到经济基础的决定和制约。这就使文艺理论可能出现按社会类型贴标签式的研究方法。实际上，这种方法长期左右着中国文艺理论界的学者们对于历史的认识。新时期以来，朱光潜等学者最先反思这个问题，从自我批评的角度对贴标签式的研究进行了反思和评判，开始重新理解和阐释历史唯物主义的基本原理如何贯彻到文艺研究中去。于是，马克思、恩格斯关于历史唯物主义的一些论述得到了重新和客观的阐释，如：

　　"唯物主义只是一个套语，他们把这个套语当作标签贴到各种事物上去，再不作进一步的研究……就以为问题已经解决了。但是我们的历史观首先是进行研究工作的指南，并不是按照黑格尔学派的方式构造体系的方法，必须重新研究全部历史，必须详细研究各种社会形态存在的条件，然后设法从这些条件中找出相应的政治，私法，美学，哲学，宗教等等的观点，在这方面，到现在为止只做出了很少一点成绩……他们只是用历史唯物主义的套语……来把自己的相当贫乏的历史知识（经济史还处在襁褓之中呢！）尽力构成体系，于是就自以为非常了不起了。"①

　　这段话强调了历史唯物主义所具有的开放性与综合性，强调了历史唯物主义对于历史、对于诸种社会存在的研究，反对机械的反映论，反对把历史唯物主义当作标签贴到各种事物上去的简单化态度，对这一点的拨乱反正，实际上成了文艺理论界解放思想的重要契机。

　　其次，立足于经典马克思主义文艺理论的核心观念，深入探讨现实主义的文艺观与审美观，并对现实主义方法及其在文艺批评中的具体应用进行深入研究。对怎样把现实主义的基本原则与具体的文艺创作实践结合起来，当代中国的马克思主义文艺观给出的回答是：一方面强调文艺对于时代精神与社会现实的反映性，另一方面，强调这一反映的能动性与人民性，及其对社会发展趋势、核心价值观的反映；同时，通过强调文艺的经典性、时代性，以及刻画典型形象的方式，发展、深化马克思主义经典作家的现实主义理论。

　　新时期以来，学术界一直对现实主义的相关议题不断研讨和反思。关于现实主义问题，学界往往从多个角度展开讨论，论题涉及现实主义的内涵及

---

　　① 《马克思恩格斯选集》第4卷，人民出版社2012年版，第475页。

其本质特征，现实主义的哲学基础，现实主义的真实性，以及如何借助一些现代主义的创作手法丰富现实主义文艺，使现实主义具有新的时代特征。这套现实主义的创作方法探讨，以历史唯物主义为方法论指导，因此具有鲜明的马克思主义属性。而随着社会历史的发展，特别是中国特色社会主义建设的发展，这套文艺观也需要进行相应的创新、深化和发展。事实上，现实主义之所以能在不断的冲击和危机中存活并再生，就在于它能够变化发展、与时俱进，使现实主义文艺的创作方法借鉴某些现代主义甚至后现代的创作观念，也是新时代对于现实提出的必然要求。

进入21世纪，改革开放和建设小康社会进入攻坚阶段，面对新时期、新常态，时代展现出了极其丰富的新过程、新倾向、新生活和新人形象。习近平关于文艺工作的重要论述中就包含了丰富的具有现代性的现实主义理论观点，同时又把当下中国社会文化建设对文艺的需要与现实主义传统进行结合，在文艺与现实的关系维度，开拓出了新的理论局面。

首先，习近平坚持并强调了文艺与现实之间的反映关系，但是把反映论与镜像式的、认知性的反映，改造为辩证的、价值性的反映论。在他的相关思想中，反映论已经上升为一种批评原则，比如：

一切轰动当时、传之后世的文艺作品，反映的都是时代要求和人民心声。我国久传不息的名篇佳作都充满着对人民命运的悲悯、对人民悲欢的关切，以精湛的艺术彰显了深厚的人民情怀。《古诗源》收集的反映远古狩猎活动的《弹歌》,《诗经》中反映农夫艰辛劳作的《七月》、反映士兵征战生活的《采薇》、反映青年爱情生活的《关雎》，探索宇宙奥秘的《天问》，反映游牧生活的《敕勒歌》，歌颂女性英姿的《木兰诗》等，都是从人民生活中产生的。屈原的"长太息以掩涕兮，哀民生之多艰"，杜甫的"安得广厦千万间，大庇天下寒士俱欢颜""朱门酒肉臭，路有冻死骨"，李绅的"谁知盘中餐，粒粒皆辛苦"，郑板桥的"些小吾曹州县吏，一枝一叶总关情"，等等，也都是深刻反映人民心声的作品和佳句。世界上最早的文学作品《吉尔伽美什》史诗，反映了两河流域上古人民探求自然规律和生死奥秘的心境和情感。《荷马史诗》赞美了人民勇敢、正义、无私、勤劳等品质。《神曲》《十日谈》《巨人传》等作品的主要内容是反对中世纪的禁欲主义、蒙昧主义，反映人民对精神解放的热切期待。因此，文艺只有植根现实生活、紧跟时代潮流，才能发展繁荣；只有顺应人民意愿、反映人民关切，才能充满活力。①

　　这段文字鲜明地体现了习近平从反映论的角度对于文艺与现实关系的解读方式。反映论是近现代文艺理论的核心问题之一，反映论最基本的内涵，是强调文艺在内容层面上，对于现实、历史、社会问题等从认识的角度进行客观的、细节化的呈现，揭示出事物的本来面目。这种反映论的哲学基础是一般唯物主义与实证主义。随着辩证唯物主义认识论的产生与确立，反映论发展为能动的反映论，文艺对现实的反映，不仅是对客观存在的客观反映，还是反映论所传达的真实感与艺术作品对于现实的一般性的认识，以及对于事物的存在与发展的趋势之认识之间的统一。这种反映论是经典马克思主义文艺理论家所倡导的现实主义观念的核心，这种观念要求：文艺要反映现实，但要反映的是具有一般性的时代精神与社会发展的必然趋势，是从历史发展的角度来反映现实。这种反映论强调了现实与理想之间的辩证关系，不是对现实的直观反映，而是从历史发展的角度对现实进行能动的反映。这种反映论以历史唯物主义和辩证唯物主义为哲学基础，在这种反映论中，可以达到文艺的革命性与现实性的统一。这种反映论是40多年来文艺界和文艺理论界处理文艺与现实之关系的最重要的理论主张。

　　按照习近平的现实主义文艺观，这种反映论由两个维度构成，一个维度是对现实的冷静客观的观察与研究，"艺术可以放飞想象的翅膀，但一定要

---

① 习近平：《在文艺工作座谈会上的讲话》，《人民日报》2015年10月15日。

脚踩坚实的大地。文艺创作方法有一百条、一千条，但最根本、最关键、最牢靠的办法是扎根人民、扎根生活。曹雪芹如果没对当时的社会生活做过全景式的观察和显微镜式的剖析，就不可能完成《红楼梦》这种百科全书式巨著的写作。鲁迅如果不熟悉辛亥革命前后底层民众的处境和心情，就不可能塑造出祥林嫂、闰土、阿 Q、孔乙己等那些栩栩如生的人物"。①扎根生活、熟悉生活，这是马克思主义能动反映论一直倡导的创作方法和原则，也是马克思主义经典作家的核心观念之一。这种反映论的另一个维度，也是习近平关于文艺工作的重要论述创新性的地方，即强调了创作须体现时代精神和价值取向，主要表现为以下三个方面：

一是文艺应当反映时代。"任何一个时代的经典文艺作品，都是那个时代社会生活和精神的写照，都具有那个时代的烙印和特征。任何一个时代的文艺，只有同国家和民族紧紧维系、休戚与共，才能发出振聋发聩的声音。反映时代是文艺工作者的使命。广大文艺工作者要把握时代脉搏，承担时代使命，聆听时代声音，勇于回答时代课题。"②把反映作家所处的时代上升为文艺创作的首要使命，体现出当代中国文艺思想在处理文艺与现实的关系时最核心的观念。把握时代脉搏，承担时代使命，聆听时代声音，勇于回答时代课题，这是对能动反映论的具体要求，是能动反映论在创作内容与创作目的上的具体化。在文艺的社会功能方面，除了普及、提高、宣传、弘扬主旋律之外，回答时代课题成为反映论的最新的与最高的要求。文艺反映时代，历来是中外现实主义文艺的普遍要求，但是，在中国特色马克思主义文论中，文艺与时代的反映性关系被上升为文艺发展的规律，这是一个理论创新。

二是把反映论与价值观，特别是社会主义核心价值观结合起来。习近

---

① 习近平：《在文艺工作座谈会上的讲话》，《人民日报》2015 年 10 月 15 日。

② 习近平：《在文艺工作座谈会上的讲话》，《人民日报》2015 年 10 月 15 日。

平指出："广大文艺工作者要高扬社会主义核心价值观的旗帜，充分认识肩上的责任，把社会主义核心价值观生动活泼、活灵活现地体现在文艺创作之中，用栩栩如生的作品形象告诉人们什么是应该肯定和赞扬的，什么是必须反对和否定的，做到春风化雨、润物无声。"①这一观点旗帜鲜明地将文艺对现实的能动反映与社会主义核心价值观的弘扬结合起来，而这是继文艺应当弘扬社会主旋律之后，关于文艺价值观的又一次理论表述。这个表述明确提出，对于现实的反映与研究，是建立在价值观的引导、弘扬之基础上的反映论。这一反映论的背后有一套新的文艺观，认为是价值与观念的表现与传达，而不仅仅是对社会的认知。习近平认为，"对文艺来讲，思想和价值观念是灵魂，一切表现形式都是表达一定思想和价值观念的载体。离开了一定思想和价值观念，再丰富多样的表现形式也是苍白无力的。文艺的性质决定了它必须以反映时代精神为神圣使命。社会主义核心价值观是当代中国精神的集中体现，是凝聚中国力量的思想道德基础。广大文艺工作者要把培育和弘扬社会主义核心价值观作为根本任务，坚定不移用中国人独特的思想、情感、审美去创作属于这个时代、又有鲜明中国风格的优秀作品"。②应当说，能动的反映论把文艺反映时代精神与社会主义核心价值观有机地结合起来，是 40 多年来中国特色马克思主义文艺理论在研究文艺与现实之关系上的最新成果，也是其中最富有中国特色的部分。

三是把反映论与民族精神、与民族文化的自信结合起来。中国特色社会主义马克思主义文论在处理文艺与现实的关系这一问题时，还要面对民族的与世界的、传统的与当代的这两对矛盾。马克思主义的普遍原理与中国的实际情况应当怎么结合这一问题，在文艺中就体现为文艺既是对现实的能动

---

① 习近平：《在文艺工作座谈会上的讲话》，《人民日报》2015 年 10 月 15 日。

② 习近平：《在中国文联十大、中国作协九大开幕式上的讲话》，《人民日报》2016 年 12 月 1 日。

反映，又要在反映中体现出民族性。习近平认为，"文化是一个国家、一个民族的灵魂。历史和现实都表明，一个抛弃了或者背叛了自己历史文化的民族，不仅不可能发展起来，而且很可能上演一幕幕历史悲剧。文化自信，是更基础、更广泛、更深厚的自信，是更基本、更深沉、更持久的力量。坚定文化自信，是事关国运兴衰、事关文化安全、事关民族精神独立性的大问题。没有文化自信，不可能写出有骨气、有个性、有神采的作品"。① 在文艺与民族精神之间的关系上，习近平指出："中华民族精神，既体现在中国人民的奋斗历程和奋斗业绩中，体现在中国人民的精神生活和精神世界中，也反映在几千年来中华民族产生的一切优秀作品中，反映在我国一切文学家、艺术家的杰出创造活动中。"这是把民族精神与反映论有机结合，显然拓展了现实主义反映论。在这种民族精神与反映论相结合的基础上，习近平进一步建构起能动反映论与文艺民族风格的表现性之间的结合。

以上三点，充分体现出习近平现实主义能动反映论的理论创新和重要突破。

其次，在文艺如何反映现实的问题上，习近平指出，文艺工作者首先要将自己的思想融入现实生活，用自己真情实感的笔触和思想描绘人民生活的喜怒哀乐，体验人民生活的现实性、介入现实生活，对现实生活中的人或物进行典型性的塑造，才能创作出"像蓝天上的阳光、春季里的清风一样，能够启迪思想、温润心灵、陶冶人生，能够扫除颓废萎靡之风"② 的优秀文艺作品。这是马克思主义文艺创作论的基本主张。艺术家应当融入生活，贴近人民，介入现实，正如习近平所说——走入生活、贴近人民，是艺术创作的基本态度；以高于生活的标准来提炼生活，是艺术创作的基本能力。而要实现

---

① 习近平：《在中国文联十大、中国作协九大开幕式上的讲话》，《人民日报》2016 年 12 月 1 日。

② 习近平：《在文艺工作座谈会上的讲话》，《人民日报》2015 年 10 月 15 日。

这个目的，最主要的手段是塑造典型。典型性是现实主义文艺的必然追求。典型形象的创造是现实主义文艺理论的核心问题之一。

习近平对典型问题的高度重视，是他现实主义文艺观的重要方面。他把塑造典型形象上升为衡量作品艺术成就和高度的主要因素，认为"典型人物所达到的高度，就是文艺作品的高度，也是时代的艺术高度。只有创作出典型人物，文艺作品才能有吸引力、感染力、生命力"。①典型创造作为现实主义的一个重要元素，最早对其进行阐述的是恩格斯，其主张文艺作品"除细节的真实外，还要真实地再现典型环境中的典型人物"。②列宁也对典型作过论述："小说里全部的关键在于描写个别的情况，在于分析特定典型的性格和心理。"③毛泽东也曾明确地指出文艺作品"可以而且应该比普通的实际生活更高，更强烈，更有集中性，更典型，更理想，因此就更带有普遍性"。④习近平对文艺作品典型性的阐释在前人的基础上有了进一步的提高，把典型人物塑造理论，上升为时代英雄塑造论：

"祖国是人民最坚实的依靠，英雄是民族最闪亮的坐标。歌唱祖国、礼赞英雄从来都是文艺创作的永恒主题，也是最动人的篇章。我们要高扬爱国主义主旋律，用生动的文学语言和光彩夺目的艺术形象，装点祖国的秀美河山，描绘中华民族的卓越风华，激发每一个中国人的民族自豪感和国家荣誉感。对中华民族的英雄，要心怀崇敬，浓墨重彩记录英雄、塑造英雄，让英雄在文艺作品中得到传扬，引导人民树立正确的历史观、民族观、国家观、文化观，绝不做亵渎祖先、亵渎经典、亵渎英雄的事情。要抒写改革开放和

---

① 习近平：《在中国文联十大、中国作协九大开幕式上的讲话》，《人民日报》2016 年 12 月 1 日。

② 《马克思恩格斯文集》第 10 卷，人民出版社 2009 年版，第 570 页。

③ 《列宁全集》第 47 卷，人民出版社 1990 年版，第 76 页。

④ 《毛泽东选集》第 3 卷，人民出版社 1991 年版，第 861 页。

社会主义现代化建设的蓬勃实践，抒写多彩的中国、进步的中国、团结的中国，激励全国各族人民朝气蓬勃迈向未来。"①

原本典型理论作为创作方法论，具有一定的宽泛性，在社会各个领域之中都可以通过典型化的方式进行文艺创作，比如阿Q、祥林嫂等，但根据新时代的需要，文艺反映现实、反映时代的方式，集中体现为时代英雄塑造论。这一理论变化，体现为这样一种判断："当今世界正处在大发展大变革大调整时期，当代中国正沿着中国特色社会主义道路奋力前进。这是一个风云际会的时代，也是一个英雄辈出的时代。"② 这个判断使得英雄形象就成为大变革时代的代表，因此，对于英雄形象的塑造，就成为反映时代的一种手段。时代英雄成为时代见证，而对典型的刻画，也在理论上集中到对于时代英雄的塑造中来。这是新千年来中国特色马克思主义文论处理艺术与现实关系的特点之一。

通过40多年的讨论与实践，对于文艺与现实的关系这一核心问题，从历史唯物主义的角度，也从文艺对现实的引领与改造的角度，进行了双重确认。一方面，承认文艺是对社会现实的能动反映，真实性是其基础与灵魂；另一方面，也认识到文艺以其典型化的手段，对于现实有引领作用，可以介入生活、启迪人的精神、反映时代的精神，文艺是真实性与价值性的统一。这种双重确认，构成了当代中国马克思主义文艺理论在处理文艺与现实的关系时所遵循的基本原则。

（三）人民性：党的文化创新理论的支撑

马克思主义理论的内容非常丰富、深刻，但深究其核心概念，一言以蔽

---

① 习近平：《在中国文联十大、中国作协九大开幕式上的讲话》，《人民日报》2016年12月1日。

② 习近平：《在中国文联十大、中国作协九大开幕式上的讲话》，《人民日报》2016年12月1日。

之，就是"以人为本"的理念。在中国特色社会主义文化事业建设过程中，党始终坚持文艺为人民服务的宗旨，竭力满足人民群众的精神文化需求，充分彰显了"文艺的人民性"这一社会主义特质。

文艺的人民性是中国马克思主义文论的基本观念，也是文艺性质的根本问题和马克思主义文艺理论的主导范式，直接关系到文艺的发展方向和历史使命。

文艺的人民性是中国特色社会主义文艺的本质属性。但文艺的人民性的内容却在中国特色马克思主义文艺理论中不断深化与拓展。文艺人民性的最初表述是毛泽东提出的："艺术属于人民。它必须深深地扎根于广大劳动群众中间。"[1] "文艺为什么人的问题，是一个根本问题，原则问题。"[2] 在这个观念中，文艺的人民性是指文艺为人民服务，特别是文艺为工农兵服务。改革开放之后，邓小平提出了"二为"方向，即"文艺为人民服务、为社会主义服务"，并强调"人民是文艺工作者的母亲"，人民与文艺工作之间建构起了相互依存的关系。邓小平指出："要教育人民，必须自己先受教育。要给人民以营养，必须自己先吸收营养。由谁来教育文艺工作者，给他们以营养呢？马克思主义的回答只能是：人民。"[3] 在对文艺的人民性的这种认识的基础上，形成了这样一种文艺的发展观："在人民的历史创造中进行艺术的创造，在人民的进步中造就艺术的进步，给人民以信心和向上的力量。"[4] 对这种文艺发展的另一种表述是 1979 年邓小平在中国文学艺术工作者第四次代表大会上所指出的："一切进步文艺工作者的艺术生命，就在于他们同人民

---

[1]　中国社会科学院文学所文艺理论研究室编：《列宁论文学与艺术》，人民文学出版社 1983 年版，第 435 页。

[2]　《毛泽东选集》第 3 卷，人民出版社 1991 年版，第 857 页。

[3]　《邓小平文选》第 2 卷，人民出版社 1994 年版，第 211 页。

[4]　《十四大以来重要文献选编》(下)，人民出版社 1999 年版，第 2152 页。

之间的血肉联系。忘记、忽略或是割断这种联系，艺术生命就会枯竭。人民需要艺术，艺术更需要人民。"① 文艺要用不同的内容和新的艺术表现形式，反映人民群众辛勤劳动、奋发向上的精神风貌。只有自觉地在人民的生活中汲取题材、主题、语言，用人民创造历史的奋发精神来哺育自己，才能使社会主义文艺事业兴旺发达。从文艺与人民的相互需要的角度谈文艺的人民性，显然是一次理论上的积极拓展。

随着改革开放的深化，关于文艺人民性又有了新的表述。江泽民指出："弘扬主旋律，使我们的精神产品符合人民的利益，促进社会的进步，不断满足人民群众日益增长的精神文化需求，这是发展宣传文化事业、繁荣社会主义文化市场的主题。"② 在这个论述中，文艺与人民的精神文化需要联系起来，从人民的精神文化需要的角度谈文艺的功能，是一次理论上的创新。江泽民强调："社会生活是丰富多彩的，人民群众的精神文化需求也是多方面、多层次的。只要是能够使人民得到教育和启发、得到娱乐和美的享受的精神产品，都应受到欢迎和鼓励。对民族文化精粹、优秀高雅艺术、有较高价值的学术著作，要给予扶持和保护。"③ 这是对文艺的人民性从人民需要的角度展开的新的表述，这里的表述把文艺的人民性与文艺的娱乐性以及审美性结合起来，体现出包容性与开放性，是对文艺的人民性的又一次拓展与深化。

新千年以来，关于文艺的人民性，又有了新的要求，除了为人民服务这个普遍宗旨和满足人民需要这个基本尺度之外，在文艺人民性在创作方法上有了新的内涵，就是胡锦涛提出"三贴近"和"两深入"。胡锦涛提出："一切有理想有抱负的文艺工作者，都要密切同人民群众的血肉联系，积极反映人民心声。一切进步文艺，都源于人民、为了人民、属于人民。一切进步文

---

① 《邓小平文选》第 2 卷，人民出版社 1994 年版，第 211 页。

② 江泽民：《论党的建设》，中央文献出版社 2001 年版，第 134 页。

③ 江泽民：《论党的建设》，中央文献出版社 2001 年版，第 134—135 页。

艺工作者的艺术生命，都存在于同人民群众的血肉联系之中。人民创造历史的活动，是文艺创作的丰厚土壤和源头活水。一切受人民欢迎、对人民有深刻影响的艺术作品，从本质上说，都必须既反映人民精神世界又引领人民精神生活，都必须在人民的伟大中获得艺术的伟大。历史和现实一再表明，真情热爱人民、真正了解人民、真诚理解人民，才能创作出深受人民欢迎、对人民有深刻影响的优秀作品。人民的创造实践每时每刻都发生着令人感奋的变化，人民的生活舞台每时每刻都产生着五彩斑斓的素材，人民为文艺创造提供着丰富营养。脱离了人民，文艺创作就会成为无本之木、无源之水，毛泽东同志在谈到文艺工作时曾经说过，了解人、熟悉人的工作是第一位的工作。关注人民命运，赞颂人民奋斗，激励人民前进，是我国进步文艺的优秀传统，必须始终坚持和大力发扬。我国广大文艺工作者一定要坚持以人为本，牢固树立人民群众是历史创造者的历史唯物主义观点，培养和增进对人民群众的感情，坚持以最广大人民为服务对象和表现主体，关心群众疾苦，体察人民愿望，把握群众需求，通过形式多样的艺术创造。要贴近实际、贴近生活、贴近群众，深入改革开放和现代化建设第一线，深入企业、乡村、社区、军营、校园生活最前沿，不断创作出让人民满意的优秀作品，满足人民群众多层次、多样化、多方面的精神文化需求。"①"三贴近"本质上是马克思主义的现实主义文艺创作方法另一种表述，但当这种方法与"为人民放歌，为人民抒情，为人民呼吁"相结合时，显然就成为文艺的人民性在创作方法上的体现。

新时代以来，文艺的人民性得到了更高的强调与更深入的阐释。习近平指出"社会主义的文艺，从本质上讲，就是人民的文艺"。②这是第一次鲜明

---

① 胡锦涛：《在中国文联第八次全国代表大会、中国作协第七次全国代表大会上的讲话》，《人民日报》2006 年 11 月 11 日。

② 习近平：《在文艺工作座谈会上的讲话》，《人民日报》2015 年 10 月 15 日。

提出"人民的文艺"这一命题，同时习近平也指出，"人民的文艺"实际上是改革开放以来中国特色马克思主义文论一贯的理论主张。

鲜明的"人民的文艺"这一思想，基于新时代以来党对自身任务的这样一个判断——"人民对美好生活的向往，就是我们的奋斗目标。"[1] 这深刻体现了全心全意为人民服务是中国共产党执政为民的根本宗旨，也是中国共产党坚持将人民的利益放在首位的价值取向。在这个价值取向的基础上，产生了人民的文艺这一观念，这一观念在新时代里，也有新的内涵。习近平从三个角度对人民的文艺这一观念进行了深入阐释。

一是人民需要文艺。人民的需求是多方面的。满足人民日益增长的物质需求，必须抓好经济社会建设，增加社会的物质财富。满足人民日益增长的精神文化需求，必须抓好文化建设，增加社会的精神文化财富。物质需求是第一位的，吃上饭是最主要的，所以说"民以食为天"。但是，这并不是说人民对精神文化生活的需求就是可有可无的，人类社会与动物界的最大区别就是人是有精神需求的，人民对精神文化生活的需求时时刻刻都存在。

随着人民生活水平不断提高，人民对包括文艺作品在内的文化产品的质量、品位、风格等的要求也更高了。文学、戏剧、电影、电视、音乐、舞蹈、美术、摄影、书法、曲艺、杂技以及民间文艺、群众文艺等各领域都要跟上时代发展、把握人民需求，以充沛的激情、生动的笔触、优美的旋律、感人的形象创作生产出人民喜闻乐见的优秀作品，让人民精神文化生活不断迈上新台阶。[2]

这是对人民需要文艺的深入阐释，也是新时期中国特色马克思主义文艺观的核心主张之一，在这个主张的基础上，习近平阐发了这样一种新观念：

---

① 《习近平谈治国理政》，外文出版社 2014 年版，第 94 页。
② 习近平：《在文艺工作座谈会上的讲话》，《人民日报》2015 年 10 月 15 日。

"国际社会对中国的关注度越来越高，他们想了解中国，想知道中国人的世界观、人生观、价值观，想知道中国人对自然、对世界、对历史、对未来的看法，想知道中国人的喜怒哀乐，想知道中国历史传承、风俗习惯、民族特性，等等。这些光靠正规的新闻发布、官方介绍是远远不够的，靠外国民众来中国亲自了解、亲身感受是很有限的。而文艺是最好的交流方式，在这方面可以发挥不可替代的作用，一部小说，一篇散文，一首诗，一幅画，一张照片，一部电影，一部电视剧，一曲音乐，都能给外国人了解中国提供一个独特的视角，都能以各自的魅力去吸引人、感染人、打动人。京剧、民乐、书法、国画等都是我国文化瑰宝，都是外国人了解中国的重要途径。"[①] 这个观念比较独特，实际上是从跨文化交流的角度、从民族文化传统的角度，甚至是从世界人民的角度，拓展了人民需要文艺的内涵。新时代对文艺人民性的主张，为中国文艺建设提出了一个全新的任务——"文艺工作者要讲好中国故事、传播好中国声音、阐发中国精神、展现中国风貌，让外国民众通过欣赏中国作家艺术家的作品来深化对中国的认识、增进对中国的了解。要向世界宣传推介我国优秀文化艺术，让国外民众在审美过程中感受魅力，加深对中华文化的认识和理解"。这个任务的提出，是新时代中国特色马克思主义文论最富时代性的部分之一。

二是文艺需要人民。人民是文艺创作的源头活水，一旦离开人民，文艺就会变成无根的浮萍、无病的呻吟、无魂的躯壳。列宁说："艺术是属于人民的。它必须在广大劳动群众的底层有其最深厚的根基。它必须为这些群众所了解和爱好。它必须结合这些群众的感情、思想和意志，并提高他们。它必须在群众中间唤起艺术家，并使他们得到发展。"人民生活中本来就存在着文学艺术原料的矿藏，人民生活是一切文学艺术取之不尽、用之不竭的创

---

① 习近平：《在文艺工作座谈会上的讲话》，《人民日报》2015 年 10 月 15 日。

作源泉。

人民的需要是文艺存在的根本价值所在。能不能搞出优秀作品，最根本的，取决于是否能为人民抒写、为人民抒情、为人民抒怀。……人民不是抽象的符号，而是一个一个具体的人，有血有肉，有情感，有爱恨，有梦想，也有内心的冲突和挣扎。不能以自己的个人感受代替人民的感受，而是要虚心向人民学习、向生活学习，从人民的伟大实践和丰富多彩的生活中汲取营养，不断进行生活和艺术的积累，不断进行美的发现和美的创造。要始终把人民的冷暖、人民的幸福放在心中，把人民的喜怒哀乐倾注在自己的笔端，讴歌奋斗人生，刻画最美人物，坚定人们对美好生活的憧憬和信心。①

这是将"人民的文艺"这一观念中所包含着的创作方法进行了深化，也是对新时代中国特色马克思主义文艺观中的文艺价值观的深化。

三是文艺要热爱人民。有没有感情、对谁有感情，决定着文艺创作的命运。如果不爱人民，那就谈不上为人民创作。文艺工作者要想有成就，就必须自觉与人民同呼吸、共命运、心连心，欢乐着人民的欢乐，忧患着人民的忧患，做人民的"孺子牛"。这是唯一正确的道路，也是作家艺术家最大的幸福。

热爱人民不是一句口号，要有深刻的理性认识和具体的实践行动。对人民，要爱得真挚、爱得彻底、爱得持久，就要深深懂得人民是历史创造者的道理，深入群众、深入生活，诚心诚意做人民的小学生。要解决好"为了谁、依靠谁、我是谁"这个问题，拆除"心"的围墙，不仅要"身入"，更要"心入""情入"。

文艺的一切创新，归根到底都直接或间接来源于人民。②

文艺要热爱人民这个主张，是中国特色马克思主义文论中关于文艺的群

---

① 习近平：《在文艺工作座谈会上的讲话》，《人民日报》2015年10月15日。
② 习近平：《在文艺工作座谈会上的讲话》，《人民日报》2015年10月15日。

众路线的深化与时代化，也是对文艺的社会功能的新的表述，是对文艺与它的描写对象，与它的阅读主体之间的关系的新表述，把"爱"上升为这种关系的主导，是"人民的文艺"这一观念之内涵的新发展。

2016 年，习近平在中国文联十大、中国作协九大开幕式上的讲话中进一步指出："一切优秀文艺工作者的艺术生命都源于人民，一切优秀文艺创作都为了人民。"2017 年，习近平在党的十九大报告中强调："社会主义文艺是人民的文艺，必须坚持以人民为中心的创作导向，在深入生活、扎根人民中进行无愧于时代的文艺创造。"文艺源于生活又高于生活，中国特色社会主义文艺的本质属性是人民的文艺。

除了以上三个角度的内涵之外，"人民的文艺"这一观念还从"人类命运共同体"的角度为文艺的人民性提出了新内涵。"人类命运共同体"的提出，对回答文艺的民族性与世界性、文艺的时代性与人文性这些问题，提供了一个更高的视角，也把问题拓展到一个更广阔的领域——第一次从人类文明的角度对这些问题进行了思考。

从文明的多样性、文明的平等、文明的包容角度，从文明的互鉴的角度思考人类文明的进步和世界和平发展，提出"人类命运共同体"这一观念，这是对文艺的人文性和人民性，从一个更高的视角，在新时代的特殊历史条件下形成的理论创新与思维创新，应当说，"文明的互鉴"和"人类命运共同体"的提出，为未来中国马克思主义文艺学与美学的新发展指明了方向，为传统与现代、中国与西方、第三世界与第一世界、民族与世界等一系列理论问题的解决提供了新的思路与方向。正如习近平所言："就是因为文艺是世界语言，谈文艺，其实就是谈社会、谈人生，最容易相互理解、沟通心灵。文艺也是不同国家和民族相互了解和沟通的最好方式。"① 这就使得文艺

---

① 习近平：《在文艺工作座谈会上的讲话》，《人民日报》2015 年 10 月 15 日。

成为构建人类命运共同体的重要手段与有效途径之一，从而让文艺的人民性问题得到了进一步升华。

（四）走向新时代：党的文化观的创新发展

中国马克思主义文化创新理论在文艺批评的尺度问题上，具有鲜明的中国特色，通过40多年来的不断探讨与反思，逐步形成了历史的、人民的、艺术的、美学的文化批评方式。1979年，邓小平在中国艺术工作者第四次代表大会上指出文艺批评应持有人民观点，应由人民来评定文艺作品，强调人民的主体性。在新千年到来后，胡锦涛同志指出文艺必须"坚持以最广大人民为服务对象和表现对象，关心群众疾苦，体察人民愿望、把握群众需求，通过形式多样的艺术创造，为人民放歌，为人民抒情，为人民呼吁"，[①] 这个观念中含有以人民需求为尺度的批评观。

在中国社会进入全面建设小康社会的阶段之后，面对市场经济对于文化的影响，又提出了人民、专家、市场与社会效益四者相结合的文化批评观，体现与时俱进的实践性。在实现"两个一百年"和中华民族伟大复兴中国梦的伟大事业的背景下，习近平对文艺批评工作提出了新的要求："运用历史的、人民的、艺术的、美学的观点评判和鉴赏作品。"[②]

这个要求既是中国马克思主义文论的传统，也有新的发展。总体来说，中国马克思主义文论对于文化的根本要求是：与任何阻碍人的发展、阻碍人的自由的社会存在进行斗争，坚持现实主义，为推动社会进步、为社会的和谐发展提供参照。这个批评尺度的确立包含了以下几层内涵：

第一，习近平强调了文艺批评在文艺活动中的重要性，高度肯定了批评活动的意义与价值，这是中国特色马克思主义文论的新气象之一。

---

① 胡锦涛：《在中国文联第八次全国代表大会、中国作协第七次全国代表大会上的讲话》，《人民日报》2006年11月11日。

② 《十八大以来重要文献选编》（中），中央文献出版社2016年版，第139页。

习近平指出："要高度重视和切实加强文艺评论工作。文艺批评是文艺创作的一面镜子、一剂良药，是引导创作、多出精品、提高审美、引领风尚的重要力量。"[①] 这是对文化评论工作的最高肯定，这个肯定的背景是，习近平对于当代文化的一些怪状进行了严厉的批评，他敏锐地认识到在市场化条件下文化批评价值观的缺席与不足，指出文艺批评是文艺创作的一面镜子、一剂良药，是引导创作、多出精品、提高审美、引领风尚的重要力量。文艺批评要的就是批评，不能都是表扬甚至庸俗吹捧、阿谀奉承，不能套用西方理论来剪裁中国人的审美，更不能用简单的商业标准取代艺术标准，把文艺作品完全等同于普通商品，文艺不能当市场的奴隶，不能沾满了铜臭气。优秀的文艺作品，最好是既能在思想上、艺术上取得成功，又能在市场上受到欢迎。要坚守文艺的审美理想、保持文艺的独立价值。

第二，对批评精神予以肯定。文艺批评要的就是批评，不能都是表扬甚至庸俗吹捧、阿谀奉承，文艺批评褒贬甄别功能弱化，缺乏战斗力、说服力，不利于文艺健康发展。

习近平指出：真理越辩越明。一点批评精神都没有，都是表扬和自我表扬、吹捧和自我吹捧、造势和自我造势相结合，那就不是文艺批评了！金无足赤、人无完人，天下哪有十全十美的东西呢？良药苦口利于病，忠言逆耳利于行。有了真正的批评，我们的文艺作品才能越来越好。文艺批评就要褒优贬劣、激浊扬清，像鲁迅所说的那样，批评家要做"剜烂苹果"的工作，"把烂的剜掉，把好的留下来吃"。不能因为彼此是朋友，低头不见抬头见，抹不开面子，就不敢批评。作家艺术家要敢于面对批评自己作品短处的批评家，以敬重之心待之，乐于接受批评。要以马克思主义文艺理论为指导，继承创新中国古代文艺批评理论优秀遗产，批判地借鉴现代西方文艺理论，打

---

① 习近平：《在文艺工作座谈会上的讲话》，《人民日报》2015 年 10 月 15 日。

磨好批评这把"利器"，把好文艺批评的方向盘，运用历史的、人民的、艺术的、美学的观点评判和鉴赏作品，在艺术质量和水平上敢于实事求是，对各种不良文艺作品、现象、思潮敢于表明态度，在大是大非问题上敢于表明立场，倡导说真话、讲道理，营造开展文艺批评的良好氛围。①

对批评精神的倡导，是新时代中国特色马克思主义文论在内涵上的深化之一，承认了批评精神的价值，就是承认批评活动有其独立性，有其内在的价值，这就为批评活动的体制保障确立了理论根据。

第三，人民、专家、市场、社会效益四结合的批评原则。在市场经济时代文化活动高度繁荣的情况下，文化批评应当采取什么样的原则？习近平强调在社会主义市场经济大潮中，文化不能迷失方向，不能在为什么人的问题上发生偏差。

习近平指出：一部好的作品，应该是经得起人民评价、专家评价、市场检验的作品，应该是把社会效益放在首位，同时也应该是社会效益和经济效益相统一的作品。在发展社会主义市场经济的条件下，许多文化产品要通过市场实现价值，当然不能完全不考虑经济效益。然而，同社会效益相比，经济效益是第二位的，当两个效益、两种价值发生矛盾时，经济效益要服从社会效益，市场价值要服从社会价值。文艺不能当市场的奴隶，不要沾满了铜臭气。优秀的文艺作品，最好是既能在思想上、艺术上取得成功，又能在市场上受到欢迎。要坚守文艺的审美理想、保持文艺的独立价值，合理设置反映市场接受程度的发行量、收视率、点击率、票房收入等量化指标，既不能忽视和否定这些指标，又不能把这些指标绝对化，被市场牵着鼻子走。

这是市场经济条件下中国特色马克思主义文论在批评原则上，对时代

---

① 习近平：《在文艺工作座谈会上的讲话》，《人民日报》2015年10月15日。

所提出问题的直接回答。在 2016 年中国文联十大、中国作协九大开幕式上，习近平再次告诫："要珍惜自己的社会形象，在市场经济大潮面前耐得住寂寞、稳得住心神，不为一时之利而动摇、不为一时之誉而急躁，不当市场的奴隶，敢于向炫富竞奢的浮夸说'不'，向低俗媚俗的炒作说'不'，向见利忘义的陋行说'不'。"在此基础上，他号召文学家、艺术家"必须有史识、史才、史德"，要"引导人民树立正确的历史观、民族观、国家观、文化观，绝不做亵渎祖先、亵渎经典、亵渎英雄的事情"。要把历史当成"一面镜子""一位智者"，以"认识过去、把握当下、面向未来"。他严肃指出："戏弄历史的作品，不仅是对历史的不尊重，而且是对自己创作的不尊重，最终必将被历史戏弄。"这同时也是对文艺批评坚持"历史性"标准的重申和强调。

第四，经典性、民族性、世界性相结合的批评视野。习近平指出："要把提高作品的精神高度、文化内涵、艺术价值作为追求，让目光再广大一些、再深远一些，向着人类最先进的方面注目，向着人类精神世界的最深处探寻，同时直面当下中国人民的生存现实，创造出丰富多样的中国故事、中国形象、中国旋律，为世界贡献特殊的声响和色彩、展现特殊的诗情和意境。"[①] 人类最先进的方面，人类精神世界的最深处，这是要求文艺创作要有世界眼光，要有人类意识，这也是对于文艺批评的要求。同时，中国故事、中国形象、中国旋律，这是在审美、风格上，当然也是在内容上对于作品的要求，这两个要求的结合，形成了新时代中国特色马克思主义文论的又一个创新之处。习近平的文艺观同时强调了文艺作品的经典性。对经典性的强调，实际上是对作品的思想与艺术性的高度要求。

第五，对文艺的"艺术性"的肯定。习近平指出："一切艺术创作都是

---

① 习近平：《在文艺工作座谈会上的讲话》，《人民日报》2015 年 10 月 15 日。

人的主观世界和客观世界的互动，都是以艺术的形式反映生活的本质、提炼生活蕴含的真善美，从而给人以审美的享受、思想的启迪、心灵的震撼。"① 以艺术的形式反映生活，这肯定了艺术的相对独立性，强调了艺术自身的尺度在批评实践中的功能。在讨论经典艺术作品的美或者艺术性时，习近平指出："隽永的美、永恒的情、浩荡的气。经典通过主题内蕴、人物塑造、情感建构、意境营造、语言修辞等，容纳了深刻流动的心灵世界和鲜活丰满的本真生命，包含了历史、文化、人性的内涵，具有思想的穿透力、审美的洞察力、形式的创造力，因此才能成为不会过时的作品。"② 这里所说的美、情、气，以及主题、人物、情感、意境、语言与修辞，本质上是对文艺批评中所说的"艺术性"的内涵的揭示，肯定文艺作品有相对独立的艺术性，是新时代中国马克思主义文艺理论的又一发展。这一发展最终成为这样一种艺术美学的理念——"艺术的最高境界就是让人动心，让人们的灵魂经受洗礼，让人们发现自然的美、生活的美、心灵的美。"

从以上五层内涵中可以概括出新时代中国特色马克思主义文艺批评观的核心内涵：它是"历史的、人民的、艺术的、美学的观点"。这个批评标准既是对经典马克思主义和中国马克思主义文论的传统的继承，也有新的重大发展。与马恩美学的、历史的批评标准相比，习近平增加了人民的和艺术的两个观点。关于人民的，我们前面作了反复论述，因为我们的文艺"以人民为中心"，评判文艺作品不能不强调人民的观点。而增加艺术的观点，在我们看来，是别有深意的。评判、鉴赏文艺作品的美学观点，主要是指要用审美的眼光和尺度，而不仅是用历史、人民的内容尺度来评判作品。而艺术的观点，与美学的观点在根本上当然是一致的，但也不能画等号，美学的观点

---

① 习近平：《在中国文联十大、中国作协九大开幕式上的讲话》，《人民日报》2016 年 12 月 1 日。

② 习近平：《在文艺工作座谈会上的讲话》，《人民日报》2015 年 10 月 15 日。

相对比较宏观、宽泛，而艺术的观点应当是更加具体的，针对各种不同的艺术门类、样式、品种，采取符合它们各自不同的艺术特点的观点和尺度来进行评判，二者适用范围和具体尺度上是不一样的。

同时，上述五层内涵也体现出人民、专家、市场、社会效益四结合的批评原则，经典性、民族性、世界性相结合的批评视野。

在党的十九大报告中还进一步明确社会主义文艺应当"坚持思想精深、艺术精湛、制作精良相统一"的标准。这就形成了一个批评观的体系：在严肃的批评精神的基础上，根据历史、人民、艺术、美学四结合的标准，以人民、专家、市场、社会效益相结合为立场，以经典性、民族性、世界性的美学精神为指引，立足思想精深、艺术精湛、制作精良的统一，展开文艺批评。

在党的二十大报告中，习近平总书记对于文化的创新之路，有了更明确和更深入的阐释，他指出："我们要坚持马克思主义在意识形态领域指导地位的根本制度，坚持为人民服务、为社会主义服务，坚持百花齐放、百家争鸣，坚持创造性转化、创新性发展，以社会主义核心价值观为引领，发展社会主义先进文化，弘扬革命文化，传承中华优秀传统文化，满足人民日益增长的精神文化需求……"[①] 这段话向我们阐明党的文化创新理论的内在脉络：坚持马克思主义是根本方法；坚持为人民服务和为社会主义服务是目的；"双百"方针基础上的创造性转化和创新性发展是道路，弘扬三种文化是内涵，通过这一凝炼而集中的表述，党的文化创新理论得到了体系化与深化，这也就形成了党的文化创新理论的最新发展与最高表述——发展面向现代化、面向世界、面向未来的，民族的科学的大众的社会主义文化。

---

① 习近平：《高举中国特色社会主义伟大旗帜　为全面建设社会主义现代化国家而团结奋斗》，《人民日报》2022 年 10 月 26 日。

二、加快推进中国特色哲社话语体系建设

（一）国家话语：作为国家战略的中国特色话语体系建设

1. 中国特色哲学社会科学话语体系是社会主义文化繁荣的重要基础

2016年5月17日，习近平总书记在哲学社会科学工作座谈会上发表重要讲话，提出要加快建构中国特色哲学社会科学的要求，为繁荣发展我国哲学社会科学事业作出了全面部署。中国特色哲学社会科学作为社会主义文化繁荣的重要组成部分，得到了习近平总书记的深刻阐释和重点强调。他先后从"坚持和发展中国特色社会主义必须高度重视哲学社会科学""坚持马克思主义在我国哲学社会科学领域的指导地位""加快构建中国特色哲学社会科学"和"加强和改善党对哲学社会科学工作的领导"四个方面展开论述。在不同的部分，他都将中国特色哲学社会科学置于人类文化繁荣发展的普遍规律中予以论述。

首先，从历史上看，无论是中国还是西方，学术思想是文化发展的重要组成部分和显著体现。在习近平看来，"一个没有发达的自然科学的国家不可能走在世界前列，一个没有繁荣的哲学社会科学的国家也不可能走在世界前列"。从中华文化的发展历程来看，"中华文明历史悠久，从先秦子学、两汉经学、魏晋玄学，到隋唐佛学、儒释道合流、宋明理学，经历了数个学术思想繁荣时期"。但是自近代以来，面对西方列强的坚船利炮，封闭保守的大门终于被打开了。"鸦片战争后，随着列强入侵和国门被打开，我国逐步成为半殖民地半封建国家，西方思想文化和科学知识随之涌入。"因此，在西学东渐的大背景，尤其在西方殖民主义、帝国主义、霸权主义的政治控制、经济剥削、军事入侵的"西强中弱"的强势冲击和影响下，中国的哲学社会科学也面临着"千年未有之大变局"提出的挑战。因此，"面对世界范围内各种思想文化交流交融交锋的新形势，如何加快建设社会主义文化

强国、增强文化软实力、提高我国在国际上的话语权，迫切需要哲学社会科学更好发挥作用"。其次，加快构建中国特色哲学社会科学要充分吸收、借鉴和发展马克思主义、中华优秀传统文化和国外哲学社会科学三个方面的资源，并提出"我们要坚持不忘本来、吸收外来、面向未来，既向内看、深入研究关系国计民生的重大课题，又向外看、积极探索关系人类前途命运的重大问题；既向前看、准确判断中国特色社会主义发展趋势，又向后看、善于继承和弘扬中华优秀传统文化精华"。最后，习近平提出了繁荣发展中国特色哲学社会科学的具体要求，指出"要按照立足中国、借鉴国外，挖掘历史、把握当代，关怀人类、面向未来的思路，着力构建中国特色哲学社会科学，在指导思想、学科体系、学术体系、话语体系等方面充分体现中国特色、中国风格、中国气派"。[①]

2022 年 4 月 25 日，习近平在中国人民大学考察调研时进一步将"三大体系"建设概括为"中国自主的知识体系"建设，认为"加快构建中国特色哲学社会科学，归根结底是建构中国自主的知识体系。要以中国为观照、以时代为观照，立足中国实际，解决中国问题，不断推动中华优秀传统文化创造性转化、创新性发展，不断推进知识创新、理论创新、方法创新，使中国特色哲学社会科学真正屹立于世界学术之林……要发挥哲学社会科学在融通中外文化、增进文明交流中的独特作用，传播中国声音、中国理论、中国思想，让世界更好读懂中国，为推动构建人类命运共同体作出积极贡献"。[②] 在这段讲话中，习近平进一步将中国哲学社会科学的建设置于古今中西的文化视野之下，从传承中华优秀文化、增进中外文明互鉴的高度予以了重点强调。

---

① 习近平：《在哲学社会科学工作座谈会上的讲话》，人民出版社 2016 年版，第 15 页。
② 《坚持党的领导传承红色基因扎根中国大地　走出一条建设中国特色世界一流大学新路》，载人民网，http://politics.people.com.cn/n1/2022/0425/c1024-32408556.html，2022 年 4 月 25 日。

作为中国特色哲学社会科学中的重要组成部分，中国特色文学理论也承担着传承中华优秀文化、发展社会主义先进文化和坚定中国文化自信的重要责任，也是社会主义文化繁荣发展的重要力量。因此，本节以中国特色文论话语体系作为切入口，探究如何促进中国特色哲学社会科学三大体系建设，助力社会主义文化繁荣发展之道。

2. 作为"国家话语"的中国特色文论话语体系

文论话语作为中国特色哲学社会科学话语体系的重要组成部分，从中国共产党诞生之初，尤其是新中国成立以来，一直具有接受马克思主义指导，从党和国家社会主义革命和建设的角度展开学术研究的重要特点。从 1949 年新中国成立算起，中国文论虽然在不同历史时期，经由不同思想家、理论家所阐发，甚至出现过若干次学术争鸣和思想交锋，但总的来看，已经逐渐形成具有内在逻辑整体性的话语体系。这套文论话语体系既有代表性的思想家和文论家，也有一以贯之的标识性文论核心话语和基本命题，并在不同历史时期各有不同的侧重，从而形成当代文论话语的历史性演进形态。我们可以将之统称为"新中国文论"。之所以命名为"新中国文论"，是在将之与 20 世纪西方文论进行比较的意义上作出的。20 世纪西方文论或立足于"个人"的文学创作和阅读批评，或基于"群体"的文化理想和社会使命，基本上都在纯学术领域或者站在对作为国家制度的资本主义制度的批判立场上展开。20 世纪俄苏文论中最为特别的，就是随着苏联成为世界上第一个社会主义国家，马克思主义作为执政党苏联布尔什维克的指导思想，发展出以列宁、斯大林为思想领袖，以普列汉诺夫、卢那察尔斯基、波格丹诺夫等为理论家的苏联马克思主义文论，并通过文艺路线、方针、政策等的制定和推行而完成对文艺创作、接受和批评活动的指导。因此，苏联马克思主义文论具有了有别于 20 世纪西方文论的"个人话语"和"群体话语"的"国家话语"性质。与此相似，新中国成立以来的文论话语也具有鲜明的"国家话语"性质，即文学艺术作为党和国家在文化战线上的重要部门，被赋予"团结人民、教育人民、打击敌人、消灭敌人的有力的武器"的功能。[①]这一特点贯穿于新中国成立以来的文学发展，也深刻影响着当代中国文论话语的建构。

从毛泽东文艺思想到邓小平关于文艺工作的重要论述，再到习近平关于文艺工作的重要论述，历届党和国家领导人对文艺问题的看法都成为一个时代文艺工作的指导思想，在不同时期推行的文艺路线、方针、政策已经形成了一整套既有着内在的理论一致性，又在不同时期有其理论侧重性的理论话语体系及文化实践形态；文艺思想通过文艺政策的作用广泛渗透到文艺的创作、接受、传播与批评的各个方面。不难发现，新中国文论话语建构内在地包含着一种具有国家话语性质的文论形态的追求。如果忽略这一维度，我们将无法准确把握当代中国文论发展的实质，也无法完成当代中国文论话语体系的建构。因此，将新中国成立以来的文论发展命名为"新中国文论"，一方面是对其文论话语的时间和空间的范围的客观描述；另一方面，也是对其文论话语的"国家话语"性质的定位判断。

以新中国文论进入改革开放新时期为例，可以清晰地看出"世界中的"这一具有支配性的总体性氛围及转换是如何通过文艺政策得到体现的。1979年5月3日，《部队文艺工作座谈会纪要》被正式撤销，1979年10月，邓小平在第四次全国文代会上发表"祝词"；1981年的《中共中央委员会关于建国以来若干历史问题的决议》对新中国成立以来有关的重大历史问题作了明确界定，这一决议也为文艺领域的拨乱反正提供了政策依据。可见进入改革开放新时期的文艺政策的调整，是全方位、全局性的。这既表现在对过去的不正确、不适应新形势的文艺政策坚决废除的决心，也表现在对新中国成立

---

① 毛泽东：《在延安文艺座谈会上的讲话》，载《毛泽东选集》第3卷，人民出版社1991年版，第848页。

初期以"双百方针""文艺的工农兵方向"等为代表的毛泽东文艺思想的坚持与发扬；既表现在文艺问题始终与政治经济社会文化等领域的同频同振，也表现在基于邓小平代表党中央发表"祝词"基础上党和政府推出一系列全新的文艺政策，推进了文艺领域的改革开放进程。比如在坚持"双百方针"的同时，提出"三不主义"（不抓辫子、不扣帽子、不打棍子），明确"二为方向"（文艺为人民服务、为社会主义服务），等等。到了20世纪90年代，中国的社会主义市场经济改革最具标志性的突破就是对文艺与商品、市场关系的重新确定。于是就有了1991年的《国务院办公厅转发文化部关于加强演出市场管理报告的通知》、1991年的《国务院批转文化部关于文化事业若干经济政策意见的报告》、1996年的《关于进一步完善文化经济政策的若干规定》，等等。与此同时，文艺创作在接受以西学新潮为主的外国文艺思潮的影响之后，过去以社会主义现实主义为主体的创作观念和创作手法逐步转变成对各种现代主义、后现代主义文艺思潮的吸收与借鉴，也正是在这个背景下，20世纪90年代党中央提出"弘扬主旋律，提倡多样化"作为应对市场经济浪潮影响下群众多样化的文化需求以及多元文化思潮出现的基本态度。①

　　在各种对文学施加影响的"世界中的"因素中，以"文艺政策"为代表的党对文艺问题的基本看法以及对文艺工作的具体推进构成了对新中国文学发展的支配性力量。它不仅明确阐明了文艺活动与其他人类社会生活（包括革命运动）之间的关系，而且还对文艺"为什么人"以及"如何去服务"提出明确要求和指导，广泛涉及文艺创作、文艺接受和文艺批评方方面面。因此，我们有必要将"文艺政策"作为"世界中的"一个极为重要的因素，来总结新中国文学发展的历史经验和文论话语体系的建构问题。

---

① 江泽民：《在全国宣传思想工作会议上的讲话》，载《论党的建设》，中央文献出版社2001年版，第134页。

3. 中国特色文论话语体系的基本特点

新中国文论是以中国化马克思主义作为指导思想的文论体系。这是由中国共产党作为中国社会主义革命和建设的领导者，作为中华人民共和国的执政党的地位决定的。马克思主义从"十月革命一声炮响"开始引入，到左翼思想与革命文艺的发展壮大，再到毛泽东在延安文艺座谈会上的讲话（下称"延座讲话"）形成完整的文艺思想体系并具有了指导文艺战线实际工作的文艺政策的功能，最终在新中国成立后形成以毛泽东文艺思想和邓小平、江泽民、胡锦涛、习近平关于文艺工作的重要论述作为标识的文论话语体系，它们都被作为中国共产党对特定的历史时期的文艺工作的总的观点、看法及做法的总和，被视为"集体智慧的结晶"。①对这一集体智慧的强调，使得党的文艺方针、路线和政策具有了超越"个人""群体"的"国家"性质，强调的是这一时期全党、全国人民共同的价值体系，因而也就具有了普遍性和指导性。这套文论话语体系具有如下几个特点。

（1）以马克思主义作为指导思想

习近平指出，"坚持以马克思主义为指导，是当代中国哲学社会科学区别于其他哲学社会科学的根本标志"，"我国哲学社会科学的一项重要任务就是继续推进马克思主义中国化、时代化、大众化，继续发展21世纪马克思主义、当代中国马克思主义"。②长期以来，我们的马克思主义文论知识体系是以马克思、恩格斯经典文献中对文学、艺术及美的规律的直接论述作为

①　笔者曾区分了"毛泽东文艺思想"的广狭二义，认为"狭义的毛泽东文艺思想特指毛泽东作为革命领袖和浪漫主义诗人对于文艺问题的思考和看法"，"广义的毛泽东文艺思想则泛指以毛泽东为代表的共产党人领导中国社会主义革命和社会主义建设过程中对文艺问题的方针、政策以及创作思潮等"。后者的"这一范围超出了毛泽东个人的范围，是将整个毛泽东时代作为一个整体来进行的命名"。（参见曾军：《西方左翼思潮中的毛泽东美学》，《文学评论》2018年第1期。）

②　习近平：《在哲学社会科学工作座谈会上的讲话》，人民出版社2016年版，第8、9页。

对象的，并形成了以《神圣家族》《关于费尔巴哈的提纲》《德意志意识形态》《诗歌和散文中的德国社会主义》《致斐迪南·拉萨尔》等为主体的经典文论文献体系。其实，这些文献中有不少是马克思、恩格斯作为个体学者对特定时代文学艺术和美学问题的看法（即作为个人话语的文论思想）。虽然这些也都是马克思主义文论的重要组成部分，但远远不是全部。事实上，马克思主义对上层建筑与经济基础关系的论述、对生产力与生产关系的看法、对资本主义"商品拜物教"的批判，以及马克思辩证唯物主义、历史唯物主义、科学社会主义等思想作为一个整体对我们确立马克思主义的思想、立场、方法具有重要的意义。①

（2）受到苏联马克思主义文论的部分影响

苏联社会主义国家时期形成了一整套代表工人、农民、知识分子以及国内各族劳动人民的"苏维埃"国家制度。在这一制度下，不仅形成了以列宁、斯大林为代表的苏联党的领袖的文艺思想，以及以普列汉诺夫、卢那察尔斯基、波格丹诺夫以及托洛茨基、高尔基等为代表的作为党的文艺工作组织者和推进者的文艺思想，而且还包括以苏联全国作家代表大会作为组织形式的文艺组织对文艺工作的组织和推动。基于此，形成了诸如《唯物主义与

---

① 纵观历来的"马列文论"或"毛泽东文艺思想"的各类选本和相关教材，都没有严格区分作为个体学者的马克思、恩格斯以及毛泽东等人对文艺问题的看法和作为马克思主义者的马克思、恩格斯和作为中国共产党领袖的毛泽东对文艺问题的看法。只有成为马克思主义的马克思、恩格斯的思想和毛泽东代表中国共产党提出的对文艺问题的看法，才具有国家话语性质，也才具有以文艺政策的方式指导具体文艺活动和文艺实践的作用。有了这一区分，我们才能更好地理解，为什么马克思的《1844年哲学经济学手稿》虽然包含丰富的美学思想，但它却在20世纪80年代的中国改革开放之初的"手稿热"中引发争议，以及为什么毛泽东平生的创作爱好的是古典诗词，但他没有将这一个人爱好上升为党的文艺思想，反而是致力于推进解决广大工人农民的识字问题、文化普及问题，倡导"新鲜活泼的、为中国老百姓所喜闻乐见的中国作风和中国气派"。（毛泽东：《论新阶段——抗日民族战争与抗日民族统一战线发展的新阶段》，载《毛泽东选集》第2卷，人民出版社1991年版，第534页。）

经验批判主义》《党的组织与党的出版物》《列夫·托尔斯泰是俄国革命的镜子》《文学与革命》和《论民族问题和民族文化》，以及苏联第一次文代会提出的"社会主义现实主义"等经典文论文献体系。不过，由于苏联马克思主义文论的经典形态与新中国文论存在二三十年的时差，新中国文论初期在发展过程中面临着从"中苏蜜月"到"中苏交恶"的转换，苏联马克思主义文论对新中国文论的影响并不是完整照搬，而是有选择地借鉴的。①

（3）具有鲜明的中国特色

习近平指出，"哲学社会科学的特色、风格、气派，是发展到一定阶段的产物，是成熟的标志，是实力的象征，也是自信的体现"。② 中国哲学社会科学应该具有三个方面的特点："体现继承性、民族性""体现原创性、时代性"和"体现系统性、专业性"。③ 始终强调"马克思主义中国化"，与中国社会主义革命和建设的实际相结合是中国马克思主义的一贯立场。这一立场也在新中国文论的发展中得到了体现。首先，它体现了马克思主义在指导中国文艺工作中的历史化、具体化。如毛泽东的"延座讲话"着眼于抗战以来解放区文艺运动面临的现实问题：如何"使文艺很好地成为整个革命机器的一个组成部分……帮助人民同心同德地和敌人作斗争"。④ 而要实现这一目标，毛泽东与中国共产党必须处理好"文艺工作与一般革命工作的关系"的问题和大量从国统区奔赴延安的知识青年和文学家、艺术家如何熟悉

---

① 相关讨论已有不少，如李心峰的《苏联早期文艺学中的庸俗社会学评述》《文艺理论与批评》1987 年第 3 期）、钱中文的《文学理论反思与"前苏联体系"问题》《文学评论》2005 年第 1 期）、汪正龙的《走出"前苏联体系"——中国马克思主义建构的形态与路径》（《湖北大学学报》2018 年第 1 期）等。

② 习近平：《在哲学社会科学工作座谈会上的讲话》，人民出版社 2016 年版，第 15 页。

③ 参见习近平：《在哲学社会科学工作座谈会上的讲话》，人民出版社 2016 年版，第 15—24 页。

④ 毛泽东：《在延安文艺座谈会上的讲话》，载《毛泽东选集》第 3 卷，人民出版社 1991 年版，第 848 页。

农村、适应解放区，面对全新的革命生活的问题。毛泽东将所有的问题归结为"一个为群众的问题和一个如何为群众的问题"，进而明确文艺工作要服务于革命工作的需要，明确文艺的"工农兵方向"以及在这一方向下的"普及与提高"（"所谓普及，也就是向工农兵普及，所谓提高，也就是从工农兵提高"）的思想。① 同样，当新中国进入改革开放新时期，需要面对的首要问题就是如何拨乱反正、解放思想，满足人民日益增长的物质文化需要，因此，邓小平在"祝词"中一方面充分肯定以毛泽东文艺思想为代表的文艺路线的正确性和文艺创作成绩的显著性，但另一方面明确强调"对实现四个现代化是有利还是有害，应当成为衡量一切工作的最根本的是非标准"。② 这是党的工作重心从"以阶级斗争为纲"到"以经济建设为中心"重大转变在文艺工作上的具体表现。经过改革开放 40 多年的发展，随着中国逐渐成为世界第二大经济体，中国文化的主体性、中华民族的伟大复兴成为更为自觉的追求。这也就是为什么习近平在文艺工作座谈会上的讲话中谈的第一个问题就是"实现中华民族伟大复兴"的问题，认为"今天，我们比历史上任何时期都更接近中华民族伟大复兴的目标，比历史上任何时期都更有信心、有能力实现这个目标。而实现这个目标，必须高度重视和充分发挥文艺和文艺工作者的重要作用"。③ 其次，它表现为将中国社会主义革命和建设中的文艺实践中的经验上升为中国马克思主义文艺理论。新中国文论有一个关键词是"人民"。在"延座讲话"时期，它具体化为以工农兵为主体的"群众"，并发展出文艺创作的"赵树理方向"。由此彻底解决了左翼文艺时期"大众化"和"化大众"的争论，为"人民文艺"的诞生指明了方向。在邓小平

---

① 毛泽东：《在延安文艺座谈会上的讲话》，载《毛泽东选集》第 3 卷，第 859 页。

② 邓小平：《在中国文学艺术工作者第四次代表大会上的祝词》，载《邓小平文选》第 2 卷，人民出版社 1994 年版，第 211 页。

③ 习近平：《在文艺工作座谈会上的讲话》，《人民日报》2015 年 10 月 15 日。

的"祝词"中，"我们的文艺属于人民""对人民负责"成为解放思想、打破"文革"的精神枷锁、释放文艺创作活力的有力武器。习近平也强调"坚持以人民为中心的创作导向"，并进一步指出"人民不是抽象的符号，而是一个一个具体的人，有血有肉，有情感，有爱恨，有梦想，也有内心的冲突和挣扎"。① 从理论上实现了个体的人与群体的人的统一，实现了"人的文学"和"人民文艺"的统一。最后，将马克思主义植根于中华优秀传统文化，也是新中国文论的显著特点。无论是毛泽东的"中国作风和中国气派"，还是邓小平的"民族风格和时代特色"，抑或习近平的"中华文化立场""中华文化基因"和"中华审美风范"，都体现在作为"国家话语"的新中国文论所具有的从"文化自觉"到"文化自信"的马克思主义中国化历程中。

（二）中西之别：理性反思西方理论对中国话语的影响

1. 西方理论，中国经验？中国当代文论构建的主体性反思

"西方理论，中国经验"？大凡初涉中国当代哲学社会科学话语转型这一问题的学者都很容易在头脑中有此印象，或者说是预设的"前见"。改革开放以来，西学新潮的大规模涌入带给当代中国哲学社会科学以大量新思想、新理论、新方法和新话语，与此同时也引发了中国研究者的巨大焦虑：中国问题、中国经验、中国现象正日益被西方学术话语所阐释和图解。进而，如何克服西学新潮对当代中国哲学社会科学话语的影响，获得当代中国哲学社会科学研究的主体性，成为当前哲学社会科学学科体系、学术体系和话语体系的首要任务。因此，对这一问题展开讨论的逻辑起点正在于"中国问题的西方化焦虑"。这一前提也同时预设了下面一系列判断：（1）中国经验创造了举世瞩目的成就，却遭遇了西方理论"削足适履""有色眼镜"式的图解甚至是歪曲；（2）中国经验是通过"摸着石头过河"的方式获得的，因而缺

---

① 习近平：《在文艺工作座谈会上的讲话》，《人民日报》2015年10月15日。

乏系统的自觉的理论话语完成中国经验的自我阐释；因此，（3）中国经验的阐释需要通过对西方理论的抵抗来完成中国理论话语的建构。不难发现，这一判断是建立在两组二元对立的思维模式的支配之下的：其一是"中国"与"西方"的二元，明确将"西方"置于"中国"之外的居于强势地位的、不怀好意的"他者"地位；其二是"理论"与"经验"的二元，忽视了形成"中国经验"背后的中国传统文化思想、中国化马克思主义的指导以及以实事求是为原则的对西方理论资源的借鉴和学习这一系列纷繁复杂的"理论图景"。

正是在这样的思维模式下，这些年来，围绕着当代中国文论话语的原创性、体系性和自主性的呼声和努力尽管声势很强，但误区明显：其一，存在狭隘的民族主义倾向。片面强调摆脱西方、回归传统，认为只有中国传统文论才是"最中国"的学术话语。殊不知，中国古代文论的话语体系也是建立在中国古代的文学艺术审美经验基础之上的，简单照搬中国古代文论话语也同样无法完整解释身处现代化、全球化以及数字化语境的当代中国文艺现实。其二，存在某种程度的当代虚无主义倾向。简单否定改革开放以来引进西学的成绩，仅仅用"西化"来概括改革开放以来的学术发展。殊不知，在"中学西化"的同时，"西学中化"的进程也在同步进行，中国传统文论的现代转换进程也同样构成了当代中国文论的重要力量。其三，强调"理论之后"，认为西方文论已经衰落，文化理论已成"过去时"。的确，20世纪西方文论的自身发展逻辑是一个不断自我否定的过程，每一种新学的诞生，都是以宣告一种旧学的死亡为标志的。"文化理论的黄金时代"虽然如伊格尔顿所说的那样已经"一去不复返"，但这恰恰表明21世纪以来的西方文论正处在知识生产和学术转型的新的历史时期，只不过这一新的发展态势还不太明朗，尚未被我们所把握而已。"理论之后"即便成立，也并不意味着"理论"以及"理论之前"作为学术史和思想史资源的"过时"和"无用"。

因此，围绕中国特色文论话语体系建构的研究，正是从对"中国问题的西方化焦虑"这一问题意识入手，进而展开西方文论与中国问题之间的复杂关系——这里既包括批判西方文论对中国问题的曲解和误释，也包括剖析中国问题对西方文论知识生产的参照和启发；既包括反思中国学者将"被西方化了的中国问题"照搬为自己的问题意识的现象，也包括探索中国学者以中国问题为媒介所可能展开的与西方文论的对话与交流的路径。具体而言，我们需要追问的问题包括如下几个方面。

（1）中国问题之于 20 世纪西方文论的意义和价值如何评估？

20 世纪西方文论是西方反思现代性和审美现代性的一个重要组成部分，在很大程度上成为一种西方自己对现代文明进行自省和反思的力量。这一过程中也融入了部分中国因素，甚或把中国问题视为"他山之石"，成为他们解决西方自身问题的一个重要参考和理论资源。因此，我们要追问的问题是：20 世纪西方文论究竟面临哪些亟待解决的问题，这些问题是如何构成他们思考的内在动力的？他们又是如何选择、发现、理解或想象中国问题，并在多大程度上使中国问题起到了"解决之道"的作用？这些西方化了的中国问题又在多大程度上参与了 20 世纪西方文论的知识建构？

（2）20 世纪西方文论中的中国问题之于当代中国文论话语建设有何意义和价值？

改革开放以来，对当代中国文论话语建构产生最大影响的因素正是西学新潮的大规模引入。"西方文论影响下的当代中国文论话语转型问题"成为长期困扰中国文论研究者的理论难题。面对西学新潮的涌入，当代中国文论如何规避全球化风险和地方性陷阱的双重困境？如何处理 20 世纪西方文论自身的多元性及相对于中国而言的异质性问题？中国学者如何通过还原、质疑甚至批判 20 世纪西方文论对中国问题的误读和变形，参与对这些被西方文论阐释过的中国问题的还原、纠偏以及新意义的生成，并反过来深化自己对中国问题的理解和研究？中国思想如何才能真正地走出西方知识的框架？中国学者如何调动中国经验，提出文论中新的中国问题，并逆向影响西方文论的参与和关注？

（3）作为中国学者，我们在多大程度上能够获得在这种"感觉被看"的不对等对话中的文化自信和理论自觉？

文化自信的重要表现之一就是"掌握讲述中国故事的话语权"，但是"如何讲述好中国故事"的命题不止于只准"中国人讲述好中国故事"，而且还包括"如何让外国人也讲述好中国故事"以及更为重要的"如何让外国人也能够充分理解并按照中国自身的逻辑来讲述中国故事"等多重复杂的层面。因此，我们要获得的学术自信不是那种夜郎自大式的自信，而是屹立于世界民族之林的自信，是需要在与西方学术思想共同探讨"中国故事的讲法"中获得的自信。

2. 西方文论影响中国当代文论发展的两种途径

严格来说，西方文论只是一套话语体系和理论范型，一种工具性的存在，它本身是无法完成对中国经验的阐释的。因此，对"西方文论阐释中国经验"这一问题的讨论必须进一步追问：是"谁"运用了"何种"西方文论，对"哪些"中国经验进行了"怎样的"阐释。从"谁"这一文学批评的主体角度来看，西方文论话语对中国经验的阐释包括两个方面：一个是西方学者自己对中国经验的理解和阐释，另一个是中国学者运用西方文论话语对中国经验的理解和阐释。

一方面是西方学者对中国经验的阐释。西方学者对中国经验的理解和阐释在比较文学和比较诗学中发展得比较成熟的研究领域，一般会被归入"形象学"研究。其逻辑起点是建立在本国文化对"异国情调"的接触、理解和想象基础上的。根据其"接触"程度，我们可以区分出三种情况：（1）完全没有接触中国，仅仅通过阅读间接获得与中国有关的信息，而展开对中国的理解和阐释；（2）部分接触中国，如与中国学者有学术交往，或曾到过中国访问、参加学术讲座或会议等；（3）将中国作为研究对象的海外中国学。严格来讲，比较有影响的 20 世纪西方文论家绝大多数只是在不同程度上接触和关心过中国，并没有将中国作为其最主要的研究对象，更没有成为"中国问题研究专家"的意愿。因此，这就不难理解，为什么只有等"后殖民主义文化理论"出现之后，才会有德里克、洪美恩等以第三世界的中国作为研究对象的研究了。西方学者对中国经验的阐释，不可避免带着"西方眼睛"看中国。这种"西方眼睛"即是西方学者的理解"前见"，包括文学艺术修养、理论立场主张、问题意识预设甚至个人的人生经历和情感，等等。在此，首先有一对非常重要的概念（"西方眼睛"与"有色眼镜"）要区分出来。当我们批评西方学者对中国"妖魔化"时，常常使用"有色眼镜"这一比喻。严格意义上讲并不完全准确。所谓"有色眼镜"一词出自刘少奇《对华北记者团的谈话》，"你们的报道一定要真实，不要加油加醋，不要戴有色眼镜"。①这里的"有色眼镜"特指看待人或事物所抱的成见。所谓"成见"即是指，在面对具体的人或事物之前就已经拥有了对该人或该事物的态度，因此，观念先行、结论印证就是"成见"的本质特征。而"前见"则是相对客观地描述阐释者在面对阐释对象时不可能绝对客观、不可能"一张白纸"的状态，所有这些"前见"构成了主体的认知视野（即"西方眼睛"）。因此，"前见"不是一个外在于主体的、可穿戴的"眼镜"，而是作为认知器官本身的"眼睛"。任何阐释都有"前见"，这并不可怕。我们可以通过文化交往丰富、修正其"前见"，进而实现研究主体（西方学者）与研究对象（中国经验）的"视域融合"。真正可怕的是在阐释之前便有"成见"，即在尚未真正展开对

---

① 刘少奇：《对华北记者团的谈话》，载《刘少奇选集》（上），人民出版社 1981 年版，第402 页。

中国经验的接触、了解和研究之时，就已经形成了某些既有的观点和结论，进而带着"印证"这一"成见"的态度来肢解和阐释中国。

另一方面是中国学者利用西方文论话语对中国经验的理解和阐释。中国学者采用西方文论阐释中国经验的情况也很复杂。这里既有西方文论自身的复杂性因素，如西方文论本身也并非铁板一块，而是一个充满异质性矛盾冲突的文论思想场域，选择不同的西方文论，会获得完全不同的理论视角。与此同时，中国经验自身的复杂性也使得其存在可能被多种理论视角烛照发现的可能。因此，如果用以阐释同一中国经验，甚至会得出完全不同的结论。在西方文论与中国经验之间，不是一个"一对一"的简单对应与匹配的关系，而是一个"多对多"的复杂交往与碰撞的过程；在西方文论的阐释中，中国经验的某些因素获得了合理的解释，但同时也有一些因素被刻意地放大，甚至被歪曲和变形。具体而言，中国学者运用西方文论阐释中国经验一般会有如下三种情况：其一，跨文化比较，即通过中西对比，发现中国文化与西方文化的异同。其二，以中国经验印证西方理论。从西方文论提供的研究方法和既有结论出发，在中国文学和文化中寻找与之相同或相似的例子予以印证，是中国学者在学习和理解西方文论时较为普遍的现象。如对中国的文学影视作品进行意义的分析和解读，[①] 而采取既有西方文论的结论来套用。其三，以中国经验来修正西方理论。当西方文论遭遇中国经验，未必一定会削中国经验之足，而适西方文论之履。只要中国学者有足够的理论智慧和实事求是的精神，会发现西方文论在研究方法和观点结论中有无法完全解释中国经验的局限和不足，进而针对这些理论限度提出中国学者的看法和见解。

---

① 如刘海波的《挣扎在格雷马斯方阵中的祥林嫂——对〈祝福〉的另一种解读》(《济南大学学报》2001 年第 5 期)、王昭力的《格雷马斯叙事语法对〈骑虎〉的解读》(《和田师范专科学校学报》2007 年第 3 期)、杨春的《张爱玲小说的深层结构——基于格雷马斯行动元及语义矩阵理论视角下〈花凋〉的研究》(《北京科技大学学报》2016 年第 1 期)等，通过知网检索，类似文章 50 余篇，涉及中国学者对古今中外文学影视作品的分析和解读。

而这些正是中国学者在积极与西方文论对话的过程中，借助中国经验进而推进理论创新的一种努力。

3. 走向有效阐释：超越文论话语体系的"中西"之别

无论是西方学者对中国经验的阐释，还是中国学者利用西方文论对中国经验的阐释，一旦进入中文语境，就有一个"理论的旅行"和"翻译的转化"问题，相关的文论话语已经过了不同程度的变形和误读。因此，当我们在反思相应的西方文论时，不能简单将它们等同于西方文论，而应该将其视为在中国语境中被中国学者理解和阐释过的西方文论话语。具体来说，首先从本质上讲，无论是翻译还是没被翻译，这些话语仍然是西方文论，而不是中国文论。我们不能说"本能""张力""结构""话语权力""殖民"等这些中文词汇自古皆有，而必须承认，与这些文论话语有关的理论内涵是由西方学者所首先创造、界定和阐发的。其次，我们还应该认识到，它们经过翻译和重释，已经是中国化了的西方文论。这里有几个重要的标志：它们被译成了中文；它们被赋予了中国学者的理解；汉语思维已部分影响了对西方文论话语的理解。比如说，"狂欢化（carnivalesque）理论"是巴赫金依据欧洲狂欢节文化发展史提炼出来的一个美学概念，并确立了"两种生活"（日常生活和狂欢化生活）、"双重性"及"狂欢式"等一系列意义阐释的框架。"狂欢化理论"引入中国之后，同时在两个研究领域获得了发展，一是在民俗学研究中，狂欢被用来指认中国民间节庆活动中的狂欢化因素，并赋予其意义和价值；二是在文学作品研究中，许多批评家从语言狂欢、叙事狂欢、视觉狂欢、欲望狂欢等发掘古今中外文学作品中的狂欢性。在这一"狂欢化理论"的运用过程中，"狂欢"这一概念的内涵和外延发生了迁移：从巴赫金式的"总体性狂欢"转变为"局部性狂欢"（即发掘具有类似狂欢性的因素）；"两种生活"之间的对抗性消解了，"狂欢化生活"成为"日常生活"的偏离和补充；"双重性"被削弱了，更多地强调了"颠覆""消解"和"下半身""底层"等否定性、革命性的维度。导致这些中国式理解和运用的关键性因素在于"carnivalesque"被翻译为"狂欢"时，中文语境中"狂欢"这个词原有的"纵情欢乐"的因素被带进了对巴赫金"狂欢化理论"的理解。因此，必不可免地出现将"狂欢化理论"泛化理解的问题。但反过来，当巴赫金的"狂欢化理论"被越来越多的中国学者接受并运用之后，这一理论对于狂欢的理解也深刻地烙印在中国文论话语体系之中。当中国学者采用这套话语方式阐释中国经验时，必然受到西方文论问题意识、阐释策略和既有结论的影响，这就是为什么我们现在一讲"狂欢"，马上就会想到巴赫金、想到拉伯雷、想到狂欢节、想到"两种生活"和"双重性"，进而将我们所观察和研究的中国经验中的狂欢性因素的意义和价值放大了。正是在这个意义上，我们说，当代中国文论被西方文论"殖民"了。

但是，如果仅仅因为"被殖民"而排斥西方话语，强化"中国话语"的纯洁性，也会走到另一个极端。我们一方面要坚决反对用西方文论既有的结论简单套用、强行阐释中国经验这种简单粗暴的阐释方式，另一方面还要认识到，当我们用中国经验参与西方文论议题的讨论，也是中国学者在共同问题的讨论中发出中国声音的一种方式。在用西方文论阐释中国经验时应该逆转思维：面对这一问题，中国经验提供了哪些独特性？还有哪些问题是这一理论、这一话语所不能包含的？如果不能包含，那我们该如何修正这一话语乃至这一理论？这正是我们"借船出海""参与国际学术话语生产"的一种方式。面对中西文化越来越多的共同经验，中西方文论话语才具有了真正的可交流、对话的空间。应该思考这样的问题：中国文论是如何看的？西方文论是如何看的？为什么会有这样的差异？我们是否可以借此提出有别于西方文论的另一种新的理论来？

当代中国文论话语体系建设是一个古今中西处于多维时空之中的理论

建构。在这一过程中，我们需要克服两个误区：一个是"来源谬误"，即将"中国经验"的来源确定为"纯粹的中国本土性经验"，一定要从中国本土和传统中寻找"中国性"的经验和话语。这就是为什么一旦强调中国性、民族性、本土性，就会将文化"寻根"到中国古代的传统文化、想象中的未被"污染"的乡土民间文化，就会在"古今中西"之间厚"古""中"而薄"今""西"，视全球化、现代化、城市化如洪水猛兽等。如前所述，面对一个全球化无处不在的当今世界，不同文化因素之间的渗透和影响已成为常态，我们的研究重心不是一定要去提炼一个纯之又纯的"中国性"来，而是真正直面这个"混杂""多元"的经验现实本身，并且在这个多元混杂的经验之中发掘和提炼出中国的特殊性及其普遍性意义来。另一个是"主体谬误"，即中国经验一定要由中国学者用中国话语来阐发，进而排斥甚至部分否定了由外国学者用外国话语对中国经验的阐释、由外国学者用中国话语对中国经验的阐释以及中国学者运用外国话语对中国经验阐释的有效性和合理性。严格来说，如果某一文论话语体系只是为本民族本国家学者所使用所认同，未必一定就是有意义和有价值的文论话语。真正的文论话语影响力一定是在不同主体之间发生关系和产生影响的。有两个重要标志：其一，该文论话语的首创权是中国学者；其二，该文论话语被更多民族国家的文学研究学者所接受和采用，尤其是被欧美发达资本主义国家的文论学者所吸收。因此，当代中国文论话语体系的建构，最重要的工作是越来越多的中国学者创造性地提出了既具有中国经验阐释有效性，又具有世界经验阐释有效性的文论话语来。当代中国文论必须要有开放包容的心态，以"有效阐释"为目标，展开对中国经验和世界经验的理解，增强中国文论话语阐释的有效性，从而影响中国之外的，尤其是西方主流的文论话语，这样才能获得中国文论的话语权。超越"中西"之别，既要让中国学者会讲外国话，也要让外国人能讲中国话，这才是当代中国文论话语体系建构的最终目标。

（三）文论互鉴：在交往对话中推进中国特色哲社话语体系建设

1. 近代以来中西学术互传互鉴中亟待破解的难题

习近平指出，"文明因多样而交流，因交流而互鉴，因互鉴而发展"。[①]"比较"是"互鉴"的前提，是对世界不同区域、国家、民族文化多样性的肯定。无论是从古希腊时期即开始发展的西方文论，还是绵延数千年不断丰富发展的中国文论，都形成了有着各自鲜明特色的文论传统。[②]"交流"是"互鉴"的过程，具体表现为"西学东渐"和"中学西传"这两个相互交织的形式，可以用来描述中西文论相互译介、引入、接受与传播。在"渐"和"传"的过程中重点关注中西文论主体的有选择的实践性行为，即为"鉴"。"互鉴"即是指相互借鉴，是一种双向的、有选择的、通过向对方学习而使自己获益和发展的过程。"中西文论互鉴"即是指具有不同文论传统的中西文论相互学习、彼此借鉴、各自发展。中西文论互鉴是文明互鉴的重要组成部分。不过，中西文论互鉴并非想象中的你来我往、其乐融融。"多样"意味着"差异"，"差异"必会有"分歧"，"分歧"则易生"矛盾"。因此，"互鉴"的过程必然包含着异质性的冲突、有效性的检验和原创性的焦虑，并面临一系列亟待破解的难题。

（1）中西文论互鉴中的不对等对话问题

中西文论互鉴面临的主要问题即是转型时代之后西学东渐的强势冲击与中学西传的被动反应之间的不对等对话问题。按黄玉顺的概括，西学东渐可

---

① 习近平：《深化文明交流互鉴 共建亚洲命运共同体——在亚洲文明对话大会开幕式上的主旨演讲》，《人民日报》2019 年 5 月 16 日。

② 比如说，《劳特利奇叙事理论百科全书》中非常自觉地区分"叙事传统"和"叙事理论"，认为中国叙事不仅具有悠久的叙事传统，而且形成了独特的叙事理论，从而与非洲、澳大利亚、印第安土著等有口头叙事传统但无叙事理论的地方性叙事区分开来。参见拙文：《西方叙事学知识体系中的中国因素——以〈劳特利奇叙事理论百科全书〉为中心》，《文学评论》2021 年第 3 期。

以分为帝国时代和转型时代两个不同的阶段。[1] 帝国时代所属的时期大概从明代到清代前期。此阶段的西学只是作为异邦新知给予了中学以猎奇式的震惊，并未对中学的地位构成实质性威胁；转型时代则是晚清以来，此阶段的西学不仅拥有以发达资本主义的社会制度和工业革命的科技发展为代表的现代化水平，而且还凭借强大的军事实力进行殖民主义全球扩张的影响，成为对中学独立自主性的巨大挑战。具体来说，这种不对等对话可以概括为知识上的不相同、价值上的不平等和发展上的不平衡。所谓知识上的不相同，是指中西文论知识生长于不同的语言、文学和文化土壤，因而会形成不同的文学和思想传统。比如说，文学传统上的差异往往被简化为相对于西方史诗和戏剧传统的中国文学的"抒情传统"[2]；厄尔·迈纳所建构的普遍性诗学体系也将西方诗学确立为基于戏剧文类的摹仿—情感诗学，而将包括中国在内的非西方的诗学确定为基于抒情诗文类的情感—表现诗学。[3] 所谓价值上的不平等，是指将西方启蒙运动以来形成的民主、科学视为先进文化，进而将传统视为封闭、落后、需要革新的对象。从晚清到五四，一直存在以"旧学"和"新学"来指代"中学"和"西学"的用法，即是这种西学先进、中学落后的文明等级论的建构。在这种逻辑下，中学唯有现代化，才能除旧布新，跟上世界发展的步伐。中国古代文论也唯有进行现代转化，才能适应现代文学及其未来发展的要求。所谓发展上的不平衡，是指近两百年来，西学东渐总体上占据了支配性地位，而中学西传的比重则相对较低，影响较小，从而出现所谓的"文化逆差"，等等。

---

[1]　黄玉顺：《从"西学东渐"到"中学西进"——当代中国哲学学者的历史使命》，《学术月刊》2012 年第 11 期。

[2]　参见陈世骧：《中国的抒情传统》，载《陈世骧文存》，辽宁教育出版社 1998 年版，第5 页。

[3]　参见［美］厄尔·迈纳：《比较诗学》，王宇根、宋伟杰等译，中央编译出版社 1998年版。

（2）中西文论互鉴中长期存在的弱者心态问题

所谓"弱者心态"，是指近代以来在中西文化交流互鉴中长期被视为"东亚病夫"、自认为"学生"、自卑于积贫积弱的中国，[①] 而形成的文化心态。这种弱者心态导致中西文论互鉴时呈现出一种偏执型的情感结构：或者认为西方全部都好，应该追求"西化"；或者有选择地将目光更多关注西方的"弱小民族"及"弱小民族文学"[②]；或者认为中国传统文化才是博大精深，西方文化都是奇技淫巧，甚至提出"西学中源"说；当然还有正视自身弱小的现实而奋起赶超，追求学术的原创和思想的影响；等等。这些弱者心态问题使得中西文论互鉴被迫承载起克服文化逆差、改变弱势地位、抵抗文化侵略等责任。

与之密切相关联的，还会进一步引发一系列焦虑，比如说"中学"的主体性问题。我们要西传的是怎样的"中学"？是中国古代传统文论，还是当代中国文论？进而当代中国文论是否已经形成成熟的有中国特色的话语体系？再比如"西传"的方式问题，即主动性西传还是被动性西传。进入21世纪，中国文论界也曾提出了"文化输出"的口号，这是主动性西传的一种姿态；[③] 而被动式西传的代表恐怕就是海外汉学（"中国学"）。明中叶之后西方传教士所承担的主要责任是"西学东渐"，但也在这个过程中主动将"中学"带回了西方。欧美各国出于文化交流和政治目的的需要，主动推动东亚问题和中国问题研究等。再比如"中学西传"效果的评估问题。哪些"中

---

① 如郁达夫小说《沉沦》的结尾，主人公的长叹"祖国呀祖国！我的死是你害我的！""你快富起来！强起来罢！""你还有许多儿女在那里受苦呢！"

② 参见宋炳辉的系列研究：《弱小民族文学的译介与中国文学的现代性》（《中国比较文学》2002年第2期）、《弱势民族文学的影响接受与中国文学的主体建立——中外文学关系研究的一个侧面》（《当代作家评论》2007年第3期）、《20世纪下半期弱势民族文学在中国的译介及其影响》（《中国比较文学》2007年第3期）等。

③ 王岳川：《发现东方与文化输出》，《新闻周刊》2002年第33期。

学"被接受了，接受的程度如何，是否有变形、扭曲？是否有创造性的误读以及产生的新的知识生产？所有这些都使得处于不对等关系中的文论主体采取不同的发展策略。处于强势地位的文论主体，更强调"求同"，通过寻求价值的普遍性来彰显自信；处于弱势地位的文论主体，则更强调"求异"，通过寻求价值的特殊性来寻求文论知识自我更新的动力。

（3）新时代"文化走出去"战略下"主动性中学西传"的策略与方法问题

一方面，对"西学东渐""中学西传"的替代性方案的寻求一直没有中断过。随着中国进入"百年未有之大变局"的新时代，对"西学东渐"背后包含的西方中心主义的反思和批判成为越来越重要的学术立场。如张志扬在对"西学东渐"的检讨中就曾非常尖锐地指出，我们不能简单地将"西学东渐"视为价值悬置、客观描述的文化交流现象，而应该就此提一个问题："以欧美为代表的西方文化对中国文化而言，是'唯一的'、是'最好的'，还是'独立互补的'？一百多年来，这个问题一直未变，还是起了变化，起了怎样的变化、变到什么程度了？今天是否到了有以明断的时候？"为此，他明确提出用"西学中取"来替代"西学东渐"，借用"西天取经"的"取"字的主体性姿态来改变中国在此过程中处于被动接受型的"授受"地位——"要求正名为'西学中取'即'中取西学'——'主位'在我"。[1] 这其实也是鲁迅的"拿来主义"的当代版本。黄玉顺也认为"'西学东渐'的观念实质是由现代性的、文明的西方来改造前现代的、不文明的中国。这种观念应接受批判性的反思"。他提出一种逆向的"中学西进"的主张，"所谓'中学西进'，意为一种当代原创的中国哲学、中国学术、中国文化反过来向西方传播，且在一定程度上被西方接受，甚至为西方所主动寻求"。为此，他开出

---

[1]　张志扬：《"唯一的"、"最好的"、还是"独立互补的"？——"西学东渐"再检讨》，《现代哲学》2007 年第 2 期。

了"回归当下存在""回归生活""重建形而上学""重建形而下学"的药方。①

另一方面，面对中西文论互鉴中的不对等对话现实，中国文论如何在"西学东渐"和"中学西传"中获得对等、平等的主体性地位，成为当代中国文论话语体系建设中的重要任务之一。在"西学东渐"占主导性地位的时期，"东学西传"处于从属地位，处于自发、零散、不系统的状态，中国文化的传播主要通过译介方式进行，其中出现大量的断章取义、片面误读的问题。西方对中国的印象主要基于"想象"，即按照西方眼光和知识经验，通过差异对比来描绘中国形象；片面强化了作为"差异性"的中国，将"差异性"确定为"特殊性"并约等于"中国文化的特点"；等等。而新时代"文化走出去"战略开始追求更为积极主动和有效的传播，并形成了全新的趋势和特点：主动性，即主要依托中国学者主动积极的传播；参与性、展示性，虽然译介仍然是必要的，但更多通过"走出去、请进来"加强文化主体之间实质性的对话和沟通，以"活态文化"的形式，以具有参与性的"展示、演示"的形式加强跨文化的交流与传播；现实性，即以"当代中国"作为文化输出的主体，而不仅仅是已成传统的"文化中国"。

正因为中西文论互鉴面临诸多难题和新题，既有的以"西学东渐""中学西传"为代表的研究范式也亟待获得改进和升级。也就是说，既要认识到历史上"西强中弱"的格局长期存在，也要意识到当下正在发生的"东升西降"的发展趋势；不仅要强化"渐""传"中的主动/被动，还要认识到这种主动/被动也是相互转化、互为依存的，甚至还包括"主动性被动"和"被动性主动"的形态。因此，需要引入新的方法论来实现对中西文论互鉴的描述和分析。

---

① 黄玉顺：《从"西学东渐"到"中学西进"——当代中国哲学学者的历史使命》，《学术月刊》2012年第11期。

2. "化"作为方法：文论互鉴中的中国智慧及其启示

王国维的"学无新旧、无中西、无有用无用"和中西学术"能动""化合"的主张具有极为重要的意义，[①] 对我们思考中西文论互鉴具有重要的方法论启示。如果说"渐"和"传"因其侧重于从"鉴"的过程来描述，还不足以揭示"鉴"的主体性、交互性以及"鉴"的内在逻辑的话，那么，我们就不能再将"中学""西学"视为纯粹的知识形态，而应该将中西文论互鉴视为由中国学者所主导推动的寻求克服西方文论强势影响、推进中西文论对话以及中国文论解释世界文学和文化现象的有效性的创造性转化和创新性发展的问题。由此，中西文论的"互鉴"更强调的是平等性交流、主动性选择和积极性影响。正是在这一背景下，"化"作为方法的意义和价值便凸显出来。

"化"是学术术语中一种常见的后缀，一般用来将名词或形容词动词化，赋予其"使动"和"转化"的意谓。如"美化/丑化"，就是"使……变得美/丑"的意思；"殖民化"就是指强国采取各种手段使相对落后的国家沦为殖民地、半殖民地或附属国，从而对外延伸其主权。将"化"引入中西文论互鉴的讨论，可以用来描述中西文论之间相互交流、彼此影响，或主动输出，或被动接收的动态变化。无论是"体用"之争，还是"西化""化西"，抑或是"现代化""中国化"，都成为19世纪中期以来中西文论面临不相同、不对等、不平衡的现实语境而作出的不同选择形成的不同的范式。[②]因此，我们可以将这个后缀的"化"作为中西文论互鉴方法论反思中一个非常突出的问题来看待。其一，"化"凸显了中西文化观念的重要差异，具有鲜明的中国特色。无论是强调自然界的创造演化的"造化"还是强调人类社会的移风易俗的"教化"，"化"都表示着促成某种性质或状态的改变的意

---

① 王国维：《〈国学丛刊〉序》，载《王国维学术文化随笔》，中国青年出版社1996年版，第44—46页。

② 参见曾军：《从"西学东渐"到"中学西传"》，《中国社会科学报》2021年2月19日。

思。我们从"化"这个汉字的字形语义演变中，可以发掘出其中的中国智慧，并将这种中国式的强调动态、变化、转化的思维方式引入我们对中西文论互鉴的方法论之中。其二，"化"的思维有助于分析中西文论互鉴中的不相同、不对等和不平衡问题。"化"的双方中，一方代表文明、先进、强势，另一方代表野蛮、落后、弱势，所谓"教化"即是将人从野蛮状态提升到文明状态；而"野蛮化""愚昧化"则意味着向反方面的转化。"化"不仅仅受规律之"道"的支配，而且还包含着人为之"术"的因素。《管子·七法》重点讲了作为"兵法"的"化"。其三，"化"不仅表现为"主体"及"主体间"的"主动/被动"关系，而且还表现为"内化/外化"的过程、"抵抗/防御"的姿态、"积极/消极"的后果，等等。其四，"化"是一个持续性的渐变性的过程，不是一蹴而就的。所以"化"与"变"是密切相关的。"变"是"化"的结果，"化"其实只是指向"变"的过程。如果"变"能够替代"化"，那么"化"就没有存在的必要了。其五，"化"这个过程中还包括某种"化"的行为在里面。"化"的行为里包含着施事和受事的主语和宾语，也即主体之间的关系问题、主动和被动的问题等。所以，"化"包含的层面非常之多。比如死亡、消失、劝化、化身、造化、规律等；"化"里包含着事物的某种转变，这种转变包含特定的过程、主体、对象等问题。

因此，我们能够将"化"具体分解为一系列可以深入讨论的问题，比如说："谁来化？"这是"化"的主体问题；"谁被化？"这是"化"的客体问题；"化什么"，这是"化"的内容问题；"怎么化？"这是"化"的方式问题；"化得怎样？"这是"化"的效果问题；还有"化的态度？"这是"化"的价值问题。当我们把这六个问题形成明确的意识之后，就可以去处理任何一个"化"的问题了。"化"不仅可以提供中西文论互鉴的中国智慧，而且还能提供方法论支撑。一般来说，具有"化"的主动性和支配性的往往是其中强势的一方，但人类历史发展中还存在大量的处于弱势的一方"主动被化"的现象。中西关系其实是西学东渐发展到"转型时代"之后才真正成为问题，并逐渐上升为主要矛盾或者矛盾的主要方面的。其基本表现就是西方文论作为强势文论对明显处于弱势的中国文论的冲击和影响。在这一从"三千年未有之大变局"一直贯穿到"百年之未有大变局"的漫长时期内，中西文论互鉴发展的态势并不是一成不变的，中国文论主体回应西方文论影响的态度和能力也发生了巨大的变化，并由此形成一百多年来中西文论互鉴中国实践的范式演进。

这一过程极其复杂，并颇多变体。为简化起见，只大体区分为三种范式，并集中讨论支撑这三种范式的最核心的与"化"有关的思想。第一种是强调中学为主、以中化西的"体用"范式。"体用之争"是洋务运动时期最重要的路线之争，直到现在仍然在思维模式上有或明或暗的影响。[①] 在此期间发生的文论领域的大事件，莫过于"三界革命"，即由夏穗卿、黄遵宪、梁启超等推动的"诗界革命"，以梁启超、谭嗣同、康有为等为主将的"文界革命"和以梁启超为代表的"小说界革命"。"诗界革命"中提出的求之于"欧洲之意境语句"的主张，[②]"文界革命"中倡导的"务为平易畅达，时杂以俚语、韵语，及外国语法，纵笔所至不检束"的"新文体"，[③] 以及以"新小说之意境"入"旧小说之体裁"，[④] 无不显示"三界革命"的理论主张采取的"中体西用"、新旧杂糅的做法。这也是梁启超中西文明"结婚之时代"所催生的"宁馨儿"（闻一多语）。除此之外，王国维主张"学无中西""中西二

---

① 如方克立等著《马魂　中体　西用　当代中国文化的理论自觉》（人民出版社 2019 年版）即沿袭"中体西用"的思路添加"马魂"作为发展。

② 梁启超：《夏威夷游记》，载《梁启超全集》第 2 册，北京出版社 1999 年版，第 1219 页。

③ 梁启超：《清代学术概论》，载《梁启超全集》第 5 册，北京出版社 1999 年版，第 3100 页。

④ 《〈新小说〉第一号》，《新民丛报》第 20 号，1902 年。本文未具署名，但据推测出自梁启超之手。参见夏晓虹：《觉世与传世——梁启超的文学道路》，上海人民出版社 1991 年版，第 43 页。

学，盛则俱盛，衰则俱衰"。其词论、戏曲研究、小说评论，无不是其强调中国"能动"、中西"化合"的体现。无论是"学衡"还是梁启超、闻一多，都是在中西兼通的前提下作出的以中为主、以中化西的选择。阿诺德、白璧德、克罗齐等西方思想也为他们提供了学理的支撑。学贯中西的钱锺书并不试图构建自洽的理论体系，《管锥编》采取的"以西注中"方式推动了此后追求互释、互通的中西比较诗学的发展。直到 20 世纪 90 年代之后的中国古代文论现代转换思潮，曹顺庆等人倡导激活中国古代文论传统，以实现对文论"失语症"的纠偏等。第二种是强调西学为主、以西化中的"西化"范式。"别求新声于异邦"也是近代以来知识分子的追求目标。与"中体西用"主张相反，"西化"论者往往强调西学开启的现代文明对中国传统文化的改造、革新功能，因此更倾向于主张"以西化中"的思路。除了五四时期以胡适为代表的"全盘西化"论外，"世界化""现代化""全球化"等主张中也包含着一部分"西化"因素，但它们更多是一种多种倾向相交织的混杂形态，内部也存在诸多争议和变体。近年来在不同学科领域出现的"世界主义""世界文学""全球史"等研究正是对此范式的纠偏和发展。西学东渐在文论领域的表现就是 20 世纪西方文论在中国的大规模引进。如何评估这一过程及其效果是一件极其浩大的工程。一方面，有学者痛感文论研究中各种追新逐异、饥不择食、消化不良、文论失语，另一方面，中国文论学者被西方学界知之甚少、影响甚微；一方面中国古代文论话语现代转化举步维艰、成效不显，另一方面，我们还停留在学习引进西方前沿文论的层面，还不足以真正与西方学者就相关议题平等对话。因此，中西文论互鉴如何融通古今、对话中西，无论是"西化"，还是"化西"，都还有很长的路要走。第三种是强调以马为主、以马适中的"马克思主义中国化"范式。在中西文论互鉴中，马克思主义文艺理论居于极其特殊的位置。马克思主义虽然起源于西方，率先经由俄苏而影响世界（包括中国），但中国接受马克思主义后，体现出强大的创新能力，形成具有民族形式、中国气派的中国马克思主义文论，并且逆向影响西方。[①] 这种从主动接受到转换创新，进而产生影响的过程正是中西文论互鉴最为理想的臻于"化"境。这一范式与以中化西的"中体西用"和以西化中的"西化"最大的不同在于，"马克思主义中国化"一方面强调接受马克思主义思想立场和方法的指导，另一方面强调结合中国国情，在具体问题具体解决中来发展创新马克思主义，因此，体现出"以马适中"的特点。

马克思主义中国化确定的"中国化"范式是对具有中国智慧的"化"的思维的具体实践，具有普遍有效性。近年来引起广泛讨论的"西方文论中国化""中国古代文论的中国化"等，[②] 都在不断强调要立足中国实践、总结中国经验、发展中国理论。无论是中国古代文论还是西方文论，都是以马克思主义为指导的当代中国文论话语体系建构中非常重要的理论资源。

无论是"三千年未有之大变局"还是"百年未有之大变局"，凡有"变"之处，必有"化"境。古今中西各种文论思想相互激荡，不断演变转换，"化"也由此成为把握这个文化转型时代学术发展极为重要的手段。之所以要谈"化"，正因为我们处在这个变局之中。当代中国文论的发展也正是要去回答这个变局提出来的理论问题。

3. 世界中的中国：文论话语体系建设中的对话主义

中国文论对话意识的自觉源于应对西方文论影响、寻求转型发展的内在需求。改革开放之初，我们对西方文论的主要疑虑在于：一方面它被视为人类文明新的历史阶段出现的新思潮、新理论，学习西方文论有助于推动中

---

① 参见曾军：《西方左翼思潮中的毛泽东美学》，《文学评论》2018 年第 1 期。

② 如曹顺庆、谭佳的《重建中国文论的又一有效途径：西方文论的中国化》(《外国文学研究》2004 年第 5 期)、曹顺庆、王超的《论中国古代文论的中国化道路——对"中国文学批评"学科史的反思》(《中州学刊》2008 年第 2 期)。

国文论走向世界；但另一方面，它长期以来一直被定性为"资产阶级文艺思想"，对西方文论的引进和接受经常要面临"姓资姓社""西马非马"的质询。随着引进、吸收、消化西方文论的程度不断加深，中国文论界出现了应对西方文论影响的三种态度：第一种是"同步派"，即认为我们现在对西方文论的接受已经不再是囫囵吞枣、不再存在时差（也就是"落后"），已经能够及时跟踪、同步掌握西方文论最近发展进程了。西方新近出现的批评理论思潮成为不少中国学者竞相追捧的对象，甚至某些炙手可热的西方学者的最新著作刚一出版，便出现了中译本或者书评介绍。但正如王宁所说："他们确实已经走向了西方乃至国际学术理论前沿，对西方文论的发展跟踪十分及时，几乎达到了同步的境地。但是我们反过来看，我们中国的理论和中国的学术在西方的被关注度如何呢？"① 第二种是"失语派"，即认为中国文论话语基本上只能借用西方文论的学术话语来展开研究，"长期处于文论表达、沟通和解读的'失语'状态"。② 为了克服这种严重的文化病态，摆脱被西方文论"殖民"的境地，中国文论开启了"古代文论的现代转换"的努力。不过时隔20多年，曹顺庆终于发现"这一口号和路径误导了学术界"，因为这仍然走的是"以西律中"的老路。③ 第三种是"中国化派"，即主张推进马克思主义文论中国化、西方文论本土化，使之适应当代中国的文学和文论发展现实。持这种看法的学者认为，我们不能满足于仅仅让中国的文学文本、文学经验作为西方理论的注脚和材料，而应该在总结中国实践、阐释中国经验和解决中国问题过程中修正西方文论，并发展出具有中国风格、中国气派的理论形态。这三种态度显示出从不同方面寻求并确立当代中国文论的主体性地位的努力。巴赫金的"对话主义"正好呼应了中国文论话语转型过程中的思想立

---

① 王宁：《西方理论在中国：创造性接受与建构》，《文艺争鸣》2019 年第 6 期。
② 曹顺庆：《文论失语症与文化病态》，《文艺争鸣》1996 年第 2 期。
③ 曹顺庆、杨清：《对中国古代文论现代转换的反思》，《华夏文化论坛》2018 年第 2 期。

场，成为中国学者克服单向度接受西方文论、寻求交流互鉴的思想方法。

经过中国学者的努力，在中西文论互鉴中发展中国文论、提升中国文论世界影响力的主张逐渐成为广泛的共识。钱中文在将上述两个因素叠加在一起的过程中发挥了关键作用，他不仅是第一位正式全面介绍巴赫金理论的中国学者，而且组织推动了《巴赫金全集》中译本的出版。钱中文早在1993年就提出"对话的文学理论"的主张，认为"20世纪中国各种获得成就的文学理论，大体是通过对话的方式获得发展。在发现东西文论差异后，用外国文论中有用的异质性部分激活本国文论，使之融入自身进入创新。东西方文化在不断相互激活中将更趋繁荣"。① 孙绍振用"西方文论在中国文坛上的独白"检讨改革开放以来中国文论发展的现状。② 谭好哲也用"对立与冲突多于对话和交流"来描述20世纪文艺理论的发展特点。③ 倡导"对话"意味着对自我主体性的强化，因为"对话总是在承认双方思想存在差别的前提下进行的"；④ 倡导"对话"意味着对全球文化多元、异质特点的认可，以及"话语独立""平等对话""双向阐释""求同存异、异质互补"原则的确立。⑤

（1）在一个"多元网络"中展开"在世界中的中西对话"

任何一个学者在思想上所受的影响其实都处于一种多元的、双向影响的"网络"状态：任何接受者在接受影响前都不会是"白板"，都有其知识背景和期待视野；任何接受者在接受某种影响源的同时，还受到其他影响源的影

---

① 钱中文：《对话的文学理论——误差、激活、融化与创新》，《中国社会科学院研究生院学报》1993年第5期。

② 孙绍振：《从西方文论的独白到中西文论对话》，《文学评论》2001年第1期。

③ 谭好哲：《立足对话　面向综合——文论研究面向未来的一个思路》，《江海学刊》1997年第2期。

④ 王元骧：《论中西文论的对话与融合》，《浙江学刊》2000年第4期。

⑤ 曹顺庆、支宇：《在对话中建设文学理论的中国话语——中西文论对话的基本原则及其具体途径》，《社会科学研究》2003年第4期；曹顺庆：《中国话语建设的新路径——中国古代文论与当代西方文论的对话》，《深圳大学学报》2017年第5期。

响，后者构成了接受者的接受语境；任何接受都不可能是受"整体性的思想传统"的影响，只能是局部的、片面的、有选择性的，而且是处于不断动态变化过程当中的。首先，"中西"都是"世界中的中西"。既然如此，"世界"一方面成为"中西对话"的共同空间，另一方面也成为"中西对话"的目标指向——对"共同体"的建构。其次，"在世界中"，并非只有"中西"存在。"在世界中"的"非中西"因素也构成了"中西"的对话语境。比如俄罗斯作为一个横跨欧亚的大国，既经历过"脱亚入欧"的现代转型，又实现过世界上第一个社会主义国家的辉煌历史。全球马克思主义的发展中，俄国十月革命无疑具有关键节点的重要功能：既是马克思主义社会革命理想的成功实践，又直接催生了马克思主义的中国传播（"十月革命一声炮响，给中国送来了马克思列宁主义"）。因此，当我们展开"马克思主义"的"中西对话"时，不可能忽略俄苏这个极其重要的中介存在。"以俄苏为中介"不仅成为在国际共运背景中理解"西马东渐"的重要维度，[①] 而且也成为重新认识改革开放初期"西学东渐"的重要参考。[②] 最后，"中西"也并非铁板一块。相对于"西方"来说，"中国"往往会与"东亚""远东"等联系起来，成为他们含糊指涉的"东方"；相对于"中国"来说，"西方"除了美、英、法、德等国之外，还经常包含日本、韩国等东亚资本主义国家。而且更为重要的是，"美欧""美日""英法德"等各国各区域之间也有巨大的文化差异和利益冲突。因此，如果我们能够建立起上述至少三个层级的多元网络系统（即以"世界"为代表的超越个别的民族国家的大区域概念、各民族国家地区以及

---

① 参见曾军、汪一辰：《"西方马克思主义"在新中国初期的理论旅行及其引发的理论问题》，《文艺争鸣》2020 年第 5 期。

② 不同于以往将改革开放以来外国文论引进简单等同于西方文论译介，曹谦认为，改革开放初期，"中国文论借助外来思想文化的转型，是从对我们以往熟识的俄苏文论在中国的'复兴'开始的"。（曹谦：《俄苏美学及文论在 20 世纪 80 年代的译介与研究》，《学习与探索》2018 年第 1 期。）

各民族国家地区内部的多样性），"中西对话"就不再成为"点对点"的简单对话了。

（2）"在世界中的中西对话"需要建立起"内在多样性"的意识

所谓"内在多样性"强调的是：无论是"中国"还是"西方"内部构成都有着多样性、异质性的因素存在。"中西"之间的对话同人与人之间的对话有相似之处，但不完全一样。人与人之间的人际对话中，对话的主体是相对明确的；而"中西对话"的情形要复杂得多。比如说，能够代表"中西对话"的学者之间所展开的对话中，既有学者之间面对面的交流，也包括学者之间通过学术著作进行的争鸣；既包括在世学者之间相互访问，^①也包括在世学者对过世学者学术思想的继承和反思。更为重要的是，上述所有的"中西对话"形式都可以被简化为在"中"或"西"内部的异质性交融问题。比如我们经常说的用西方理论阐释中国经验的"西方理论，中国经验"问题。西方理论对中国经验的阐释其实并非在"中西之间"展开，而首先是在"中国内部"和"西方内部"展开的。比如说布莱希特对中国戏曲的关注，布莱希特并非"在中国"研究，他曾有机会访问中国，可惜未能如愿；也非"面对中国学者"发言，尽管在他的创作生涯中身边曾经有过几位华人。再比如"失语症"问题。"失语症"所批评的当代中国文论过分西方化这一问题的症结其实是在当代中国文论内部，即正是部分中国学者过分强调对西方文论的接受才导致当代中国文论话语体系中涌入了太多的西方学术话语。因此，"中西对话"既可能发生在西方文论内部，也可能发生在中国文论内部。发生在西方文论内部的，可以称之为"西学中的中学"；发生在中国文论内部的，可以称之为"中学中的西学"。两者具有完全不同的意义和价值。

---

① 如曾军：《中西文论对话中的身份重构与话语转型——希利斯·米勒中国行的意义》，《首都师范大学学报》2020 年第 4 期。

（3）"在世界中的中西对话"具有未完成性，体现为"西化"与"化西"的双重变奏

"中西对话"作为中国近代以来的产物，先后经历了从"三千年未有之大变局"到现在"百年未有之变局"的历史剧变。从长远时间的角度来看，"中西关系"很可能仍然是"在世界中"的各种民族、国家和区域关系中的主要矛盾以及主要矛盾中的主要方面。因此，"中西对话"也必然受此历史背景的影响，并呈现出不同的状态。具体来说，1840 年之后，西方现代文明凭借坚船利炮轰开中国的国门，"西强中弱"的格局决定了"中西关系"采取的是"冲击—反应"模式，中国被动地接受着西方的影响。无论是洋务运动还是五四新文化运动，无论是"中体西用"还是"全盘西化"，"西方化"都是这一时期"中西对话"的主导倾向。但是到了 20 世纪 30 年代，经历了"全盘西化"和"以俄为师"屡受挫折之后，"中国化"开始成为中国的自觉选择。正如毛泽东在 1938 年《中国共产党在民族战争中的地位》中所指出的，"使马克思主义在中国具体化，使之在其每一表现中带着必须有的中国的特性，即是说，按照中国的特点去应用它，成为全党亟待了解并亟须解决的问题"。① 毛泽东思想成为马克思主义与中国革命实际相结合的智慧结晶和理论成果。从五四运动之后的左翼文学到抗日战争时期的延安文艺再到新中国之后以"人民文艺"为标识的毛泽东文艺思想，中国马克思主义文艺理论逐渐形成了一整套属于自己的话语体系。毛泽东文艺思想从 20 世纪 40 年代之后陆续传播到海外，并在 20 世纪 60 年代之后达到高潮，形成蔚为壮观的西方左翼思潮中的"毛泽东美学"。进入 20 世纪 80 年代，西方"毛泽东美学"又以"西方马克思主义文艺理论"的面目被引进到中国，成为与中国

---

① 毛泽东：《中国共产党在民族战争中的地位》，载《毛泽东选集》第 2 卷，人民出版社 1991 年版，第 534 页。

"毛泽东文艺思想"同源但又异质的文论形态。①这里包含着丰富的"西化"与"化西"的双重变奏的因素。新时代以来，"中国文化走出去"开始上升为国家战略，从 2016 年加快构建中国特色哲学社会科学的学科体系、话语体系、学术体系的"517 讲话"，到 2021 年的"加快构建中国话语和中国叙事体系""中国文化""中国学术""中国思想"，这一文化战略从切近的目的来说，就是解决"讲好中国故事""传播好中国声音"的问题，从更长远的目的来说，就是为"构建人类命运共同体"提供中国方案。因此，作为一种"正在进行中的"（也就是"未完成的"）学术努力，"中西对话"也将持续在"西化"与"化西"的双重变奏中推进。

（4）"在世界中的中西对话"还需要引入时间意识，形成"古今中西"的对话格局

这里的"中西对话"不是作为客观对象的"中国"与"西方"的对话，而是"我们作为中国学者所参与的有着中国问题意识、体现中国学术立场的中西对话"，因此，如何将"中国问题"和"中国立场"作为问题意识带到"中西对话"中，也成为一个亟待解决的问题。这就需要将"古今"这一历史维度引入，将"中西对话"变成"古今中西的对话"。要明确"中国问题"和"中国立场"，我们首要的选择就是"今中"，即将"当代中国"作为展开"古今中西对话"的立足点和出发点。相应地，"古中"和"古西"则成为"今中"的学术思想资源，而"今西"则成为"同时代"展开学术思想对话的对象。因此，"今中"的角色意识在"中西对话"中起到了非常重要的作用。同时，我们也要意识到，"古今中西"这四个象限也并非简单的两组二元对立，在"古今"之间和"中西"之间还存在诸多矛盾和冲突。比如"古今"的结构性断裂与错位问题、"中西"的历史性断裂与差异问题、"古今中

---

① 参见拙文：《西方左翼思潮中的毛泽东美学》，载《文学评论》2018 年第 1 期。

西"还面临着价值失衡与冲突问题等。

因此，中西文论互鉴中的对话主义应该是"在世界中的中西对话"。它既有对克服不平等、不平衡、不对等对话的目标追求，又需要处理现实交流互鉴中面临的诸多断裂、错位、矛盾，由此成为在极为复杂的学术场域中确立中国文论主体性的实践智慧。

三、加快推进国际传播能力建设

加快国际传播能力建设是新时代中国社会主义文化繁荣发展的重要任务。党的十九届六中全会通过的《中共中央关于党的百年奋斗重大成就和历史经验的决议》中指出："加快国际传播能力建设，向世界讲好中国故事、中国共产党故事，传播好中国声音，促进人类文明交流互鉴，国家文化软实力、中华文化影响力明显提升。"[①] 在新的历史时期，中国国际传播面临着新境况和新问题，但在习近平总书记有关国际传播能力建设的思想和具体论述的指导下，各地区、各部门发挥各自特色和优势开展工作，为推动国际传播方式转型，立体生动展示中国形象，创新推动文明对话与文明互鉴作出了贡献。

（一）"后真相"：新时代国际传播的新境况和新问题

随着新时代国际政治经济格局的变化及中国自身国力和国际影响力的提升，新兴媒介技术条件下的传播媒介的发展，以及"后真相时代"各种信息乱象的显现，当前的国际舆论形势也愈加复杂，给新时代中国国际传播带来了前所未有的挑战。

1. 新时期中国形象的主导国际舆论论调演变

首先是中国所面临的主导国际舆论论调上的变化。自日本防卫大学村井友秀副教授在 1990 年发表的《论中国这个潜在的威胁》首次提出以来，"中

---

① 《中共中央关于党的百年奋斗重大成就和历史经验的决议》，载新华社，http://www.gov.cn/zhengce/2021-11/16/content_5651269.htm，2021 年 11 月 16 日。

国威胁论"曾在国际舆论场中长期占据主导地位，先后在 1991 年苏联解体、1996 年台海危机、1999 年"李文和案件"发生后以及 21 世纪以来掀起了四次大范围的波澜。① 中国威胁论的传播范围主要是以美国为首的西方国家，也包括南非、越南等东南亚各国以及拉丁美洲国家，而其内容则主要有经济威胁论、政治威胁论、资源能源威胁论、生态环境威胁论、军事威胁论、软实力威胁论等。②

然而，今日中国的国际舆论关注度早已大大超越 21 世纪初，有学者通过搜集统计数据发现中国被国际媒体报道的数量是 2000 年的八倍以上。③ 同时，以美国为首的西方国家也开始逐渐转变对中国的认识。2005 年，美国副国务卿罗伯特·佐利克在美中关系全国委员会提出中国应成为国际社会"负责任的利益相关者"，这一提法被写入美国 2006 年《国家安全战略报告》。这标志着美国对华政策的变化以及对中国发展现状的正视。自此，"中国责任论"开始取代"中国威胁论"，并在中国经济坚强渡过 2008 年全球金融危机后流行开来，成为中国在国际社会所面临的主导舆论环境。④

相对于激进的"中国威胁论"，"中国责任论"要显得温和、理性得多。有的学者从相对比较积极的视角来看待这一转变，认为它正面看待中国的实力增长，在方式上更强调对话与协商而非遏制，在理论色彩上突出自由主义而非现实主义，并且鼓励中国在融入国际体系时承担与地位、权利相符合的义务。⑤ 也有学者对"中国责任论"保持警惕，认为它的兴起是由于西方国

---

① 参见任洁：《中国和平发展面临的主导性国际舆论环境——从"中国威胁论"到"中国责任论"》，《中国矿业大学学报》（社会科学版）2015 年第 1 期。

② 参见刘继南、何辉：《当前国家形象建构的主要问题及对策》，《国际观察》2008 年第 1 期。

③ 参见吴瑛、乔丽娟：《国际舆论新格局与中国话语新空间》，《对外传播》2021 年第 1 期。

④ 参见任洁：《中国和平发展面临的主导性国际舆论环境——从"中国威胁论"到"中国责任论"》，《中国矿业大学学报》（社会科学版）2015 年第 1 期。

⑤ 参见牛海彬：《"中国责任论"析论》，《现代国际关系》2007 年第 3 期。

家想让中国为金融危机"买单"，^① 其实质与"中国威胁论"并无二致，反而在形式上更具隐蔽性和迷惑性，可以看作国际社会对中国由"棒杀"转变为"捧杀"，^② 甚至在新冠疫情时部署了由政府、军方、媒体、科技、文化、学术等环环相扣的多议程设置，形成持续性的对中国的话语合围。^③

2. 新媒介时代国际传播格局及机制的变化

在新的技术时代，媒介条件的发展也改变了当前国际传播的格局。由维奥思社（We Are Social）和互随（Hootsuite）共同发布的报告《数字2022》相关数据显示，截至2022年1月，全球互联网用户达49.5亿，近十年增长了一倍多。其中，社交媒体用户达46.5亿，占全球总人口58.4%，近十年增长了三倍多，仅2021年一年就增长了4亿多，增长率超过10%。^④ 由路透社和牛津大学共同发布的"数字新闻报告"也在近十年持续关注数字新闻现象，就数字技术参与新闻业发展状况发布年度报告。报告显示自2015年开始，伴随着传统电视和纸质媒体的式微，在线视频等新兴视觉样式、移动新闻以及社交媒体经过持续三年的快速发展，已经成为世界各国新闻传播的主流方式。^⑤ 尤其是对35岁以下的年轻一代来说，用社交媒介、搜索引擎、信息聚合器、手机提示以及邮件来获取信息占总信息获取来源的81%。^⑥ 而智

---

① 参见张明之：《从"中国威胁论"到"中国责任论"：西方冷战思维定式下的中国发展安全》，《世界经济与政治论坛》2012年第3期。

② 参见任洁：《中国和平发展面临的主导性国际舆论环境——从"中国威胁论"到"中国责任论"》，《中国矿业大学学报》（社会科学版）2015年第1期。

③ 参见李格琴：《美国国家战略传播机制的特征及特朗普政府涉华战略传播》，《武汉大学学报》（哲学社会科学版）2021年第3期。

④ We are social, *Digital 2021 Global Overview Report*, https://wearesocial.com/uk/blog/2022/01/digital-2022-another-year-of-bumper-growth-2/.

⑤ Reuters Institute, *Digital News Report 2015*, https://www.digitalnewsreport.org/survey/2015/executive-summary-and-key-findings-2015/.

⑥ Reuters Institute, *Digital News Report 2021*, https://reutersinstitute.politics.ox.ac.uk/digital-news-report/2021/.

能手机也已成为新闻来源的主要设备，使用手机获取新闻的用户在欧盟占54%，在印度尼西亚和尼日利亚等国更是达到了80%。

除了新时代人们获取新闻和信息的平台和方式有所改变，新的媒介技术还给当代人参与传播、筛选、评议乃至直接参与政治事件赋予了条件。《2021数字新闻报告》显示，目前使用率最高的作为新闻和信息获取平台的几大社交媒体分别是脸书（Facebook）、油管（Youtube）、瓦次艾普（Whatsapp）、照片墙（Instagram）、飞书信（FB Messenger）、推特（Twitter）和电报（Telegram）。人们使用类似推特的平台不仅是为了获取新闻和信息，还是为了可以在平台上进行交流和辩论，而上油管看新闻，则是希望获取与主流新闻机构不同的观点和视角。此外，年轻一代正在创造性地运用照片墙、抖音等社交平台积极介入包括气候变化、少数群体生存状态等公共事件，如2021年的"Black Lives Matter（黑人生命可贵）""#Me too（我也是）"等社会运动。他们一方面以此表明自己的态度，在平台上获得群体认同感；另一方面，也以表情包、标签等自己的语言唤起在这些议题上的公共意识。[1]

媒介技术的发展除了使人们从被动接受转向更为多样的新闻参与方式，还给国际传播带来了新的机遇。布里·麦克尤恩（Bree McEwan）等学者提出"Virtual Cosmopolitanism（虚拟世界主义）"，认为以计算机技术为媒介的交流正在成为跨文化交流的新阵地，尤其是社交媒体能够融多种文化于一炉，方便拥有不同文化的用户交换各自的文化和社会资本，一起共建多样的"Virtual Third Cultures（虚拟第三文化）"。[2]随后，罗伯特·舒特（Robert Shuter）也撰文构想了"Intercultural New Media Studies（INMS，跨文化新媒

① Reuters Institute, *Digital News Report 2021*, https://reutersinstitute.politics.ox.ac.uk/digital-news-report/2021/.

② McEwan, Bree, and Miriam Sobre-Denton, "Virtual cosmopolitanism: constructing third cultures and transmitting social and cultural capital through social media", *Journal of International and Intercultural Communication*, Oct. 2011.

体研究）"这一新的学科领域，认为新的媒介环境给文化身份、跨文化对话、文化迁移与跨文化竞争等传统跨文化理论中的重要议题都带来了改变。①这给多渠道、全方位的国际传播及更为多元的文化交流提供了思路。

与国际传播格局和机制改变相对的，还有中国社交媒体自身在国际传播中的影响力变化。有学者统计，2020 年，微信被国际媒体征引或提及的篇数较 2012 年刚进入国际舆论场时增加了 162 倍。②《数字 2022》相关数据也显示，微信拥有 12.6 亿月活跃用户，已经跃升到全球社交平台使用率排行榜的第五位。微信平台的崛起为中国向世界传播更为丰富多彩的民间话语、塑造多元立体的中国形象提供了窗口，但不容忽视的问题是，微信的活跃用户 99% 来源于中国大陆，平台本身仍不能算作国际化社交媒体。而排在全球用户使用率最前列的脸书、油管、瓦茨艾普、照片墙无一例外都是美国媒体，已经掌握了国际社交媒体舆论场的话语权。这些平台尽管与传统媒体不同，让新时代的个体都有发声的权利，但实际上仍然通过设置敏感字库、技术和人工过滤、删除、封禁账号以及社交机器人等技术手段引导、控制舆论甚至散布虚假信息，在美国遏制中国发展的主导战略背景下助长对中国的负面报道和国际舆论，给健康、良性的中国国际传播制造了压力和困难。

3."后真相时代"国际传播的新问题

美国社交媒体上的虚假信息并非个案，假新闻现象已经成为当代信息传播的一大特征，得到学者和相关从业人员的关注，并给国际传播带来新的挑战。2016 年的牛津词典把"后真相"一词定为年度热词，并定义其为"表

---

① Shuter, Robert, "Intercultural new media studies: the next frontier in intercultural communication", *Journal of Intercultural Communication Research*, Vol. 41, No. 3, 2012.

② 参见吴瑛、乔丽娟：《国际舆论新格局与中国话语新空间》，《对外传播》2021 年第 1 期。

示客观事实不如情感和个人信念更能左右公众意见的情形"。① "后真相"一词首次出现于 1992 年。美国剧作家斯蒂夫·特西奇（Steve Tesich）在反思"伊朗门丑闻"和海湾战争时以一句话"我们作为自由人，自主地决定我们要生活在一种'后真相'的世界中"来叹息真相在现代生活中已经变得不再重要。② 拉尔夫·凯伊斯（Ralph Keyes）则在 2004 年出版的《后真相时代》一书中指出在"后真相时代"，我们不仅拥有真相与谎言，还有更为模糊的第三类即既非真相也非谎言的"新真相"，并认为真相与谎言的界限不再清晰，欺骗已经成为一种现代生活方式。③

在信息技术及大众传媒的介入下，1991 年海湾战争成了在作战方式和电视直播双重意义上的媒介战争，正如法国学者鲍德里亚所说，"这场战争是一场无感的外科手术式战争，一场敌人仅作为计算机目标出现的作战处理事件……作战双方甚至没有正面面对对方，一方在虚拟战争中提前胜利，另一方在传统战争中提前战败"。④ 今日的传播媒介所能发挥的作用与 1991 年海湾战争相比又到了一个新的历史高度。2022 年的俄乌战争被《华盛顿邮报》称为"有史以来在互联网上最触手可及的战争"。⑤ 国内学者认为，俄乌冲突表现出"认知域作战的新特征"，在认知叙事上通过短视频等方式以"第一视角"在社交媒体上打感情牌，争夺国际舆论主导权，左右国际社会的立场并对对手形成认知打击，乃至实时影响战争进程，⑥ 而传播的内容却可能是通过

---

① *Word of the Year 2016*, https://languages.oup.com/word-of-the-year/2016/.

② *Word of the Year 2016*, https://languages.oup.com/word-of-the-year/2016/.

③ Keyes, Ralph, *The Post-Truth era: Dishonesty and Deception in Contemporary life*, Macmillan, 2004.

④ Baudrillard, Jean, *The Gulf War did not take place*, Indiana University Press, 1995, p.62.

⑤ "How Ukrainians have used social media to humiliate the Russians and rally the world", https://www.washingtonpost.com/technology/2022/03/01/social-media-ukraine-russia/.

⑥ 参见李明海：《认知域正成为未来智能化混合战争主战场》，载环球时报网，https://opinion.huanqiu.com/article/47DoZ45dMzV，2022 年 3 月 17 日。

媒介技术手段故意歪曲、捏造的，其真实性在认知战大局背景下已不再重要。

随着计算机等军事技术的民用普及，认知战也进入了日常生活。有学者专门研究了美国前总统特朗普及内阁政要利用推特推动舆论，在对中国的政治和意识形态偏见及整体对华战略的背景下通过设置中美贸易争端、民族宗教人权以及涉台、南海争端等议题强势引导中美对抗的负面公众情绪。[①] 在 2020 年新冠疫情暴发以来，更是以"武汉病毒""中国病毒"等名称将公共卫生事件政治化，煽动针对亚裔的仇视。2020 年，世界卫生组织将这种伴随疫情蔓延开的信息过载及真假内容混杂的情形称为"信息疫情（Infodemic）"，其传播会制造恐慌、破坏经济和社会秩序，后果和代价甚至可能比疾病本身更为深远。[②]《2021 数字新闻报告》显示，各国受众对社交媒体上所传播信息的信任度只有 24%，有 54% 的受访对象表示在疫情期间有过假新闻困扰。而美国民众对新闻业总体的信任度只有 29%。此外，拜登获选总统以后，美国民众对新闻的兴趣大幅下降了。

"后真相时代"真相的崩塌是新时代国际舆论的一大新特征，而一些全球公共危机和各国基于政治经济利益的博弈愈加催化了这一信息乱象。在这样复杂的国际舆论形势下，新时代中国国际传播正面临着前所未有的挑战。

（二）话语权：新时代国际传播能力的系统建设

面对当前复杂的国际传播形势以及新时代中国国际传播面临的挑战，中共中央总书记习近平强调，要深刻认识新形势下加强和改进国际传播工作的重要性和必要性，下大气力加强国际传播能力建设，形成同我国综合国力和国际地位相匹配的国际话语权，为我国改革发展稳定营造有利外部舆论环

---

① 参见隋璐怡：《后真相时代美国总统特朗普及内阁政要推特舆论传播分析及启示》，《全球传媒学刊》2020 年第 2 期。

② 参见阿嘎尔、庞彦：《社交媒体时代的"信息疫情"：概念缘起与防控》，《情报探索》2020 年第 11 期。

境，为推动构建人类命运共同体作出积极贡献。^① 这段讲话为我们增强战略思想和行动自觉，加快建设国家国际传播能力提供了动力。美国学者李普曼提出"拟态环境（Virtual Environment）"理论，他认为由于公众直接面对的现实环境过于庞大复杂，要在其中顺畅地活动就只能删繁就简，在头脑中建构出关于世界的景象。而在当代社会中，公众头脑中的景象在很大程度上取决于媒介的引导和舆论环境的塑造。^② 这就是为什么一个健康的国际舆论环境有利于国家内部的安定团结，而良好的国家形象能够为友好的国际交往打下基础。

中国共产党历来高度重视对外传播工作。早在 1929 年，中共六届二中全会的《宣传工作决议案》就强调了宣传工作的重要性，并规定要抓紧和加强国际宣传。1952 年，中共中央《关于国际时事宣传的决定》更是对统一进行国际时事以及我国国际关系和外交事件报道进行了具体规定。十八大以来，以习近平同志为核心的党中央高度重视国际传播工作，自 2013 年首次提出"推进国际传播能力建设"以来多次对这一问题发表文件和讲话，已经从早期的明确目标与机制探索的阶段，经过系统化建设的理论深化，到 2021年 5 月 31 日，习近平总书记在中央政治局第三十次集体学习时为新时代推进国际传播能力建设指明了根本目标和方向，确定了新的战略发展框架，也为当前国际传播局势提出的新挑战提供了有效应对思路。

1. 加强中国话语体系建设，提高国际话语权

"形成同我国综合国力和国际地位相匹配的国际话语权"，是习近平总书记在 2021 年 5 月 31 日讲话中所强调的加强国际传播能力建设的首要目标，

---

① 参见《习近平主持中共中央政治局第三十次集体学习并讲话》，载新华社 http://www.gov.cn/xinwen/2021-06/01/content_5614684.htm，2021 年 6 月 1 日。

② 参见［美］沃尔特·李普曼：《公众舆论》，阎克文、江红译，上海人民出版社 2006年版。

同时也是实现"营造有利外部舆论环境"，进而"为推动构建人类命运共同体作出积极贡献"①的基础。

在当前的国际舆论场上，西方尤其是美国仍然占据着主导地位。而中国虽然在《2009—2020 年我国重点媒体国际传播能力建设总体规划》的指导下在国际传播能力建设方面加大了力度，但仍然存在"有理说不出、说了传不开"，传播渠道不多、在国际上影响力小的问题，"西强我弱"的总体格局并没有得到根本性改变。现有的国际传播能力仍然赶不上我国日渐增强的综合国力以及日益提升的国际地位。失语就要挨骂。在美国加大对中国的舆论战，在疫情期间抹黑中国、转移国际视线的背景下，提升国际话语权首先意味着有能力引导国际舆论，反驳污名化报道。如果听任无端指责发酵，会对国家形象产生不良影响。

但是，如果仅仅是反击不实言论，那仍然是被动招架。结合唐纳德·肖（Donald Shaw）关于数字时代的议程设置理论②来看，国际话语权的提升并不仅仅在于对已有议题属性（attributes）的更新，更在于有能力主动设置议程，也即从致力于扭转挨骂的局面，到能够设定有助于正向塑造中国形象的话题，包括中国道路、中国理念、中国制度、中国实践等的宣介，并在国际舆论场上传播开，产生影响力。这样才能掌握真正的主动权，改善国家发展的外部舆论环境。此外，"话语背后的力量是思想、是道"，③从习近平总书记关于人类命运共同体的论述来理解，提升国际话语权还有着更深的内涵，即展开文明对话，向世界文明和全球发展贡献中国价值、中国主张、中国智

---

① 《加强和改进国际传播工作　展示真实立体全面的中国》，载新华社，http://www.gov.cn/xinwen/2021-06/01/content_5614684.htm，2021 年 6 月 1 日。

② 参见袁潇：《数字时代中议程设置理论的嬗变与革新——专访议程设置奠基人之一唐纳德·肖教授》，《国际新闻界》2016 年第 4 期。

③ 双传学：《让理论与舆论同向发力同频共振》，《红旗文稿》2016 年第 10 期。

慧、中国方案。

因此，提升国际话语权是一项长期的系统建设工作。对于这一点，习近平总书记早在 2013 年的 8 月 19 日全国宣传思想工作会议讲话（"8·19"讲话）上就提出增强国际话语权的思路在于"创新对外宣传方式、加强话语体系建设"，并指出了建设话语体系的核心路径，即"打造融通中外的新概念新范畴新表述，讲好中国故事，传播好中国声音"。① 在 2016 年 3 月 17 日发布的《中华人民共和国国民经济和社会发展第十三个五年规划纲要》（"十三五"规划）中专门纳入了"加强国际传播能力建设"一节，进一步规定了话语体系建设的具体要求，主要包括"符合国际惯例和国别特征"以及"具有我国文化特色"两个方面，并确定了"运用生动多样的表达方式，增强文化传播亲和力"② 的建设思路。在这一基础上，2021 年 3 月 13 日发布的《中华人民共和国国民经济和社会发展第十四个五年规划和 2035 年远景目标纲要》（"十四五"规划）进一步把"推进国际传播"放到"提升中华文化影响力"的目标中，从"对外文化交流和多层次文明对话"的角度提出要"构建中国语言文化全球传播体系和国际中文教育标准体系"。③

不管是否是"捧杀"，主导中国形象的国际舆论论调从"中国威胁论"转向"中国责任论"都反映了中国国际地位的变化和综合国力的增强，也说明中国在近些年国际事务上的表现已经得到正视。这也正是中国加快国际传播能力建设，在国际社会正面树立起负责任的大国形象的契机。为此，我们一方面要注意不要落入"中国责任论"的话语陷阱，被西方话语强加的所谓

---

① 习近平：《论党的宣传思想工作》，中央文献出版社 2020 年版，第 17 页。

② 《中华人民共和国国民经济和社会发展第十三个五年规划纲要》，载新华社，http://www.gov.cn/xinwen/2016-03/17/content_5054992.htm，2016 年 3 月 17 日。

③ 《中华人民共和国国民经济和社会发展第十四个五年规划和 2035 年远景目标纲要》，载新华社，http://www.gov.cn/xinwen/2021-03/13/content_5592681.htm，2021 年 3 月 13 日。

国际责任牵着鼻子走；另一方面，则要用中国自己的声音在国际上展示中国的责任与担当，以既符合国际惯例，又具有我国文化特色的融通中外的新概念、新范畴、新表述为载体，向世界讲好中国故事。

2. 加强国际传播平台建设，推动全媒体融合发展

在建设中国话语体系、提高国际话语权的过程中，国际传播平台的建设是一个具有基础性地位的环节，也是目前我国国际传播"有理说不出、说了传不开"，国际上影响力不足的制约性因素。对此，习近平总书记在2016年2月19日的党的新闻舆论工作座谈会上的重要讲话（"2·19"讲话）中指出，在增强国际话语权的同时要"优化战略布局，着力打造具有较强国际影响的外宣旗舰媒体"。[1] 除了打造旗舰媒体，"十三五"规划还在"加强国际传播能力建设"一节中指出了加强国际传播平台建设的具体措施，包括"拓展海外传播网络，丰富传播渠道和手段""推进合作传播，加强与国际大型传媒集团的合资合作""发挥各类信息网络设施的文化传播作用"，[2] 为推动国际传播平台的建设指明了方向。

此外，为了进一步鼓励我国对外宣传旗舰媒体的打造，习近平总书记还对我国的几大主流传播媒体作出了具体指示和战略规划，对新华社提出要在"弘扬优良传统"的基础上"锐意改革创新，加快融合发展，扩大对外交流，加快建设国际一流的新型世界性通讯社"；[3] 对人民日报提出"加强队伍建设，改进宣传报道，讲好中国故事，构建全媒体传播格局"的建设要求；[4] 对

---

① 《坚持正确方向创新方法手段　提高新闻舆论传播力引导力》，《人民日报》2016年2月20日。

② 《中华人民共和国国民经济和社会发展第十三个五年规划纲要》，载新华社，http://www.gov.cn/xinwen/2016-03/17/content_5054992.htm，2016年3月17日。

③ 《习近平致信祝贺新华社建社85周年》，载央广网，http://china.cnr.cn/news/20161106/t20161106_523246045.shtml，2016年11月6日。

④ 《习近平致人民日报创刊70周年的贺信》，载新华社，http://media.people.com.cn/n1/2018/0615/c40606-30062161.html，2018年6月15日。

中央电视台提出"统筹广播与电视、内宣和外宣、传统媒体和新兴媒体，加强国际传播能力建设，锐意改革创新，壮大主流舆论，努力打造具有强大引领力、传播力、影响力的国际一流新型主流媒体"的期待。① 在 2016 年中国国际电视台（CGTN，中国环球电视网）开播之际，习近平总书记在贺信中指出，"当今世界是开放的世界，当今中国是开放的中国。中国和世界的关系正在发生历史性变化，中国需要更好了解世界，世界需要更好了解中国"，并对中国国际电视台作出"坚定文化自信，坚持新闻立台，全面贴近受众，实施融合传播，以丰富的信息资讯、鲜明的中国视角、广阔的世界眼光，讲好中国故事、传播好中国声音，让世界认识一个立体多彩的中国，展示中国作为世界和平的建设者、全球发展的贡献者、国际秩序的维护者良好形象，为推动建设人类命运共同体作出贡献"的工作部署。②

尽管习近平总书记对每一家媒体的定位有所不同，但都提出了"锐意创新""融合发展""统筹传统媒体和新兴媒体"的要求，从中可以看出国家对我国媒体创新的殷切期待，同时这也是顺应新媒介时代国际传播格局及机制变化向我们提出的要求。2019 年 1 月 25 日，习近平主持中共中央政治局第十二次集体学习并发表重要讲话（"1·25"讲话），指出"全媒体不断发展，出现了全程媒体、全息媒体、全员媒体、全效媒体，信息无处不在、无所不及、无人不用，导致舆论生态、媒体格局、传播方式发生深刻变化"，对此"我们要因势而谋、应势而动、顺势而为，加快推动媒体融合发展"，并作出"发展网站、微博、微信、电子阅报栏、手机报、网络电视等各类新媒体，

---

① 《习近平致信祝贺中央电视台建台暨新中国电视事业诞生 60 周年强调　锐意改革创新　壮大主流舆论　努力打造具有强大引领力传播力影响力的国际一流新型主流媒体》，载央视网，http://news.cctv.com/2018/09/26/ARTIufvwr07f6GKdoD6FAFJN180926.shtml，2018 年 9 月 26 日。

② 《习近平致中国国际电视台（中国环球电视网）开播的贺信》，载新华社，https://china.huanqiu.com/article/9CaKrnJZuM1，2016 年 12 月 31 日。

积极发展各种互动式、服务式、体验式新闻信息服务，实现新闻传播的全方位覆盖、全天候延伸、多领域拓展"的具体工作指示。① 随着在线视频、移动新闻和社交媒体跃升为国际新闻传播的主流方式，改变传统媒体、拥抱新兴媒介已经势在必行。尽管目前美国占据了国际社交媒体平台的主导地位，但是我们仍然有机会凭借拥有排在全球使用率前列的微信、在全球年轻人中接受度更高的抖音等新兴社交媒介平台以及亲民、有趣、吸引人的新媒体内容生产撬动当前的国际新媒体传播格局，通过更为丰富的媒介渠道向世界展示真实、立体、全面的魅力中国形象。

3. 加强文化交流和文明互鉴，推动人类命运共同体建设

在"十四五"规划有关国际传播能力建设的表述中，着重加入了"创新推进"的提法，并特别指出要"加强对外文化交流和多层次文明对话"，"利用网上网下，讲好中国故事，传播好中国声音，促进民心相通"，此外还提出了"开展'感知中国'、'走读中国'、'视听中国'活动，办好中国文化年（节）、旅游年（节）"的具体措施。② 对于"后真相时代"情感的传播力量盖过客观事实的国际传播特征，多渠道、多形式的文化交流和文明对话既能有效适应时代需求，更能从人类的共通情感和共同命运层面引发不同文化群体间的共鸣，推动共同体建设。

文化交流和文明互鉴是人类共同体建设的必由途径，而文化交流的前提首先是对世界文化的多样性及各个文化自身的独特性的认可和尊重。习近平在 2019 年亚洲文明对话大会开幕式发表演讲，强调"文明因多样而交流，因交流而互鉴，因互鉴而发展。我们要加强世界上不同国家、不同民族、不

---

① 习近平：《论党的宣传思想工作》，中央文献出版社 2020 年版，第 354 页。
② 《中华人民共和国国民经济和社会发展第十四个五年规划和 2035 年远景目标纲要》，载新华社，http://www.gov.cn/xinwen/2021-03/13/content_5592681.htm，2021 年 3 月 13 日。

同文化的交流互鉴，夯实共建亚洲命运共同体、人类命运共同体的人文基础"，并提出"相互尊重、平等相待""美人之美、美美与共""开放包容、互学互鉴""与时俱进、创新发展"四项主张。① 此外，文化多样性更是世界缤纷璀璨的魅力来源，文化交流和文明互鉴更在于对异于自身文化之美的欣赏。在博鳌亚洲论坛 2021 年年会开幕式上，习近平进一步指出："多样性是世界的基本特征，也是人类文明的魅力所在"，并呼吁"摒弃冷战思维和零和博弈，反对任何形式的'新冷战'和意识形态对抗……弘扬和平、发展、公平、正义、民主、自由的全人类共同价值，倡导不同文明交流互鉴，促进人类文明发展"。②

也正因此，进行对外文化交流没有必要放弃自身的文化特色。习近平总书记在 2018 年 8 月 21 日的全国宣传思想工作会议上指出，"中华优秀传统文化是中华民族的文化根脉，其蕴含的思想观念、人文精神、道德规范，不仅是我们中国人思想和精神的内核，对解决人类问题也有重要价值。要把优秀传统文化的精神标识提炼出来、展示出来，把优秀传统文化中具有当代价值、世界意义的文化精髓提炼出来、展示出来"。③ 故事本来就是民族认同和集体记忆的来源，而中国故事是中国人的共同历史经验与内心真实情感的凝结。讲好中国故事在认清自我的基础上，为扎根文化之基、提炼中国传统文化的精神标识、向世界展示自我提供了契机。同时，文明交流互鉴还意味着要相互学习，一方面向世界贡献中国的文化精髓以及应对人类普遍问题的中国智慧；另一方面，在交流的过程中取长补短，以此"推动中华优秀传

---

① 习近平：《论党的宣传思想工作》，中央文献出版社 2020 年版，第 401—402 页。

② 《同舟共济克时艰，命运与共创未来——在博鳌亚洲论坛 2021 年年会开幕式上的视频主旨演讲》，载新华社，http://www.xinhuanet.com/politics/leaders/2021-04/20/c_1127350811.htm，2021 年 4 月 20 日。

③ 习近平：《论党的宣传思想工作》，中央文献出版社 2020 年版，第 342 页。

统文化创造性转化、创新性发展……激发全民族文化创新创造活力"。^① 从丝绸之路到"一带一路"，中华文化历来是在文化交流和文明对话中成长发展的。

另外，文化交流和文明对话又以各个文化之间的相通性为基础。这种相通性可以从两个角度来理解。首先，"一切美好的事物都是相通的"，^② 习近平指出，从"欣赏所有文明之美的眼睛"来看，"各种文明本没有冲突"，而"人们对美好事物的向往，是任何力量都无法阻挡的"。^③ 这也是为什么，讲好中国故事，提炼中华传统文化中的精髓向世界传播，本身就是向世界提供价值。其次，"世界是同舟共济的命运共同体"^④，当代世界在自然环境、社会经济、国家安全、公共卫生等各个方面向各国提出了严峻挑战，这种挑战"需要世界各国齐心协力、共同应对"，而"应对共同挑战、迈向美好未来，既需要经济科技力量，也需要文化文明力量"。^⑤ 这就为中国的国际传播找到共通价值、使用共通话语、讲述共通故事提供了基础，也提示了必要性。要使国际传播不再沿袭"对外传播"的老路，就需要把传播视角从讲述者转向倾听者，超越民族国家的意识形态，以国外受众听得懂的语言、习惯和喜爱的接受方式，以及蕴含人类普遍情感和价值观的故事开展文化交流和文明对话。在"后真相时代"的国际传播环境中，这样一种融通中外的传播方式一方面能够扭转乱象纷呈的国际舆论场中对中国形象的歪曲或误读，另一方面，也能够从人类命运共同体的高度和共通维度看待世界各国，拉近彼此的连接，推动国与国之间的合作共建。

---

① 习近平：《论党的宣传思想工作》，中央文献出版社 2020 年版，第 339 页。
② 习近平：《论党的宣传思想工作》，中央文献出版社 2020 年版，第 401 页。
③ 习近平：《论党的宣传思想工作》，中央文献出版社 2020 年版，第 401 页。
④《习近平向巴基斯坦世界环境日主题活动致贺信》，载新华社，https://www.ccps.gov.cn/xtt/202106/t20210605_149128.shtml?from=groupmessage，2021 年 6 月 5 日。
⑤ 习近平：《论党的宣传思想工作》，中央文献出版社 2020 年版，第 398 页。

（三）新媒介：讲好中国故事、助力文明互鉴

1. 中央媒体加快媒体深度融合，推动国际传播方式转型

在习近平总书记关于打造具有较强国际影响的外宣旗舰媒体（"2·19"讲话）的总体布局和战略规划下，我国主流传播媒体纷纷加大国际传播能力的建设力度，着力拓展海外传播平台，打造融媒体品牌栏目，创新国际传播方式。

新华社以海外社交媒体为突破口推动国际传播能力建设，在脸书、推特、油管等社交媒体平台开设名为"New China"的账号，总粉丝量在2018年时已超8000万，[1] 其报道团队以视频直播和图文滚动的融媒体方式对习近平的报告和活动进行直播报道，并以海外受众视角制作讲述习近平成长历程的短视频，总浏览量近5000万次，并被广泛转播。报道团队还围绕中国时事新闻、社会发展、传统文化、科技创新等各个方面的主题，结合海外受众视角制作系列栏目和多媒体报道，如"全球街采：外国百姓眼中的中国经济"和"火花"英语短评系列视频等，其中，以脱口秀方式制作的"火花"短视频被《纽约时报》、路透社、英国广播公司等多家国际主流媒体转引。

人民日报组成了"以海外版报纸、海外网官方网站、'海客'新闻客户端、'海聚'平台以及微信公众号'学习小组''侠客岛'等"[2] 平台共同构成的融媒矩阵。人民日报海外版刊发的"来这里打卡"系列专栏报道创新报纸报道，配以视频扫码的形式，展现国家各地的发展现状，阅读量达1900万，获境外媒体转引超520篇次。此外，还积极策划如线上互动活动和全球华人生活短视频大赛等在线活动，以更多样的形式吸引境外华人和国外友人参

---

[1]　冯冰、曾繁娟、孔张艳：《新华社海外社交媒体融合发展创新经验》，《国际传播》2018年第3期。

[2]　卫庶：《下大气力加强国际传播能力建设——就人民日报海外版融媒矩阵报道新气象探析》，《中国报业》2021年第17期。

与，辅以华人云春晚、中文诵读大会、境外书画展等本土活动，线上线下结合，推动传统文化在国际社会的体验式、感受式传播。

中央电视台从 1992 年起就创办了中国第一个国际频道，主要服务海外华侨，而第一个英语国际频道是在 2000 年开播的，自此之后，中央电视台又陆续组建了西班牙语、法语、阿拉伯语、俄语等多语言国际频道。在习近平总书记"2·19"讲话明确指示要打造具有国际影响力的外宣旗舰媒体之后，中国国际电视台（CGTN）开播，2018 年，中央电视台（中国国际电视台）、中央人民广播电台、中国国际广播电台三台融合，组建中央广播电视总台，助力国际传播整体实力的提升。① 相较于中央电视台英语新闻频道（CCTV News），中国国际电视台首先注重融通中外，凭借国外传播平台"借船出海"，在"移动优先"战略下依托十二大国际社交媒体平台开设了 23 个账号，总粉丝数近 8660 万。② 此外，还聘请外籍专家和记者"借嘴说话"，如在党的十九大期间组建外籍记者两倍于中国记者的报道团队，③ 并邀请外籍专家策划如《新乡土中国》之类的节目，以国际化视角讲述具有全球价值的中国故事。④ 其次，中国国际电视台还非常注重新兴媒体传播，要求记者"台网并重、先网后台"，创新传播方式和内容，如短视频评论《点到为止》节目中的"爆款"《中国不会接受不平等协议》收获全球观看量 5061 万次，并被福克斯商业频道主播翠西看到，进而引发了中美电视史上首次电视对话，⑤ 又如在重大活动期间让中外记者通过 Vlog 与观众分享体验，第一视角、第

① 李宇：《中国电视国际传播的理念嬗变与定位回归》，《中国记者》2019 年第 6 期。
② 江和平：《做大做强新时代的国际传播》，《浙江传媒学院学报》2018 年第 5 期。
③ 李艾珂、吴敏苏、赵鹏：《世界信息传播秩序演变与中国的贡献——以中国国际电视台（CGTN）的传播实践为例》，《现代传播（中国传媒大学学报）》2018 年第 6 期。
④ 邓德花：《讲好中国扶贫故事的国际传播策略——以中国国际电视台英语频道为例》，《传媒》2020 年第 17 期。
⑤ 龙小农、阎庆宜：《短视频国际评论引导国际舆论的机理及效果——以 CGTN〈点到为止〉和新华社〈火花〉为例》，《青年记者》2021 年第 19 期。

一时间传递消息，引发观众持续"围观"，[1] 利用新媒体更为生活化、个性化，更为亲民的特点柔性传播，以情感打动海外受众。

2. 地方媒体发挥地缘性优势，立体生动展示中国形象

我国的多个省份毗邻周边国家，地缘相近、文化相通、人脉相亲，在以互通、可亲、贴近的语言和视角开展文化交流和文明对话方面有着天然的地缘性优势，地方媒体在内容上的丰富性以及传播渠道上的便利性能够为立体、生动地展示中国形象提供助力。

吉林日报社与韩国、俄罗斯往来深入，于 2014 年在韩国推出《吉林朝鲜文报·海外版》，并与韩国《江原日报》、俄罗斯《滨海边疆区报》实现版面互换、新媒体稿件常态化。在选题上从海外受众的角度出发，注重受欢迎的实用、生活化的话题，如《俄罗斯人在珲春》邀请俄罗斯人讲述"中国故事"，短视频作品《大美长白山》则邀请韩国友人来讲述长白山自然风光。此外，吉林日报社还策划组织中俄青少年交流项目、"平昌到北京一路加油"长白山首滑活动、GTI 国际贸易投资博览会考察等线下活动，[2] 以线上线下结合的方式拉近与国际友人的情谊。

黑龙江与俄罗斯远东地区接壤，于 1988 年创刊《远东经贸导报·俄文版》，依托黑龙江大学俄语和新闻人才报道俄罗斯时政及经贸信息。由黑龙江省人民政府新闻办主办的俄文期刊《伙伴》于 2005 年获得俄罗斯刊号并于次年进入俄罗斯国家发行主渠道，1500 多个发行网络遍布俄国主要城市和地区，成为中俄文化交流的纽带。黑龙江电视台于 1993 年开办俄语节目《你好！俄罗斯》，该节目集新闻、文艺、教育、生活、民俗于一体，并于

---

[1] 杨景皓：《Vlog：媒体融合中国际传播的积极探索——以中国国际电视台（CGTN）Vlog内容生产为例》，《新闻战线》2020 年第 20 期。

[2] 张育新、李大川、张春英：《地方媒体如何对外讲好"中国故事"——以〈吉林日报〉面向东北亚的全媒体国际传播实践为例》，《中国记者》2020 年第 3 期。

2011 年在俄罗斯和乌克兰举办"黑龙江电视周"，通过莫斯科州电视台和圣彼得堡 100TV 向民众展现黑龙江的历史文化和风土人情。黑龙江新闻门户网站东北网开设俄文频道，日均访问量 100 余万人次，其中约有四分之三来自俄罗斯、乌克兰、白俄罗斯、哈萨克斯坦等俄语国家。①

广西毗邻东盟国家，为其开展区域国际传播提供了优势。由原中国国际广播电台、原广西人民广播电台联合开办的北部湾之声（BBR）在越南、老挝、柬埔寨、泰国和缅甸等东盟国家电台开设固定栏目，落地译制播出节目。广西广播电视台自 2015 年起，在多个东盟国家电台、电视台设立工作站和译制站，从前期节目编译、采访到后期配音、推广等工作都能落地开展。此外还与这些国家的主流媒体联合举办中秋节文化活动等民间友好交流活动，形成自身的特色和品牌，搭建中国与东盟国家的文化交流平台。②

厦门是著名的侨乡，与东南亚有着深厚的历史渊源和文化交流基础。《厦门日报》于 2014 年起与马来西亚《光华日报》展开合作，开辟"今日厦门"专版，受到当地华侨和政商读者的喜爱。厦门卫视则以宣传闽南文化为宗旨，以闽南话节目为桥梁开展闽南文化区国际传播。2016 年，厦门卫视与厦门大学马来西亚分校合作，设立东南亚演播室和工作站，开展与马来西亚 ASTRO 频道和东盟卫视的合作交流。③

3. 多渠道、多形式开展文化交流，创新推动文明对话与互鉴

从主流媒体和地方媒体的经验中可以看出，新兴媒体的创新线上传播，并结合丰富多样的线下活动，给全方位传递生动立体的中国形象创造了条

---

① 郑亚楠：《黑龙江地方媒体对俄罗斯远东地区的传播战略研究》，《现代传播（中国传媒大学学报）》2014 年第 5 期。

② 《广西广播电视台：巧用地缘优势开展国际传播》，载人民网，http://media.people.com.cn/n1/2020/0618/c14677-31751917.html，2020 年 6 月 18 日。

③ 汪金铭：《论地方媒体如何讲好中国故事》，《中国报业》2018 年第 23 期。

件，也给中国国际传播提供了启示，即不仅是传播方式可以是多样的，传播主体、传播渠道也完全可以拓展。习近平总书记指出，"要深入开展各种形式的人文交流活动，通过多种途径推动我国同各国的人文交流和民心相通"，此外，还专门提到"要更好发挥高层次专家作用，利用重要国际会议论坛、外国主流媒体等平台和渠道发声"。[①] 也就是说，国际传播并非仅仅是传播媒体的责任，各行各业的专家乃至普通民众在进行国际旅游、文化交流、国际访问等活动时，其实都成了文化使者和中国故事的讲述人。而这些非官方的民间文化交流，实际上在增强所讲故事的可信度和感染力乃至拉近各国民众间的情感距离上有着天然的优势。

孔子学院在海外汉语国际教育和国际文化传播方面发挥着重要作用。截至 2019 年，已有 158 个国家建成了共计 535 所孔子学院和 1134 个孔子课堂，主要分布在欧洲、美洲和亚洲。[②] 有研究对孔子学院院刊进行可视化分析后发现，孔子学院的功能正在从最初的汉语国际教学向中国文化海外传播机构转型。[③] 除了语言教学，孔子学院还会开设中国文化方面的课程，在课余举办相关的讲座、展览，并在中国传统节假日举办有趣的活动。如圭亚那大学孔子学院开设了中国"福"文化课，通过对"福"字的文化内涵介绍，展示中国人对美好生活的向往；毛里求斯大学孔子学院开设中国节日课，从传统节日的来历、传说、习俗、文化内涵、美食文化、节日活动等多个方面介绍了春节、元宵节、端午节、清明节、中秋节、国庆节等重大节日。西班牙安达卢西亚大区孔子课堂多次举办"中国文化周"，在文化周期间举行中国画绘制、中国美食烹饪、中国文化展览等活动。这些课上和课下互动让海

---

① 《习近平主持中共中央政治局第三十次集体学习并讲话》，载新华社，http://www.gov.cn/xinwen/2021-06/01/content_5614684.htm，2021 年 6 月 1 日。

② 曹宇博：《"一带一路"背景下孔子学院发展现状与展望》，《现代交际》2020 年第 20 期。

③ 尹宏伟：《孔子学院跨文化传播能力可视化分析》，《新闻研究导刊》2022 年第 1 期。

外对汉语和中国文化感兴趣的学生能有机会全方位、多感官体验中国文化的魅力。

中国人民对外友好协会目前已设立 46 个中外地区、国别友好协会，与世界上 157 个国家的 413 个民间团体和组织机构建立了友好合作关系，通过搭建合作平台，主办研讨会、洽谈会、论坛等交流活动以及文化艺术演出和展览等推动民间国际交往。比如举办针对中亚五国的"中国—中亚合作对话会"系列国际会议，促进"一带一路"建设的协调联动；又如由中国印度友好协会主办的"中国国际·太极瑜伽大会"通过中国太极与印度瑜伽推动中印及其他国家的体育文化交流。此外，还有地方政府合作论坛、"戏聚中英"中英青年戏剧交流项目、中外历史文化名城对话会、中日青少年交流、"遇见中国"纪念马克思诞辰 200 周年大型系列文化展览、《汉字》国际巡展等多种形式、多种途径的交流活动，推动中国与世界各地间的人文交流与文化理解。①

新媒介时代国际传播机制的变化给中国国际传播带来了挑战，同时也给跨国民间交流带来了新的渠道和机会。除了之前介绍的官方媒体，民间的自媒体在国际传播上发挥了意想不到的作用。比如，李子柒在油管平台上已有 1680 万订阅粉丝，"A Special Program on New Year Snacks 年货小零食特辑"短视频的观看数超过一亿次。不费多少唇舌，只是用烟火气十足的食材采集、加工、烹饪，就吊起了海外观众的胃口，同时又通过服饰、器具、自然景色以及相关的节日饮食文化展现了带有中国西南特色的乡村生活。此外，短视频中展现的李子柒与奶奶的祖孙亲情和温馨的家庭氛围更是从情感上超越了国界，拉近了海外观众与中国主播的心。除了李子柒之外，还有靠传统工艺榫卯结构制作鲁班凳、苹果锁、微型世博会中国馆等木制品并以此出圈

---

① 参见中国人民对外友好协会，https://www.cpaffc.org.cn/index/index/index/lang/1.html。

的"阿木爷爷"，介绍云南美食、节日和美丽风光的"滇西小哥"，用介绍中国装束吸引英国电视制作公司的"中国装束复原小组"等，这些自媒体主播用自身对生活和对中国文化的热爱，通过平易近人的传播方式向世界观众讲述了一个又一个真实生动的中国故事，向世界传递出一个勤劳、善良、可亲的中国形象。

后　记

呈现在诸位读者面前的《汇聚精神力量：社会主义文化繁荣发展论》的书是一部集体研究的成果。

该成果首先得益于上海市哲学社会科学规划"研究阐释党的十九届六中全会精神"专项课题"新时代社会主义文化繁荣发展研究"（2021ZQH011）的支持。正是在此专项委托课题的支持下，我们才有可能集中精神，以此为契机，专题集中攻关。一方面以党的十九届六中全会精神为指引，同时以中国共产党百年奋斗历程为背景展开整体回顾；另一方面，以党的二十大为召唤，在"两个一百年"的时空尺度上思考中国特色社会主义文化繁荣发展相关问题。在课题结项到书稿修改的过程中，党的二十大胜利召开，课题组也将二十大文件的精神贯穿其中，使之成为本课题的有机组成部分。

该成果还得益于上海大学多个学院、学科的专家学者的大力支持。社会主义文化建设涉及许多方面，既包含文艺活动，也包含思想文化；既包括文化战略、文化政策层面，也包括文化理论、文化实践维度；既涉及马克思主义理论、中国语言文学，也与新闻传播学有着密切关系。因此在组建课题组的过程中，我们发挥上海大学综合性研究型大学的优势，从文学院、马克思主义学院、新闻传播学院物色了一批政治素质过硬、学术功底扎实，对社会主义文化建设有着长期积累和丰硕成果的学者作为成员。从研究框架的设计到研究过程的开展，直到书稿最后的修订、润色，课题组克服了重重困难，保质保量地完成了研究任务。尤其是在最后本书统稿过程中，我们又根据出版社建议，从书名到章节结构再到具体表述，再次对本书作了重大调整。其中尤其重要的是，从此前的十二章调整成了四章十二部分，对本书的思路和结构作了优化，进一步强化了本书的整体性。

具体来说，承担各章节的作者如下：

绪论，曾军；

第一章第一部分，杨位俭；

第一章第二部分，周展安；

第一章第三部分，张永禄；

第二章第一部分，申小翠；

第二章第二部分，邱仁富；

第二章第三部分，张永禄；

第三章第一部分，申小翠；

第三章第二部分，陈逸君；

第三章第三部分，郑涵；

第四章第一部分，刘旭光；

第四章第二部分，曾军；

第四章第三部分，段似膺。

在项目申请、课题研究和书稿统校过程中，还得到了许多帮助和支持。文科处李青青老师为项目申请、预算设计、经费报销等提供了无私的帮助，文科处徐畅思老师为项目申报、结项以及书稿的统校做了大量的组织、协调和校编的工作；上海人民出版社的编辑为本书的审校、编辑付出了不少心血。在此一并致谢。

希望本书能够为繁荣和发展中国特色社会主义文化贡献自己的绵薄之力，也恳请各位读者多多批评指正。

曾　军

2023 年 1 月 31 日

图书在版编目(CIP)数据

汇聚精神力量:社会主义文化繁荣发展论/曾军等
著.—上海:上海人民出版社,2023
ISBN 978 - 7 - 208 - 18238 - 7

Ⅰ.①汇…　Ⅱ.①曾…　Ⅲ.①中国特色社会主义-文
化发展-研究　Ⅳ.①G12

中国国家版本馆 CIP 数据核字(2023)第 064815 号

责任编辑　沈骁驰
装帧设计　今亮后声

汇聚精神力量:社会主义文化繁荣发展论
曾　军　等著

出　　版　上海人民出版社
　　　　　　(201101　上海市闵行区号景路 159 弄 C 座)
发　　行　上海人民出版社发行中心
印　　刷　上海商务联西印刷有限公司
开　　本　720×1000　1/16
印　　张　21
插　　页　2
字　　数　274,000
版　　次　2023 年 5 月第 1 版
印　　次　2023 年 5 月第 1 次印刷
ISBN 978 - 7 - 208 - 18238 - 7/D·4117
定　　价　98.00 元